경제학 원론

|김상온 지음|

UUP

경제학 원론

■

- 2016년 8월 20일 **초판 3쇄 발행** ▪ 2012년 2월 28일 **초판 2쇄 발행** ▪ 2008년 9월 26일 초판 발행
- **지은이** 김상온
- **펴낸이** 오연천
- **펴낸곳** uup (울산대학교출판부) 680-749 울산광역시 남구 대학로 93(무거동) 울산대학교 출판부
- 전화 (052)259-2488 팩스 (052)277-3011 ▪ **홈페이지** http://uup.ulsan.ac.kr
- **출판등록** 제370-1996-000001호(1996.3.13)
- ₩ 15,000

■

이 도서의 국립중앙도서관 출판시도서목록(CIP)은 e-CIP 홈페이지(http://www.nl.go.kr/ecip)에서 이용하실 수 있습니다. (CIP제어번호: CIP2008002851)

ISBN 978.89.7868.153.7 (93320)

책을 내면서

울산대학교 경제학과에서 경제학원론을 비롯하여 경제학 관련 강좌를 강의하기 시작한지 벌써 34년이 흘렀다. 경제학원론에 관해 언급하자면 처음에는 2개 학기에 걸쳐 강의하였으나 학부제가 도입된 이후에는 경제학개론으로 강의 명칭이 변경되었을 뿐 아니라, 1개 학기에 강의를 마치도록 교과과정이 바뀌었다. 그래도 통상 사용되던 경제학 원론 교재를 가지고 한 학기에 끝내는 노력을 매 학기 마다 해 왔다. 이제 생각하기에 학생들에게 필요한 내용을 충실히 담고 있으며 1개 학기에 강의하기에 적합한 교재를 만들 필요가 있다고 생각하여 본서를 집필하게 되었다.

강의하면서 늘 강조하였던 것은 경제학적 기본 논리였고 아울러 경제학에서 쓰이는 그래프를 이해하고 학생들이 스스로 도시하는 실력을 갖추도록 하는 데 노력을 기울였다. 그래서 본서에서는 경제이론에 관한 어떤 그래프라도 학생들이 어렵지 않게 분석하고 스스로 작성할 수 있도록 하는데 역점을 두었다. 또한 최신 경제자료를 인용하여 한국경제와 세계경제에 관한 통계를 잘 이해할 수 있도록 배려했다.

2008년에 초판을 발행하고, 2012년에 개정판을 내었는데 이번에는 그동안 바로잡지 못하였던 부분들을 수정하고, 미시부분에서는 기펜재에 관한 최근 논의 등을 첨가하였으며, 거시부분에서는 2016년 현재 얻을 수 있는 최신 자료들을 과거 자료들과 비교하여 볼 수 있도록 업데이트하여 첨부하였다.

비록 작은 책이지만 학생들의 경제학원론 학습에 도움이 되길 바라는 바이다. 큰딸 집(Mingey & Gilwan's home)에 머무르는 기간에 두 손자(준겸, 준헌)를 돌보며 개정 작업을 할 수 있어서 보람되었다.

2016년 7월 18일 L.A., Torrance에서

차례

제 1 부
서론

제 I 부
서론

제1장 경제학이란?

경제학이 대상으로 하는 것은 우리들의 경제적 실생활이다. 우리들 생활의 제 측면을 살펴보면 경제적 측면, 사회적 측면, 법률적 측면, 문화적 측면, 정치적 측면 등 매우 다양한 모습이 있음을 알 수 있다. 그 중에서 경제생활을 대상으로 연구하는 것이 경제학이다.

경제주체란 가계 기업 정부와 같이 경제생활을 직접 영위하는 활동주체를 지칭하며 경제객체란 재화와 서비스를 말한다. 즉 경제주체가 활용하는 목적물이다. 재화를 좋은 것들(Goods)이라고 표현하는데 나쁜 것들(Bads)는 소위 비재화(非財貨)를 의미한다. 영어의 좋은(good)과 나쁜(bad)이라는 표현에 유의하기 바란다. 또한 용역은 서비스(service)인데 반해 비용역(非用役)은 dis-service라고 표현한다.

경제학을 정의(定義)하라면 희소한 자원을 다양한 목적에 어떻게 효율적으로 배분하는가(how we allocate scarce resource for our ends)를 연구하는 학문이라고 할 수 있다. 혹은 경제학은 생산, 재화와 용역의 교환 그리고 부의 분배를 포괄하는 행위에 대한 연구를 한다. (Economics is the study of activities that involve the production, exchange of goods and services, and distribution of wealth.) 혹은 경제학은 전체 경제(말하자면 국민경제)의 동향(動向; 움직임)을 분석한다, - 인플레이션, 국내총생산, 그리고 실업(Economics analyzes movements in the whole economy - inflation, GDP, and unemployment) 등으로 정의할 수도 있다.

여기서는 경제학을 선택의 학문(the science of choice)라고 표현하겠다. 우리는 살아가면서 수 없이 많은 선택을 해야 한다. 우리가 가지고 있는 자원 중에서 가장 유한한 것은 아마도 시간일 것이다. 젊은 사람은 자기 자신이 갖고 있는 인생이 유한하다는 것을 깨닫지 못하고 시간이라는 자원이 얼마든지 있는 것으로 착각하고 생활하고 있을지도 모른다. 그러나 우리는 죽음이 가까워 오면 시간이 가장 유한한 자산임을 실감하게 된다. 시간이라는 자산을 선택하여 이용하는 문제를 생각해 보자. 하루 24시간 중 학생이 공부하는데 할애하는 시간은 h시간이고 이 번 중간고사까지 일주일이 남아있다고 하자. 이 학생이 쓸 수 있는 시간 자원은 7h시간이고 6과목을 시험 치루어야 한다면 가장 높은 학점을 얻기 위해 각 과목에 할당해야 할 공부시간을 결정하는 것은 중요한 과제가 된다. 이런 문제에 대한 답을 경제이론은 가르쳐 주고 있다. 후에 자세히 설명하겠지만 이 학생은 시간당 예상학점이 동일하게 되도록 시간 자원을 할당하여 공부하는 것이 가장 높은 학점을 얻는 길이 된다. 이와 같이 실제적인 문제에 구체적 해답을 주는 경제학을 탐구하는 것은 흥미있고 유요한 것이다.

선택의 학문인 경제학을 다음과 같이 종합하여 정의해 보자. 경제학은 다양한 목적에 쓰일 수 있는 희소(稀少)한 생산 자원(資源)을, 재화와 서비스를 생산하기 위하여 그리고 국민들 사이에 생산물을 분배하기 위하여, 어떻게 활용할 것인가에 관한 학문이다. (Economics is the science of how we choose to utilize scarce productive resources which can be used various ends, to produce goods & services and to distribute them among people.)

경제인(經濟人)이란 특별히 경제학에 조예가 깊은 사람이나, 기업가 등과 같이 특정한 경제활동을 하는 사람만을 일컫는 것이 아니다. 경제생활을 영위하는 우리 모두는 경제인이라고 할 수 있다. 다만 경제인은 합리적인 사람을 뜻한다. 경제학에서 합리적이라고 할 때는 선호의 이행성 명제를 만족하는 사람을 의미한다. 선호의 이행성이란 A>B이고 B>C이면 A>C라는 (즉 A를 B보다 좋아하고 B를 C보다 좋아한다면 당연히 A를 C보다 좋아해야 한다는 것) 명제를 말한다. 경제인이란 이행성 가정을 만족하면 되지 아주 경제적 법칙이나 이론을 잘 알아서 그에 따라 행동하는 사람만을 의미하는 것은 아니다.

제2장 경제학 방법론

어떤 학문을 하든지 간에 접근하는 방법론(methodology)은 매우 중요하다. 사회과학 중 가장 과학적이라 할 수 있는 경제학은 경제적 현상을 파악함에 있어 어떤 방법론을 갖고 접근할 지 특히 유의 하여야 한다.

1. 실증 경제학(Positive Economics)

실증경제학은 경제현상 자체의 사실과 있는 그대로의 현실을 파악한다. 최근 우리 사회에 많이 회자되는 말은 소득 상의 이중구조 혹은 양극화라는 말이 있다. 소득의 양극화 실태를 파악하고 시간이 지남에 따라 소득상의 이중 구조가 가속화 되는지 혹은 완화되고 있는지 현실을 파악하는 것은 있는 경제현상을 그대로 드러내 보이는 것이다.

다른 예를 들면 2014년 우리나라 실업률은 3.7%이며, 일본은 3.8%, 독일은 5.1%, 캐나다는 7.0%, 미국은 6.3%이며 OECD 평균은 8.6%이다. 이와 같이 국제 실업률 통계를 이용하여 세계 주요국의 실업률을 객관적으로 파악하는 것이 경제현상을 있는 그대로 연구하는 실증적 연구 방법이다.

[표 1-1] 세계 각국의 실업률 현황 (2009-2014)

주요나라	2014	2013	2012	2011	2010	2009
대한민국	3.7	3.2	3.3	3.5	3.8	3.8
일본	3.8	4.3	4.6	4.8	5.3	5.3
독일	5.1	5.4	5.5	6.0	7.2	7.8
캐나다	7.0	7.2	7.3	7.5	8.1	8.4
영국	6.4	7.8	8.1	8.0	7.9	7.8
미국	6.3	7.5	8.2	9.1	9.8	9.4
OECD평균	8.6	9.0	8.8	8.4	8.6	8.1

자료: 한국은행, 한국은행 경제통계시스템(Ecos), 통계검색 〈http://ecos.bok.or.kr/〉

다음 표를 보면 우리나라의 고용률을 살펴 볼 수 있다. 최근에는 노동시장 상황을 파악함에 있어 실업률보다 고용률을 이용할 경우가 많다. 고용률은 15세이상 인구 즉 노동가능인구 가운데 취업자의 비율을 나타내는데 2014년 한국의 고용률은 60.2%이고 남자의 고용률은 71.4%, 여자의 고용률은 49.5%이다. 그 밖에 각 연령집단의 고용률은 [표 1-2]에서 제시한 바와 같다.

[표 1-2] 성별 및 연령집단별 고용률 [단위 : %]

		2009	2010	2011	2012	2013	2014
전체		58.6	58.7	59.1	59.4	59.5	60.2
성	남자	70.1	70.1	70.5	70.8	70.8	71.4
	여자	47.7	47.8	48.1	48.4	48.8	49.5
연령집단	15-19세	5.4	6.1	6.8	7	6.9	7.7
	20-29세	58.2	58.2	58.5	58.1	56.8	57.4
	30-39세	71.3	72	72.2	72.7	73.2	73.9
	40-49세	77.7	77.8	78.4	78.3	78.4	79.1
	50-59세	70.3	70.9	71.6	72.2	73.1	74.2
	60세이상	36.7	36	36.5	37.5	38.4	39

자료: 통계청, 『경제활동인구조사』, 각년도.

이와 같이 경제현황을 사실 그대로 파악하는 것이 실증 경제학이다.

2. 규범 경제학(Normative Economics)

실증적 방법론에 비하여 이는 가치판단을 포함하는 것이다. 즉 연구자의 윤리적 선입견을 포함하여 분석하는 것이다. 가령 지난 5년간 한국 정부의 부채가 300조원 증가했다는 분석은 아무런 가치판단 없이 현상을 말하는 것이다. 그러나 이 부채는 줄여야만 한다고 주장하는 것은 가치판단을 포함하는 것이다. 다른 예로 노인들의 복지를 위하여 정부는 노인들에게 매월 10만원의 교통수당을 지불해야 한다는 것도 가치판단이 게재되어 있는 것이다.

경제학은 소위 가치판단 논쟁 이후 모든 이론은 실증적(實證的) 증거(evidence)에 의해 검증되어야 한다는 방향으로 발전해 왔고 따라서 우리가 통상 접하는 경제 이론은 실증 경제학 분야의 산물이다.

3. 경제법칙은 엄밀한 법칙이 아니다.

경제법칙은 자연과학에서와 같은 엄밀하게 정확한 법칙이 아니다. 물리학의 중력 법칙은 실험실 조건하에서 항상 들어맞는 정확한 법칙이다. 그러나 경제법칙은 개략적인 관계를 나타내 주는 것으로 사회관계 속에서 우리의 관심이 되는 변수와 변수 사이의 대략적인 관계를 보여준다. 통화공급과 물가수준과의 관계, 이자율과 투자 사이의 관계 등이 그렇다.

정확한 법칙이 아니라고 해서 경제법칙이 무용지물(無用之物)은 아니다. 경제이론에서 고려해야 할 변수가 매우 많아서 그런 것이지 이론 자체에 결점이 있어서 그런 것이 아니기 때문이다. 가령 이자율이 하락하면 투자가 증가하는 것이 투자이론이 예측하는 바이지만 현실에서는 투자가 감소하는 경우도 얼마든지 발생할 수 있다. 이는 투자이론이 틀려서 그런 것이 아니고 이자율이 하락하더라도 투자환경이 좋지 않으면 기업가들이 투자를 하지 않을 것이기 때문이다.

매우 복잡다기(複雜多岐)한 경제현상을 이해하는 것은 쉽지 않다. 그러나 경제법칙들은 이러한 현상을 풀어서 이해하는데 큰 도움을 주는 유용한 것이다. 다만 초학자(初學者)들로서는 이런 경제법칙이 평균적 관계를 나타내 준다는 사실을 잘 이해하는 것이 필요하다.

제3장 경제자료와 경제모형

1. 경제자료의 수집

여타 학문분야에서와 마찬가지로 경제학에 있어서도 자료의 수집은 이론발전에 있어 중요한 토대이다. 그런데 자료의 수집 차원을 보면 일차적으로 일상적 관찰을 통해서 할 수 있다. 이는 우리 모두 경제생활을 영위하는 경제인이기 때문에 가능하다. 그러나 주변 경제에 대하여 개인적 수준에서 일상적 관찰을 하는 것은 자료 수집에 있어 매우 제한적이고 경제 전체 모습을 파악하는데 그리 큰 도움을 주지 못한다. 그래서 개인의 일상적 관찰을 넘어서는 경제 자료의 수집이 필요하고 이는 경제관련 단체나 연구기관, 정부기관 등에 의해 수행되어야 한다. 왜냐하면 지속적이고 분류기준이 상당한 기간 동안 일정하게 유지되는 자료가 이론검증이나 새로운 이론의 발달에 중요하며 이러한 자료의 수집은 방대한 인원과 비용이 필요하기에 개인 차원을 넘어서 관계기관이나 국가가 담당할 수밖에 없다. 이밖에 오늘날 인터넷을 비롯한 다양한 통신매체나 정보전달 기구에 의해 우리는 경제자료를 수집할 수 있다.

물가상승률과 같은 통계치를 볼 때는 주의가 필요하다. 흔히들 통계청 물가통계가 사람들의 체감물가와 괴리(乖離)된다고 한다. 2016년 1월 소비자물가는 3.9%, 2월 소비자 물가는 3.6% 상승했다. 그런데 2월의 소비자 물가가 당초 예상이던 4% 보다 적었던 것은 라면 값이 상승되기 이전인 2월 15일이 공산품 물가조사 시점이었기 때문에 그 직후 오른 라면 값은 통계치에 반영이 되지 않았기 때문이다. 이와 같이 조사시점이 언제냐에 따라서 통계치가 달라지는 것을 유의해야 한다. 또한 라면 값이 시장에서는 20% 상승했지만 물가통계상의 가중치를 적용하면 소비자물가가 상승하는 것은 0.04% 포인트에 불과하다. 추후 소비자 물가 작성에 대해 살펴보겠지만 이런 점에 유의할 필요가 있다.

2. 경제모형 설정 시 유의점

경제모형은 변수와 변수 사이의 관계를 함수관계로 표현하는 것이 보통이다. 함수란 일정한 변수가 들어가서(inputs) 함수에 의해 특정한 값으로 산출되는(outputs) 일종의 기계라고 보면 된다. 여기서 변수를 내생변수(endogenous variables)와 외생변수로 나눌 수 있는데 내생변수(內生變數)를 함수라는 기계에 집어넣어 외생변수(外生變數)를 얻어내는 과정이 경제모형을 이용하는 것으로 보면 된다.

경제모형을 설정하는데는 경제학자의 재치있는 상상력이 필요하다. 이미 설명한 바와 같이 내생변수를 넣어 외생변수를 얻어내는 것이 경제모형인데 만약 너무 많은 내생변수를 경제모형에 포함시켜 어떤 것을 설명하려고 한다면 이는 설명력은 높을 수 있을지 모르나 너무 복잡하여 모형으로서의 유용성이 떨어진다. 따라서 경제모형을 설정할 때는 중요한 내생변수만을 골라내서 이를 가지고 함수를 설정하는 것이 중요하다. 이를 단순화를 통한 현실이해라고 표현할 수 있는데 이 때 경제학자의 지혜가 필요하다.

3. 경제학자들의 견해가 일치하지 않는 이유는?

경제학자는 공정하게 수집된 자료를 이용하여 자신이 연구한 이론을 바탕으로 사회에 도움이 될 수 있는 제안을 한다. 제안을 함에 있어서는 자신이나 자신이 속하는 집단에 이익을 주기 위해 의도적인 판단을 해서는 안 된다. 자료를 선택함에 있어서는 자신의 주장을 뒷받침하는 자료들을 주로 취합하고, 그렇지 않은 자료는 배제시키는 잘 못을 저질러도 안 된다.

경제학자 10명이 모여서 심포지움을 하여 경제정책 제안을 하라고 하면 11개의 제안이 나온다는 말이 있다. 이 말은 경제학자 10명이 제각각 제안을 하고 그래도 모임을 가졌으니 모임전체의 의견을 하나 더 제출해서 11개의 의견이 나온다는 것이다. 이 처럼 경제학자들의 견해가 다른 것을 왜 일까. 첫째는 각자의 인생관이나 기본적 소양이 상이해서 소위 규범적 판단에 있어 다르기 때문이고 둘째로는 모든 경제학자들이 알고 있는 수요공급 법칙은 동일하지만 각 학자들이 상정하는 수요선과 공급선의 가격 탄력도와 같은 전제 조건이 다르기 때문이다. 다시 말해 새 정부가 들어서면서 논의되고 있는 일자리 창출을 어떻게 할 것인가? 작은 정부를 지지할 것인가 아니면 큰 정부를 지지할 것인가, 공정한 소득분배의 기준을 어느 정도로 볼 것인가, 등과 같은 규범적인 문제에 있어 경제학자들 간에 의견이 다를 수밖에 없다. 또한 최저임금제를 도입할 경우 예상되는 실업의 증가가 얼마나 될 것인가는 노동수요선과 공급선의 탄력도의 크기에 따라 좌우되기 때문에 경제학자들 간에 견해차가 큰 것이다.

제Ⅱ부
수요와 공급

제Ⅱ부
수요와 공급

제1장 기본적 경제문제와 경제체제

1. 경제이론의 중요성

경제이론은 일반상식에 의해 예측되는 방향과는 다르게 전개되는 많은 현상들을 해결하는데 도움을 줄 수 있다는데서 그 중요성을 찾을 수 있다. 현실에 있어서 많은 경우에 소위 구성(構成)의 모순(矛盾)(fallacy of composition)이라고 알려져 있는 인식 상의 차이 때문에 상식에 의한 해결책이 문제를 해결 하기는 커녕 더욱 곤란한 지경으로 몰고 간다.

가령 다음과 같은 경우들을 살펴보면 일견 생각하였을 때 예측되는 방향과는 전혀 다른 방향으로 사태가 전개되는 것이다.

① 여러분들이 극장에서 영화를 관람한다고 하자. 관객의 수가 수백명이고 비상구는 두개 있다고 하자. 가령 화재가 발생하였을 때 관객들 누구나 수분이내에 대피할 수 있다고 생각할 것이다. 그러나 실제 화재가 발생하면 모든 관객들이 비상구로 일제히 몰릴 것이다. 따라서 평상시라면 비상구를 빠져나오는데 수분이면 충분하겠지만 비상시에는 수 십분이 지나도 비상구를 통과할 수 없을 것이다. 이와 같이 모든 사람이 한 방향으로 움직이면 전혀 다른 결과가 나타난다.

② 특정 기업에 종사하는 노동자들이 단체교섭을 통하여 자신이 지불받는 임금을 8% 상승시켰다고 하자. 이 기업에 종사하는 노동자들의 임금만이 상승하였다면 그들의 실질임금은 다른 기업의 노동자들에 비하여 8%만큼 커졌다고 할 수 있다. 그러나 다른 기업에 종사하는 노동자들도 역시 단체교섭을 통하여 비슷한 수준의 임금인상을 얻어내는 것이 일반적이다. 모든 기업의 임금이 동등한 수준으로 올라가고 이에 따라 기업들이 생산하는 재화의 가격 역시 8% 정도 상승한다면 전체 근로자의 실질임금은 전혀 변하지 않은 셈이 된다.

③ 한 산업내의 특정기업이 생산하는 제품가격의 상승은 그 기업에게 이익을 가져다 줄 것이 틀림없으나 그 영향으로 다른 모든 기업의 제품가격도 동일한 율로 상승한다면 어떤 기업도 이익을 보지 못 할 것이다.

④ 한 농부가 열심히 농사를 지어 올해 그 농부의 쌀 생산량이 매우 크게 증가하였다고 하자. 언뜻 생각하면 농부의 올해 소득이 증가하리라고 생각할 수 있다. 그러나 모든 농민들의 생산량이 전반적으로 증가하면 곡물가격이 하락하여 소득이 감소한다.

2. 모든 경제사회가 직면하는 기본적 경제문제

고대사회이거나 중세사회이거나 혹은 현대사회이거나 아시아에 있는 어느 나라이든 유럽의 어느 나라이든 또 자유경제체제 국가이든 사회주의체제 국가이든 어느 경제사회(가령 케냐의 렌다일족)이든 해결해야 하는 기본적 경제문제는 다음과 같다.

(1) What commodities shall be prduced? and in what quantities?

이는 모든 경제사회가 직면하는 첫 번째 문제로 어떤 생산품을 선택하며 선택한 생산물을 얼마나 공급할 것인가 하는 생산물 선택(choice of producing commodites)의 문제이다. 우리나라가 생산하는 생산물을 생각해 보자. 한국이 경제발전의 초기단계에 있던 1960년대 1970년대에는 주로 경공업 제품을 선택하여 생산하였고 1980년대와 1990년대에는 중공업과 화학제품을 선택하여 생산하였다. 2016년 현재 한국의 주종 수출 상품은 반도체, 핸드폰, 모니터, 자동차 등이다. 즉 이런 상품을 선택하여 국내에서 소비할 뿐 아니라 해외에 수출까지 하고 있다. 그러나 우리 경제가 생산하지 않는 물건 중에는 흑백TV가 있다. 이는 우리 경제가 생산할 실력이나 자본이 부족해서 생산하지 않는 것이 아니다. 충분히 생산할 수 있으나 우리의 경제단계가 발전하여 이제는 국내에서 생산하지 않는 것이다. 또한 한국경제의 생산물 선택 중에는 인공위성이나 300인승 이상의 항공기는 없다. 이는 한국경제가 과학적인 능력이 부족하거나 자본력 부족, 혹은 수요부족 등의 이유로 생산품으로 선택하지 않는 것이다.

(2) How goods shall be produced?

이는 재화와 서비스를 생산하는 생산방법에 관한 문제이다. 생산방법은 크게 구분하면 자본집약적인 방법과 노동집약적인 방법이 있다. 자본집약적인 생산방법은 사람의 노동력 대신 기계 장비를 더 많이 사용하는 생산방법이다. 이는 선진국에서 선택하는 생산방식으로 이를 채택하는 것은 생산비용을 줄이고 이익을 보다 많이 얻으려고 추구하기 때문이다. 선진국은 대체로 자본비용인 이자율이 낮고, 노동의 가격인 임금은 높은 것이 일반적이다. 노동집약적인 생산방법을 선택하는 것은 기계 설비를 사용하기 보다는 인간의 노동력을 이용하는 것이 비용이 낮기 때문에 이를 선택한다. 이는 후진국에서 많이 채택하는 생산방법이다. 후진국에서는 자본이 부족하여 이자율이 높고 노동시장에서의 과잉공급으로 인해 임금은 상대적으로 낮은 것이 일반적이다.

그런데 한창 경제성장 과정에 있는 나라가 채택하는 기술을 늘 첨단기술을 선택한다고 하자. 이는 노동시장에서 공급과잉 상태에 있을 경우 심각한 실업의 문제를 야기한다. 즉 인도와 같은 나라가 댐을 건설할 경우는 노동력을 많이 사용하는 노동집약적 생산방법을 채택하는 것이 바람직하고, 미국과 같은 나라가 댐을 건설할 경우에는 자본집약적인 생산방법을 선택하는 것이 바람직하다. 그러나 어떤 생산방법을 선택할 것인가는 기업가가 선택하는 것이며 기업가는 노동시장과 자본시장에서의 임금과 이자율을 비교하여 선택할 것이다. 그리고 이렇게 선택된 생산방법이 그 나라에 적절한 생산방법이 아니라고 판단될 경우에는 정부는 적절한 유인책을 이용하여 적절한 생산방법이 선택되도록 노력할 필요가 있다.

(3) For whom commodities shall be produced?

이는 생산된 재화와 서비스의 분배에 관한 문제이다. 현대 경제사회는 시장경제 사회이다. 시장경제에서의 생산은 상품생산이다. 상품생산이란 과거의 주문생산과는 판이하게 다른 생산양식이다. 주문생산시대에는 생산자는 생산의뢰인으로부터 생산에 필요한 원료와 자신의 노동 임금 그리고 적절한 이윤을 미리 지불받고 물건을 생산하는 체제였다. 현대의 상품생산은 기업이 노동자를 고용하고 원료와 장비를 사용하여 재화를 생산하고 생산된 재화는 기업에 귀속되는 생산방식을 의미한다. 생산된 재화나 서비스가 누구에게 제공되는가 하는 것이 바로 분배문제가 된다. 즉 자동차 공장에 적치되어 있는 수 많은 차량이 누구를 위하여 만들어 졌는가 하는가에 대한 대답은 바로 자동차를 구매하는 사람을 위하여 생산됐다는 것이다. 이는 모든 경제사회가 부딪치는 세 번째 문제로 생산물 분배를 어떻게 결정하는가에 관한 것이다.

시장경제 체제에서는 소득이 있는 사람이 생산물을 구매할 것이다. 그리고 소득의 결정은 생산요소의 부존량(賦存量)이 얼마나 있는가와 생산요소 시장에서의 경제적 평가에 의존한다. 원시적인 경제사회에서는 아마도 전통이나 관습에 따라 소득분배가 결정될 것이다.

즉 소득분배의 결정이 시장경제에서는 노동시장, 자본시장, 토지시장 등에서의 임금, 이자, 지대 등의 결정에 의할 것이며 통제경제에서는 시장보다는 자의적인 결정에 의존하고 원시경제에서는 전통이나 관습에 의한다. 뒤에서 살펴보겠지만 시장경제에서의 소득분배도 기업조직에서의 자의적인 판단에 의해 결정되는 면이 많음을 유의해야 한다. 즉 생산에 관한 경제법칙은 비교적 자연스럽게 결정되는 반면 분배에 관한 법칙은 그리 쉽사리 찾아지지 않음을 이해해야 한다.

3. 기본적 경제문제를 해결하는 경제체제(Economic Systems)

앞서 설명한 기본적 경제문제를 해결하는 방식에 따라 경제체제를 구분할 수 있다. 먼저 세 가지 기본적 경제문제를 해결하는 방식으로 자유시장 경제체제를 살펴보자. 생산물의 선택과 생산량의 결정이 시장에서의 자유로운 거래에 따라 결정된다. 어떤 생산물이 선택되고 얼마만큼 생산될지 하는 것이 정부나 기타 계획기구에 의해 결정되는 것이 아니고 수요자와 공급자의 자유로운 거래 의사 결정에 따라 이루어지는 것이다. 이에 따라 시장에서의 가격도 결정된다. 가격이 낮으면 수요량이 증가하는 반면 공급량은 줄어들 것이고 가격이 높으면 수요량이 줄어들게 되어 이에 따라 공급량도 다시 결정된다. 또한 기술수준이 낙후되어 있어서 시장에 공급을 하지 못하는 경우도 있을 것이며 수요가 너무 작거나 없어서 공급을 하지 못하게 되어 생산물로 선택되지 않는 경우도 있을 것이다. 생산방법의 선택 역시 노동시장에서의 임금수준과 자본시장에서의 이자율 수준을 비교하여 적절한 생산방법이 기업가에 의해 선택된다. 임금이 저렴하면 노동집약적인 생산방식이 채택되고, 이자율이 낮으면 자본집약적인 생산방식이 채택된다. 생산물의 분배 역시 각자 생산요소를 얼마나 보유하고 있는가와 시장에서의 평가에 의해 결정된다.

사회주의 내지는 공산주의 경제체제에서는 세 가지 문제를 모두 계획기구에 의해서 결정한다. 즉 무엇을 얼마만큼 생산할지 정부 계획기구가 결정하며, 생산방법 역시 계획기구에 의해서 채택된다. 또한 소득분배 역시 계획기구에 의해 결정된다.

또한 전통사회에서는 각 사회가 지니고 있는 관습이나 전통에 따라 세 가지 기본적 경제문제를 해결한다.

이렇게 보면 세상을 움직이는 힘은 시장, 정부, 전통으로부터 연유함을 이해할 수 있다.

제2장 수요와 공급에 의한 균형가격의 결정

경제학 전반을 통해 수요와 공급은 가장 중요한 개념이며 가장 유용한 분석도구이다. 가령 2008년 들어서 원유가격이 급격히 치솟아 7월 12일 현재 뉴욕상업거래소(NYMEX)에서 2008년 8월 인도분 서부 텍사스산 원유는 배럴당 145.27달러였다. 이렇게 100달러 이상으로 거래되던 원유의 가격이 최근에는 급격히 하락하여 2016년 7월 11일에는 원유는 $44.85/bl이고 브렌트유는 $46.43/bl이다.

또한 2008년 전 세계를 휩쓸었던 금융위기를 전후(前後)한 외환시장의 사정을 보면 금융위기 이전에는 1달러당 920원대에 있던 환율이 2008년 들어서 급등하여

1040원대로 높아졌다. 다시 7월에 들어서는 환율이 급격히 하락하고 있다. 2016년 7월 11일의 미국 달러 매매기준율은 1,150.00원까지 상승하였다. 7월 11일을 기준으로 이전 52주(약 1년) 기간에 최고 매매기준율은 1,244.50원이고 최저 매매기준율은 1,118.38원이다. 외환시장에서의 달러 매매기준율은 폭이 크게 움직이고 있다.

이런 현상을 이해하기 위해서는 우리는 국제원유시장과 외환시장에서의 수요와 공급을 이해해야 한다. 원유가격이 치솟는 것은 분명히 국제원유시장에서의 수요와 공급 때문이고, 원-달러 환율이 급격히 변동하는 것은 외환시장에서의 외환에 대한 수요와 공급 때문이다. 이런 경제현상을 파악하는 과제의 초점은 수요와 공급을 움직이는 여러 요인들이 무엇인지 파악하는 것이다.

1. 수요를 결정하는 요인들

어떤 재화나 용역에 대한 수요라는 것은 일정가격 수준에서 소비자가 구매하고자 하는 그 재화나 용역에 대해 의도한 구매량이라고 할 수 있다.

다음은 수요의 결정에 영향을 주는 요인들을 몇 가지로 나눠 살펴본다.

① 그 재화의 가격(P_X): 그 재화의 가격이 오르면 그 재화에 대한 수요는 감소하고 내리면 수요는 증가한다.

② 타 재화의 가격(P_Y): 해당 재화와 관련이 있는 다른 재화의 가격의 등락도 해당 재화의 수요에 영향을 준다. 그리고 관련이 있는 재화를 대체재(substitute goods)와 보완재(complementary goods)로 구분해 볼 수 있는데 그 예를 들면 다음과 같다.

대체재의 경우	하이브리드 자동차(X)	X재에 대한수요가증가.
	경유사용 자동차(Y)	P_Y가 상승하면 Y재에 대한수요 감소.
보완재의경우	경유사용 자동차(X)	X재에 대한수요도감소.
	경유(Y)	P_Y가 상승하면 Y재에 대한수요감소.

③ 소비자의 수입(Income) : 상식적인 얘기지만 아무리 그 재화의 가격이 어떠하더라도 자기의 호주머니 사정이 수요에 결정적인 영향을 미치는 것은 당연하다. 또한 소득이 늘어남에 따라 수요가 늘어나는 것은 일반적으로 받아들일 수 있는 사실이다.

④ 소비자의 기호(Taste) : 사람의 욕구는 변화하지 않는 것이 아니고 늘 변화해 나가고 있다. 즉 상품에 대한 욕구도 늘 같지 아니하고 변화해 나간다. 따라서 재화에 대한 수요가 영향을 받게 된다.

⑤ 소득분포상태(Income Distribution) : 소득분배가 비교적 평등한 곳에서는 일반화 된 상품에 대한 수요가 많은 반면 소득분배가 불평등한 곳의 경우에는 사치품에 대한 수요는 많은 반면 일반적 대중상품에 대한 수요는 상대적으로 적을 것이다.

⑥ 광고(Advertisement) : 현대생활에 있어 광고의 역할은 소비자의 소비행태결정에 있어 매우 크다고 할 수 있다. 광고는 생산비를 높인다고 하는 부정적인 측면이 있는 반면 소비자들에게 상품에 대한 정보를 제공해 주는 긍정적인 측면도 있는 것이다. 현대의 광고 활동은 생산정보 내지 상품을 알리는 데 그치지 않고 적극적인 의미에 있어서 소비자를 유도하여 소비를 조장하는 적극적인 역할을 하고 있다. 따라서 광고가 수요에 영향을 미치는 것은 자명한 일이다.

⑦ 인구의 크기(Population) : 결국 재화의 구매는 사람이 하는 것이다. 따라서 인구가 많으면 그만큼 수요도 커질 것이다.

이상에서 살펴 본 수요의 결정에 영향을 미치는 요인들을 하나의 함수 형태로 표시하여 보면 다음과 같은 수요함수가 된다.

$$D_X = f(P_X, P_Y, I, T, I_{dist}, A, P_{pop})$$

그런데 우리는 하나의 함수를 도출하는 데 있어 위와 같이 다수의 요인들을 한꺼번에 고려하는 것은 매우 어려운 일이라 할 수 있기 때문에 논의의 단순을 위하여 해당재화의 가격만이 변화하며, 여타의 조건은 일정하다고(ceteris paribus, other things being equal) 가정하고 단순화된 X재에 대한 수요함수를 표현해 보면,

$$D_X = Q_X = f(P_X)$$

라고 할 수 있다.

$Q_x = 300 - 20P_x$ 라고 하면 수요표와 수요선은 다음과 같다.

[그림 2-1] 수요표와 수요선

[수요표 작성]

수요표	
단위당 가격(P)	단위시간당 수요량(Q)
10	100
8	140
6	180
4	220
2	260

[그림 수요선]

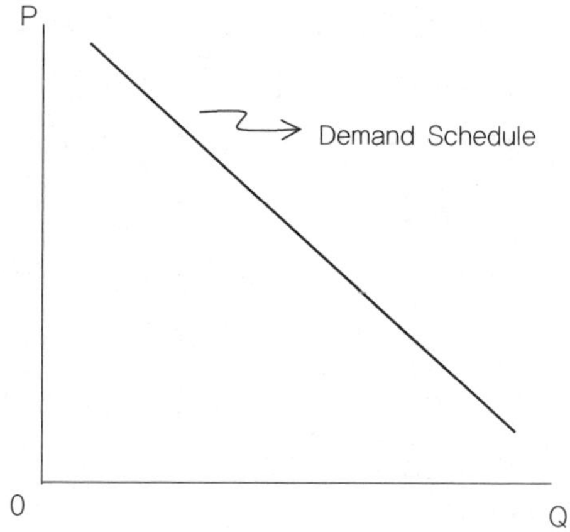

위의 그래프에서 볼 수 있는 것과 같이 수요곡선은 우(右) 하향(downward to the right)의 형태를 갖게 되는데 이는 재화의 가격과 재화의 수요량과의 사이에 부의 관계가 있음을 나타내 준다. 즉 재화의 가격이 상승하면 그 재화의 수요량이 감소하고 재화의 가격이 하락하면 수요량이 증가한다는 소위 수요의 법칙을 보여준다.

다음은 수요량이 변하는 데 있어 해당 재화의 가격이 변함에 따라 변하는 경우와 수요를 결정하는 제요인중 해당 재화의 가격 이외에 다른 요인이 변함에 따라 변동하는 경우를 구별해 본다. 전자는 수요선상의 변화(movement along the demand curve)라고 하고 후자는 수요선 자체의 변화(shift in the demand curve)라고 한다. 다시 말하면 수요선상의 변화는 수요량의 변화라고 말하여지는 것으로 그 재화의 가격이 변동함에 따라 오는 변화이고 수요선 자체의 변화는 수요의 변화라고 불리는 것으로 [그림 2-2]에서 보는 바와 같이 일정불변이라고 가정했던 소득 수준이라든가 타재화의 가격, 소비자의 기호 등이 변함으로써 초래되는 것으로 구별할 수 있다.

[그림 2-2] 수요선 상의 변화와 수요선 자체의 변화

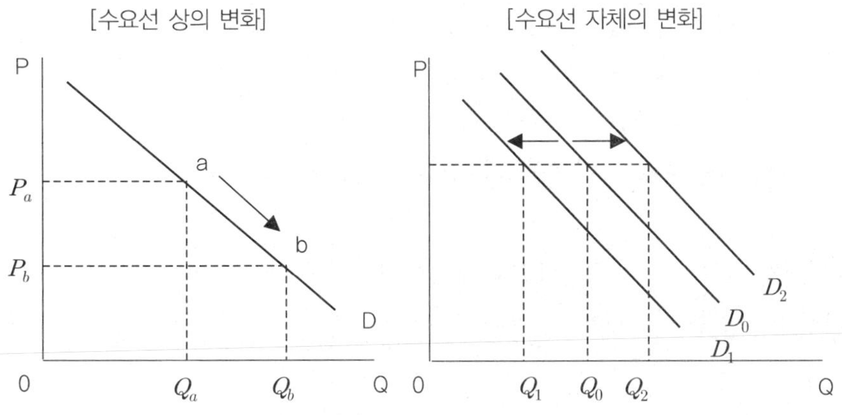

2. 공급을 결정하는 요인들

어떤 재화나 용역에 대한 공급이라는 것은 일정가격수준에서 생산자가 판매하고자 하는 그 재화나 용역에 대해 의도한 판매량이라고 할 수 있다.

다음 공급의 결정에 영향을 주는 요인들을 몇 가지로 나누어 살펴본다.

① 그 재화의 가격(P_X) : 당해 재화의 가격이 공급에 영향을 미치는 것은 매우 자명한 사실로 가격이 오르면 공급량이 늘어날 것이고 가격이 떨어지면 공급량이 줄어들 것이다.

② 생산요소의 가격(P_{factor}) : 노동, 토지, 자본 등의 생산요소의 가격은 재화의 생산비를 결정해 주는 요인으로 이의 가격이 높아지면 생산자의 이익이 줄어들게 됨으로써 공급량은 줄어들게 될 것이다.

③ 생산기술의 발전(Technology) : 생산기술의 발전은 기업에 고용되는 자본이나 노동 등의 단위생산성을 높이게 된다. 따라서 기업의 이윤은 증대할 수 있게 되고 공급량은 증대될 수 있다.

④ 정부의 정책(G) : 우리나라에서 많이 시행하고 있는 조세감면이나 보조금지급 등과 같은 정부의 정책에 의해 공급량이 증대될 수 있다.

⑤ 타재화의 가격(P_Y) : 상호관련이 있는 재화의 가격이 변동하는 것도 재화의 공급량에 영향을 미치게 된다.

⑥ 기업의 목표(Firm's Goal) : 보통 기업의 목표가 이윤극대화라고 상정하고 있으나 기업이 다른 목표, 즉 판매량 극대나 시장점유율의 제고 등을 기업의 목표로 삼는다면 공급량은 확대될 수도 있다.

⑦ 자연현상(Nature) : 이것은 농·수산물의 경우에 특히 그러할 것이다.

이상에서 살펴본 공급에 영향을 미치는 요인들을 하나의 함수형태로 표시하여 보면 다음과 같은 공급함수가 된다.

$$S_X = g(P_X, P_f, Tech, G, P_Y, F, N)$$

앞의 수요함수에서와 같이 당해 재화의 가격만이 변동하고 다른 조건들은 모두 동일하다(ceteris paribus)고 가정을 하면 단순화된 공급함수는

$$S_X = Q_x = g(P_X)$$

가 된다.

$Q_x = 60 + 20P_x$라고 하면 공급표와 공급선은 다음과 같다.

[그림 2-3] 공급표와 공급선

[공급표 작성]

공급표	
단위당 가격(P)	단위시간당 공급량(Q)
10	260
8	220
6	180
4	140
2	100

[그림 공급선]

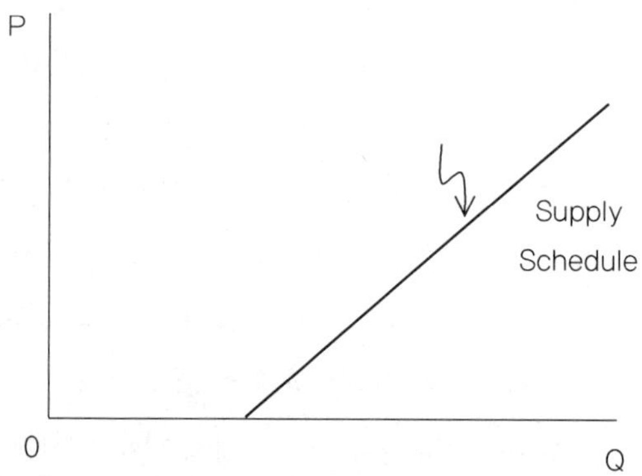

위의 그래프에서 볼 수 있는 바와 같이 공급선은 우상향의 형태를 갖게 되는데 이는 재화의 가격과 재화의 공급량과의 사이에 정의 관계가 있음을 나타내 준다. 즉 재화의 가격이 상승하면 공급량이 늘어나고 재화의 가격이 하락하면 공급량이 줄어든다는 소위 공급의 법칙을 나타내 준다.

다음 수요선에 있어서와 마찬가지로 공급선 상에서의 변동과 공급선 자체의 변동을 살펴보면 다음과 같다.

공급선 상에서의 변동(movement along the supply curve), 즉 공급량의 변화는 당해 재화의 가격이 변동함에 따라 발생한다.

공급선 자체의 변동(shift in the supply curve), 즉 공급량의 변화는 공급함수 상에서 그 재화의 가격이 아닌 다른 조건들, 생산요소의 가격, 생산기술수준, 정부정책 등이 변동함에 따라 발생한다.

[그림 2-4] 공급선 상의 변화와 공급선 자체의 변화

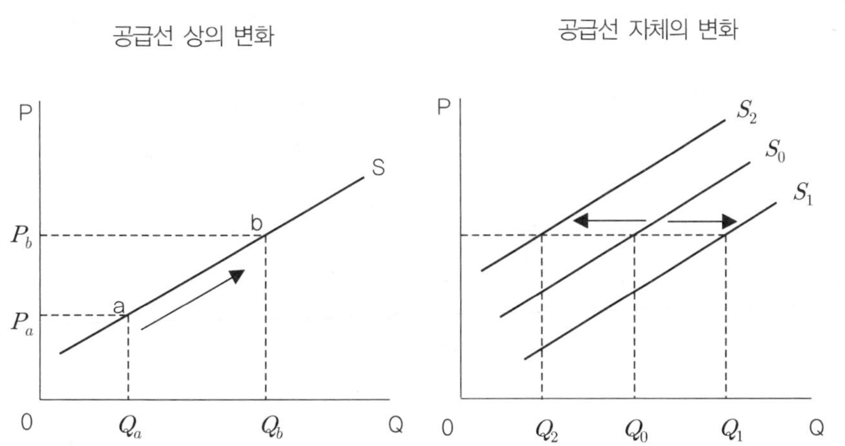

3. 균형가격의 결정

앞에서 우리는 수요선과 공급선을 도출하였다. 이제 이 두 개의 선을 하나의 좌표 상에 도시하면 [그림 2-5]와 같이 될 것이다. 두 직선이 만나는 곳에서 우리는 균형점을 찾을 수 있게 된다. 여기서 균형 상태란 어떤 상태가 외부적 교란이 없는 한 다른 상태로 이동하려는 움직임이 없는 안정적 상태를 말한다.

[그림 2-5] 균형가격의 결정

수요·공급표			
단위당 가격(P)	단위 기간 당 수요량(D)	단위 기간 당 공급량(S)	수급상태
10	100	260	초과 공급
8	140	220	
6	180	180	균형 상태
4	220	140	초과 수요
2	260	100	

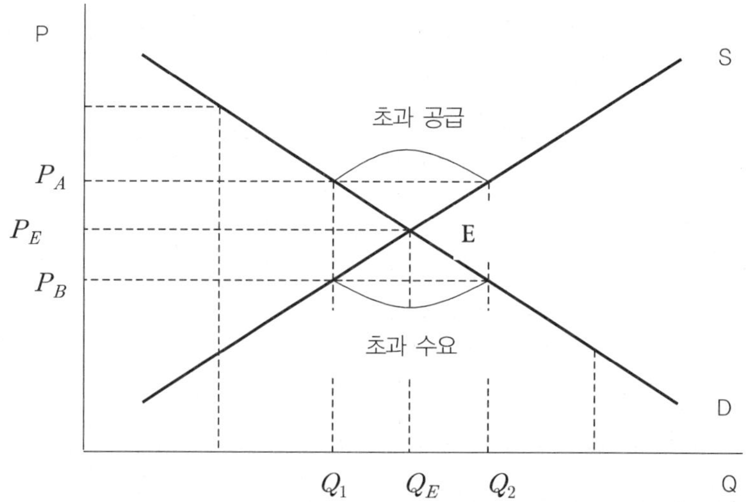

E점이 바로 균형점으로 P_E는 균형가격, Q_E는 균형수요량이 된다. 만약 균형가격이 상승하여 P_A가 된다면 어떤 일이 발생하겠는가. 그래프에서 보는 바와 같이 P_A가격 수준에서의 공급량은 Q_2인데 비해 수요량은 Q_1이 되어 $Q_1 \sim Q_2$만큼의 초과공급이 발생하게 된다. 초과공급이 발생하면 재화의 가격은 화살표가 표시된 방향으로 하락하려는 압력을 받게 되고, 따라서 가격은 균형가격에 귀착할 때까지 떨어지게 된다. 반대로 가격이 P_B로 하락하여 초과수요가 형성될 때는 가격이 상승압력을 받게 되어 균형가격은 P_E에서 결정되려는 경향을 갖게 된다.

제3장 수요와 공급의 탄력도

탄력도(elasticity)라는 개념은 원래 물리학에서 쓰이는 개념이었다. 이를 경제학에 도입한 것은 알프레드. 마샬(A. Marshall)이었다.

탄력도는 기본적으로 $\frac{\%\,change}{\%\,change} = \frac{\text{변화율}}{\text{변화율}}$ 로 정의된다.

경제학에 있어서 탄력도라는 개념의 유용성은 어떤 변량(가령 가격)이 어느 정도의 폭으로 변할 때 그와 관련이 있는 다른 변수가 얼마만큼 민감하게 반응하느냐 하는 정도를 나타내 준다는데 있다.

먼저 수요의 가격탄력도, 수요의 소득탄력도, 교차탄력도를 살펴보고 이어 공급의 가격탄력도를 살펴보기로 한다.

1. 수요의 가격탄력도(price elasticity of demand)

앞에서 말한 바와 같이 수요의 가격탄력도라는 개념을 재화의 가격이 변하는데 대응하여 수요량이 얼마나 민감하게 변동할 것인가 하는 것을 알려 준다. 즉 가격변화에 따른 수요량의 변화 정도를 나타내 주는 것으로 그의 측정은 가격의 변화비율에 대한 수요량의 변화 비율의 비로 나타내 진다. [그림 2-4]

따라서 수요의 가격탄력도(η)는

$$\eta = \frac{\text{수요량의 변화비율}}{\text{가격의 변화비율}} = \frac{\dfrac{D' - D_0}{D_0}}{\dfrac{P' - P_0}{P_0}} = \frac{\dfrac{\triangle D}{D_0}}{\dfrac{\triangle P}{P_0}}$$

로 표시된다.

2. 구간(區間)탄력도와 점(点)탄력도

[그림 2-6] 구간 탄력도와 점 탄력도

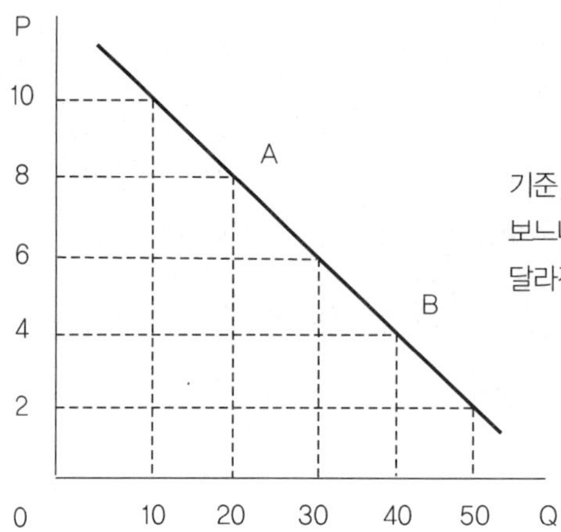

기준 점을 A점으로 보느냐 B점으로 보느냐에 따라 구간탄력도의 값은 달라진다.

첫째, A점에서 B점으로 이동한다고 보는 경우 (A점이 기준점)

$$\eta = \frac{\dfrac{20}{20}}{\dfrac{-4}{8}} = -2$$

둘째, B점에서 A점으로 이동한다고 보는 경우 (B점이 기준점)

$$\eta = \frac{\dfrac{-20}{40}}{\dfrac{4}{4}} = -\frac{1}{2}$$

셋째, 기준 값의 산술평균을 이용하는 경우

$$\eta = \frac{\dfrac{\Delta q}{\dfrac{q_a - q_b}{2}}}{\dfrac{\Delta P}{\dfrac{P_a - P_b}{2}}} = \frac{\dfrac{\Delta q}{q_a + q_b}}{\dfrac{\Delta P}{P_a + P_b}} = \frac{\dfrac{-20}{20+40}}{\dfrac{4}{8+4}} = -1$$

위의 예에서 볼 수 있는 것과 같이 구간탄력도(arc elasticity)를 계산해 보면 기준을 어느 것으로 보느냐에 따라 탄력성의 값이 달라지는 불편이 있다. 물론 이러한 불편을 제거하기 위해 세 번째 예와 같이 기준 값의 산술평균을 이용하여 쓸 수 도 있으나 이 역시 불편하기 때문에 보통 점 탄력도를 이용한다.

점 탄력도(point elasticity)는 극한 개념을 이용하며 변화폭이 매우 미세하여 앞의 [그림 2-6]에서의 점 A와 B가 매우 근접하여(limit) 일치한다고 하면 [그림 2-7]과 같을 것이다.

[그림 2-7] 점 탄력도의 계산

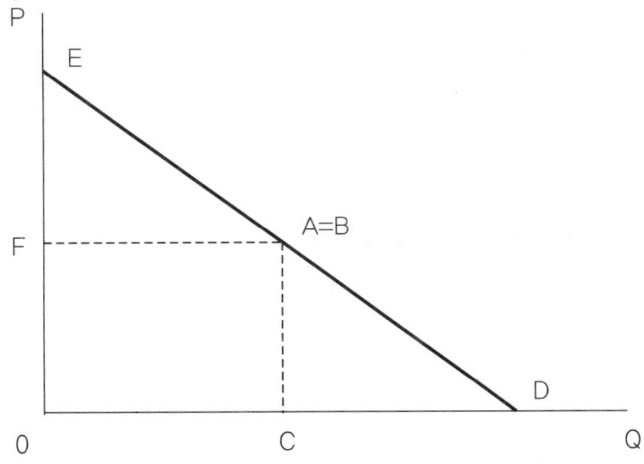

이제 수요의 가격탄력도(η)를 표현해 보면

$$\eta = \frac{\frac{dQ}{Q}}{\frac{dP}{P}} = \frac{P}{Q} \times \frac{dQ}{dP}$$

이다.

위의 식에 [그림 2-7]에서의 A점의 수요의 가격탄력도 값을 구하면

$$\eta = \frac{OF}{OC} \cdot \frac{CD}{AC} = \frac{OF}{OC} \cdot \frac{CD}{OF} = \frac{CD}{OC} \text{ (OF=AC이므로)}$$

이는 다음과 같이 표현할 수도 있다.

$$\eta = \frac{CD}{OC} = \frac{AD}{EA}$$

위의 식을 이용하면 직선으로 주어지는 수요곡선 상에서의 가격탄력도의 값이 [그림 2-8]과 같이 됨을 쉽게 알 수 있다.

[그림 2–8] 수요선 상의 위치에 따른 수요의 가격탄력도의 값

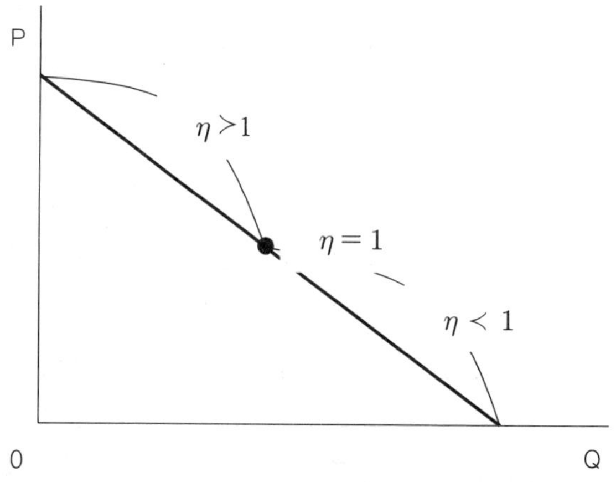

3. 탄력도 값과 총수입 변화와의 관계

기업의 총수입(TR)은 재화의 가격(P)에 판매된 재화의 수량(Q)을 곱한 값으로 표현된다. 즉 $TR = P \cdot Q$ 이다. 그런데 수요의 가격탄력도는 가격의 변화와 이에 따른 수요의 변화를 나타내 주는 것이니 매우 깊은 관련이 있는 것은 당연한 사실이다. 이때 그 관계를 살펴보면 다음과 같다.

[표 2-1] 수요의 가격탄력도와 총수입의 변화

수요의 가격탄력도	수식의 표현	가격이 하락할 때	가격이 상승할 때
$\eta > 1$	$\frac{\Delta Q}{Q} > \frac{\Delta P}{P}$	총수입이 증가	총수입이 감소
$\eta = 1$	$\frac{\Delta Q}{Q} = \frac{\Delta P}{P}$	총수입 불변	총수입 불변
$\eta < 1$	$\frac{\Delta Q}{Q} < \frac{\Delta P}{P}$	총수입이 감소	총수입이 증가

[표 2-1]을 간단히 설명하면 $\eta > 1$이라는 것은 $\frac{OQ}{Q} > \frac{\Delta P}{P}$, 즉 가격의 변동 폭보다는 수요의 변동 폭이 크다는 것이다. 이때 가격이 하락하면 그 가격이 하락하는 폭보다는 그에 따라 수요가 증가하는 폭이 더 커서 총수입은 증가한다는 것이다. 반면 가격이 상승할 때는 수요가 감소하는 폭이 더 커서 총수입이 감소한다는 것이다.

[그림 2-9]에서 탄력도가 1보다 큰 경우와 1보다 작은 경우를 그래프로 그려서 비교해 보면 더욱 확실하게 알 수 있다. 두 경우 모두 빗금 친 부분을 비교하여 살펴보자. 탄력도가 1보다 큰 경우에는 가격이 하락하면 빗금 친 부분의 면적이 증가함을 볼 수 있다. 이는 탄력도 1보다 큰 재화의 경우 가격을 하락시키면 총수입이 증가함을 보여주는 것이다. 반면에 탄력도가 1보다 작은 경우에는 가격이 상승하면 빗금 친 부분의 면적이 증가함을 볼 수 있다. 이는 탄력도가 1보다 작은 재화의 경우에는 가격을 상승시키면 총수입이 증가함을 보여주는 것이다.

[그림 2-9] 탄력도 크기에 따른 총수입의 변화

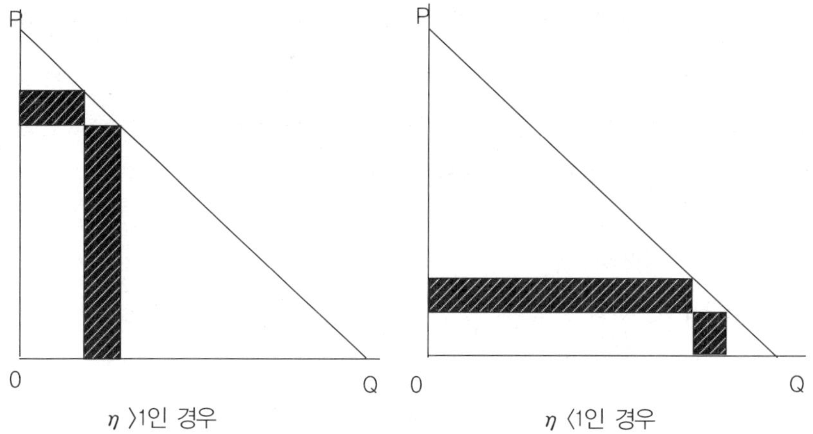

총수입을 증가시키기 위해서 탄력도가 작은 재화나 서비스의 경우에 가격을 상승시키려는 경향이 크다. 그리고 수요의 가격탄력도가 작은 재화나 서비스는 생필품 성격이 큰 것이다. 그래서 쌀, 라면, 우동, 짜장면, 목욕, 이발요금 등의 생필품에 대해서는 정부가 특히 가격을 관리하게 된다.

4. 수요의 가격탄력도 값에 영향을 주는 요인들

수요의 가격탄력도의 값은 크게 보아 재화의 성격이 어떠하냐 하는 것과 시장조건에 따라 달라진다.

① 그 재화에 대한 대체재의 유무(有無)에 따라 탄력도의 크기가 영향을 받는다. 대체재가 있으면 탄력도의 값은 크고 대체재가 없으면 그 값은 작다.
② 재화의 값이 소비자의 생활에 있어서 생필품적 성격인가 사치품적 성격을 가지는가에 따라 탄력도의 값은 달라진다. 생필품적 성격을 가지면 탄력도의 값이 작고 사치품적 성격을 가지면 탄력도의 값이 크다.
③ 재화의 값이 소비자의 소득에서 차지하는 비중이 클 정도로 비싼가 또는 그

렇지 아니한가에 따라 탄력도의 값은 달라질 수 있다. 소비자의 소득 중에서 차지하는 비중이 클 정도로 고가의 재화는 그렇지 않은 재화에 비해 탄력도의 값이 크다.

④ 소비자가 가격변화가 있을 때 대처할 시간의 길이가 어떠한가에 따라서도 탄력도의 값이 영향을 받는다. 소비자가 대처할 시간의 길이가 긴 경우에는 그렇지 못한 경우에 비해 상당한 정도로 대체품을 발견할 경우가 많아진다. 말하자면 대체품이 증가하는 것과 마찬가지의 효과가 있게 되는 것이다. 따라서 대체할 시간이 길 경우가 짧은 경우에 비해 탄력도의 값이 크게 된다.

5. 수요의 가격탄력도 값의 범위

수요의 가격탄력도는 $\eta = \frac{\Delta Q}{Q} / \frac{\Delta P}{P}$ 이다. 이 식을 통해 알 수 있듯이 가격이 아무리 변화해도 수요량이 매우 크게 변하면 그 값은 ∞에 가까워질 것이다. 따라서 수요의 가격탄력도가 취할 수 있는 값의 범위는 $0 < \eta < \infty$ 이다.

[그림 2-10] 특별한 값을 갖는 수요선들

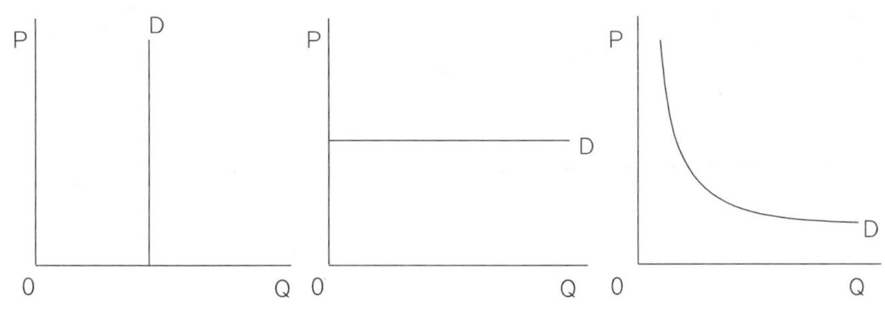

이제 몇 가지 경우의 특별한 수요의 가격탄력도를 살펴보자. [그림 2-10]에서 왼쪽 그래프의 경우는 수요의 가격탄력도가 0이다. 이 경우를 완전히 비탄력적

(inelastic)하다고 한다. 수요가 고정되어 있어 가격의 변화에 전혀 민감하지 않은 경우이다. 가운데 그래프의 경우는 수요의 가격탄력도가 무한대이다. 이 경우는 완전히 탄력적(elastic)이라고 한다. 가격이 약간만 변하여도 수요량은 무한대로 변하는 경우이다. 오른쪽 그래프의 경우는 수요곡선의 모든 구간에서 수요의 가격탄력도가 1인 경우이다. 앞에서 살펴 본 탄력도와 총수입의 관계에서 알 수 있는 바와 같이 탄력도가 1이면 총수입 $P \cdot Q = k$로 일정하게 된다. 이에서 $Q = \frac{k}{P}$를 얻을 수 있어 수요선 상의 모든 구간에서 탄력도가 1인 것은 직각쌍곡선(rectangular hyperbola)인 경우임을 알 수 있다.

6. 수요의 소득탄력도(income elasticity of demand)

이는 소득이 변화할 때 소비자의 구매량이 얼마나 변하는가 하는 변화 정도를 나타내는 것으로 수식으로 표시하면 다음과 같다.

$$\eta_I = \frac{\frac{\triangle Q}{Q}}{\frac{\triangle I}{I}}$$

수요의 소득탄력도 값이 양의 값을 가지느냐 혹은 음의 값을 가지느냐에 따라 재화의 성질을 구분해 볼 수 있다. 수요의 소득탄력도 값이 양이라는 것은 소득이 증대됨에 따라 수요도 늘어난다는 것을 의미하므로 이러한 재화는 보통의 재화, 즉 보통재(normal goods)라고 한다. 반면 수요의 소득탄력도 값이 음이라는 것은 소득이 증대함에도 불구하고 도리어 재화에 대한 수요가 감소한다는 것을 의미하는 것이다. 이러한 재화는 소득이 높아짐에 따라 덜 수요하게 되는 열등재(inferior goods)임을 뜻한다.

7. 수요의 교차탄력도(cross elasticity of demand)

이는 X재화의 가격이 변할 때 Y재화의 수요량이 얼마나 변화하는가 하는 변화 정도를 나타내는 것으로 수식으로 표시하면 다음과 같다.

$$\eta_{YX} = \frac{\frac{\Delta Q_Y}{Q_Y}}{\frac{\Delta P_X}{P_X}}$$

수요의 교차탄력도 값이 어떠하냐에 따라 두 재화간의 관계를 알아 볼 수 있다. $\eta_{YX}>0$ 이라면 X재의 가격이 상승하면 Y재의 수요량이 증가한다는 말이므로 X재와 Y재는 서로 대체재의 관계에 있으며, $\eta_{YX} < 0$이라면 X재의 가격이 상승하면 Y재의 수요량이 감소한다는 뜻이므로 X재와 Y재는 보완재의 관계가 있는 것이다. $\eta_{YX} = 0$이라면 X재와 Y재는 상호영향을 주지 않는 독립적인 관계의 재화들임을 나타내 주는 것이다.

제4장 공급의 탄력도

1. 공급의 가격탄력도(price elasticity of supply)

공급의 탄력도 개념은 수요의 탄력도 개념과 매우 유사하다.

탄력도는 기본적으로 $\frac{\%\, change}{\%\, change} = \frac{\text{변화율}}{\text{변화율}}$ 로 정의된다고 했다. 따라서 재화의 가격이 변화할 때 공급량이 얼마나 변하는가 하는 정도를 나타내는 것이 다를 뿐이다. 이를 수식으로 표시하면 다음과 같다.

$$e_P = \frac{\text{공급량의 변화율}}{\text{가격의 변화율}} = \frac{\frac{\Delta S}{S}}{\frac{\Delta P}{P}}$$

2. 공급의 가격탄력도 값의 범위

공급의 가격탄력도 역시 가격이 변화할 때 공급량의 변화가 크면 탄력적(elastic)

이라고 하고, 가격이 변화할 때 공급량의 변화가 작으면 비탄력적(inelastic)이라고 한다.

공급곡선은 그 위치에 따라 탄력도의 값이 다음과 같이 결정된다. e_P를 다시 써 보면 $e_P = \frac{\Delta S}{\Delta P} \cdot \frac{P}{S}$가 된다[그림 2-11].

(i) 공급곡선의 Y축 절편이 양인 경우

$$e_P^1 = \frac{\Delta S}{\Delta P} \cdot \frac{P}{S} = \frac{af}{cf} \cdot \frac{CQ_1}{OQ_1} = \frac{af}{cf} \cdot \frac{CQ_1}{af} = \frac{CQ_1}{cf} > 1$$

(ii) 공급곡선의 절편이 원점을 지나는 경우

$$e_P^2 = \frac{\Delta S}{\Delta P} \cdot \frac{P}{S} = \frac{OQ_2}{dQ_2} \cdot \frac{dQ_2}{OQ_2} = 1$$

(iii) 공급곡선의 Y축 절편이 음인 경우

$$e_P^3 = \frac{\Delta S}{\Delta P} \cdot \frac{P}{S} = \frac{bQ_3}{eQ_3} \cdot \frac{eQ_3}{oQ_3} = \frac{bQ_3}{oQ_3} < 1$$

[그림 2-11] 위치에 따른 공급선의 가격탄력도 값

공급선의 가격탄력도 값은 절편에 따라 달라진다.

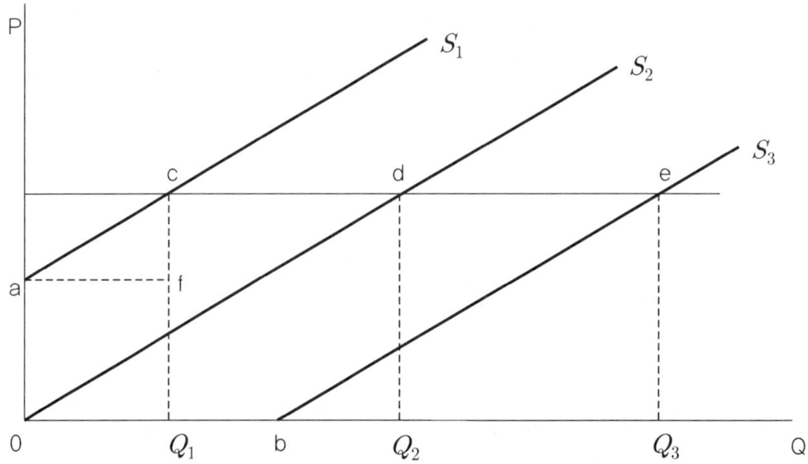

제Ⅲ부
소비자 이론

제 III 부
소비자 이론

19C의 영국의 철학자이며 경제학자인 벤담(J. Bentham)은 효용이란 만족을 창출해 내는 재화 속에 내재하고 있는 힘이며 개인에게 있어서의 행복이란 개인이 느끼는 매 만족을 총합하면 된다고 하였다. 우리 자신을 포함하여 소비자를 관찰하여 보면 소비라는 행위는 정체적 현상이 아니라는 사실을 알 수 있다. 즉, 소비자들은 상대적으로 가격이 낮아지는 재화로 소비를 계속 이동해 나가고 있는 것이다. 이는 모든 재화에 있어 공통점이 있다는 것을 시사해 주는 것이다. 즉 소득이 상승할수록 소비자들은 선호도가 작은 재화로부터 좀 더 선호도가 큰 재화로 소비행위를 이동해 나간다는 것이다. 벤담에 의하면 인간의 행위를 규정해 주는 원리가 '최대다수의 최대행복'의 원리라고 한다. 이를 현대의 경제학자들은 효용 극대화 원리라고 부른다. 현대의 소비자 행동이론은 바로 이 효용 극대화 이론에 그 근거를 두고 있다.

제1장 기수적 효용이론과 서수적 효용이론

1. 기수(基數)적 효용이론과 서수(序數)적 효용이론의 발전

효용은 소비자가 어떤 재화나 용역을 소비하는 데서 얻는 만족을 가리킨다. 왈라스(L. Walras)나 마샬(A. Marshall)같은 경제학자들은 효용을 기수로써 나타낼 수 있다고 생각했다. 기수(基數)로 효용을 측정할 수 있다는 것은 효용측정의 기본 단위가 존재한다고 생각하는 것을 의미한다. 즉 무게의 단위로는 kg, 거리를 나타내는 단위로는 km, 그리고 화폐의 단위로는 원이 사용되듯이 효용의 단위로는 util이란 것이 있다는 것이다. 19C 후반에 영국의 경제학자 에지워스(F. Edgeworth)는 효용의 측정에 있어 서수적(序數的) 측정이라는 개념을 도입하였다. 서수적 효용이론은 단지 선호에 있어 서열(序列)적 비교만을 상정하고 효용을 측정하는 어떤 기본 단위의 이용도 부정한다. 즉 서수적 효용이론 하에서의 소비자는 다만 A를 B보다 선호한다거나 B를 A보다 선호한다 혹은 A와 B 모두 동일하게 선호한다는 식의 표현만 하면 이론 구성(構成)상(上) 하등의 문제가 없다는 것이다. 이 서수적 효용이론은 실제에 있어서는 수량적이기 보다는 질적이라고 말할 수 있으며, 현대 경제학에 있어서는 소비자 행동이론의 기초로서 서수적 효용이론을 받아들이고 있다.

2. 기수적(基數的) 효용이론

서수적 효용이론은 현실적인 데 반해 기수적 효용이론이 비현실적이라면 왜 기수적 효용이론을 굳이 소개하겠는가? 그 이유는 다음과 같다. 첫째, 기수적 효용이론은 직관적으로 이해하기에 용이하다. 둘째, 원래 이론이라는 것은 직접적으로 테스트되는 것은 아니다. 오히려 간접적으로 테스트되는 것이 일반적인 경우인 것이다. 그리고 이렇게 테스트된 이론은 확인되거나 거부되거나 하는 것이다. 그리고 기수적인 효용이론이나 서수적인 효용이론이 다 같은 이론적 구조를 갖고 있기 때문에 경제학이 진실로 과학인 한, 두 이론은 유용한 것이다. 셋째, 경제학 연구에 있어 기술적 효용이론이 분석의 기준이 되는 경우가 종종 있기 때문이다. 그러할 경우 기수적 효용이론은 매우 유용한 도구가 되는 것이다.

(1) 총(總)효용과 한계(限界)효용

효용을 수치로 표현할 수 있다고 한다면, 재화를 소비하는데 따라 얼마만큼의 만족을 느끼는 가하는 것을 기수로 나타낼 수 있을 것이다. 예로 무더운 여름날에 어떤 사람이 4km를 달리고 난 후 수 분 이내에 시원한 맥주를 연속적으로 마시는 경우를 생각해 보자. 첫 잔은 매우 시원하고 만족이 클 것이다. 두 번째 잔에서 느끼는 만족은 첫 번째 잔보다는 못할 것이며, 그 이후 계속 마시는 잔들로부터 느끼는 만족은 차츰 덜 해질 것이다. 그래서 다섯 번째 잔을 마시고는 포만감을 느낀다고 하자. 그 이후의 여섯 번째 잔은 효용을 증가시키기는커녕 오히려 효용의 감소를 초래하는 것이다. 우리는 재화를 Goods라는 말로 표현한다. 즉 '좋은 것들'이라는 말이다. 그런데 위의 예에서의 맥주는 다섯 번째 잔까지는 좋은 것들(Goods)이나 여섯 번째 잔부터는 재화(Goods)가 아니고 나쁜 것 들(Bads)로 되는 것이다. 즉 비재화(非財貨)인 것이다. 효용을 낳는 것이 아니고 도리어 비효용(非效用), 고통을 낳게 되는 것이다. 이러한 사실을 그래프(graph)로 나타내 보면 다음 그림과 같다.

[그림 3-1] 총효용곡선과 한계효용곡선

맥주의 양	총 효 용 (T U)	한계 효용 (M U)
1	2.5	2.5
2	4	1.5
3	5	1
4	5.9	0.9
5	6	0.1
6	5.8	−0.2

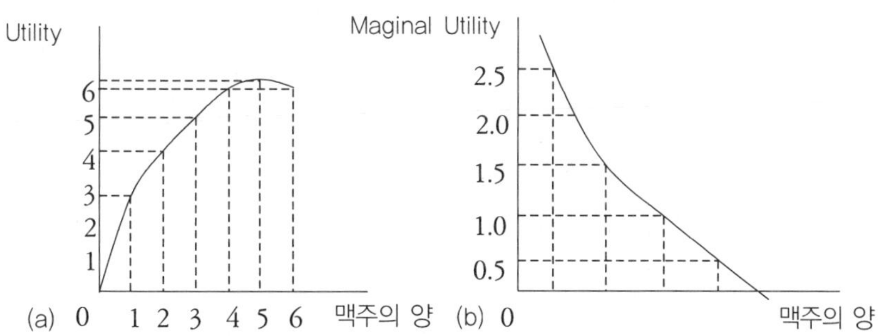

한계효용(marginal utility)이란 최후의 마지막 한 단위를 소비할 때 변화하는 총효용을 뜻하는 것이다. 즉 맥주 한 잔을 더 마실 때 증가하는 총효용의 증분이 한계효용인 것이다. 따라서 한계효용은 다음의 식으로 표시된다.

$$MU_1 = \frac{\triangle TU}{\triangle X} = \frac{U_1 - U_0}{X_1 - X_0}$$

여기서 ΔU는 소비의 증분, ΔX는 총효용의 증분을 나타낸다. 가령 두 번째 잔의 한계효용을 계산해 보면,

$$MU_2(\text{두 번째 잔}) = \frac{4 - 2.5}{2 - 1} = \frac{1.5}{1} units(\text{혹은 } utils).$$

이 된다. 한계효용을 그래프로 나타낸 것이 [그림 3-1]의 (b)이다. 여기서 보면 총효용은 한계효용이 0이 되는 곳에서 극대가 됨을 알 수 있다. 이에 대해서는 뒤에 자세히 살펴보도록 하자.

(2) 한계효용(限界效用)체감(遞減)의 법칙(law of diminishing marginal utility)

한계효용체감의 법칙이란 재화의 소비량을 차츰 증대시켜 나감에 따라 총효용은 증가하나 그 증가하는 율은 체감하는 율로 총효용이 증가한다는 것을 의미한다. 즉 한계효용이 차츰 감소한다는 것을 의미한다. 이는 우리들의 심리를 잠시만 생각해 보면 자명하게 이해할 수 있을 것이다. 그러면 다음과 같은 한계효용표가 있다고 할 때 논리적 모순을 발견할 수 있을 것이다. 빵(X재)을 먹는다고 생각해 보자. 일정한 시간동안에 계속해서 빵을 먹는데, 만약 한계효용이 [표 3-1]과 같다면 그 사람은 얼마든지 빵을 먹을 수 있다는 결론이 날 것이다. 그러나 우리는 포만감을 느낄 정도로 먹고 난 다음에는 더 이상 먹는 것은 고통을 느끼게 되는 것이다. 따라서 한계효용표가 다음과 같으면 효용을 극대화하기 위해서는 무한히 먹으리라는 것은 틀린 설명이 되기 때문에 한계효용표는 다음과 같을 수는 없는 것이다.

[표 3-1] 틀린 한계효용표의 예

X재화	MU_X
1	5
2	5
3	5
4	5
5	5

혹은

X재화	MU_X
1	5
2	6
3	7
4	8
5	9

(3) 총효용의 극대화를 위한 법칙(한계효용균등(限界效用均等)의 법칙)

우리는 소비자가 소비행위를 함에 있어 효용을 극대화시키려 한다고 가정했다. 소득과 X재의 가격, Y재의 가격이 주어져 있다고 할 때 어떻게 하면 소비로부터의 총효용을 극대로 할 수 있을까가 문제된다. X재의 가격을 200원, Y재의 가격을 25원, 소득을 10,000원이라고 하자.

소비자의 예산제약은 다음과 같이 표현되므로,

$$I = P_X \cdot X + P_Y \cdot Y$$

위의 경우에는 $10,000 = 250 \cdot X + 25 \cdot Y$가 된다. 이 식이 뜻하는 바는 이 소비자가 자기의 소득 전부를 X재를 구입하는 데 사용한다면 50단위의 X재를 구입할 수 있고 소득 전부를 Y재를 구입하는 데 사용한다면 400단위의 Y재를 구입할 수 있고, 그 밖에 X재 25단위, Y재 200단위와 같이 혼합해서 소비할 수도 있음을 나타내 주는 것이다. 이를 그래프로 나타내 보면 다음과 같다.

[그림 3-2] 소비자의 예산선

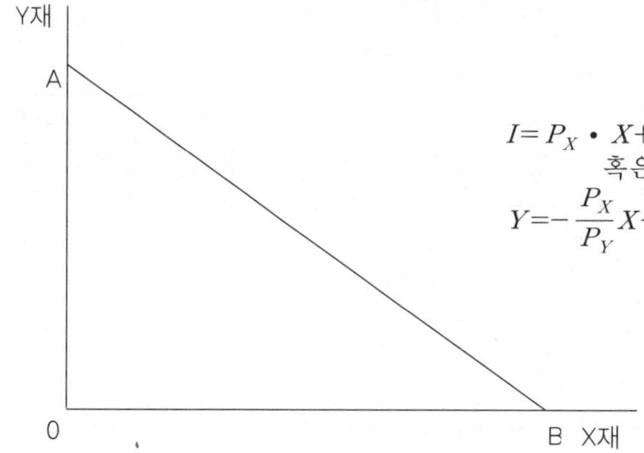

$$I = P_X \cdot X + P_Y \cdot Y$$

혹은

$$Y = -\frac{P_X}{P_Y}X + \frac{I}{P_Y}$$

[그림 3-2]의 AB 그래프선 상에서 소비를 하면 소득을 남김없이 쓰는 것을 뜻하고, $\triangle OAB$ 내부의 어느 점에서 소비가 결정되면 소득 중 일부만을 소비하는 데 사용한다는 의미가 되며 $\triangle OAB$밖의 부문은 소비가 가능하지 않는 점들을 나타내고 있는 것이다. 그런데 우리는 주어진 소득은 모우 사용하여 하용을 극대화하는 경우를 살피고 있으므로 AB선상의 어느 점을 선택할 것인가를 결정해야 한다. AB 선상의 어느 점을 선택하는 것이 효용을 극대화하는 것인가 하는 문제를 지금 이 곳에서 설명하고자 한다. 이것에는 두 가지 설명 방법이 있는데 먼저 각 재화에 소비하는 1원의 한계효용이 균등하도록 결정하는 것이 경제적으로 어떤 의미를 가지는지 알아보는 방법과 무차별곡선을 도입하여 설명하는 방법이 있을 수 있다. 후자의 방법은 다음 절에서 살펴보기로 한다.

3. 서수적(序數的) 효용이론(무차별곡선 분석)

서수적 효용이론에서는 효용을 측정함에 있어 기수(cardinal number)로 나타낼 수 있다는 것을 가정하지 않고 다만 소비자가 재화를 비교함에 있어 어느 상품묶음이 다른 상품묶음보다 좋다고 하는 선호 순서만 결정할 수 있으며 효용이론을 전개하는 데 충분하다는 것이다. 사실 효용을 기수로 나타낸다는 것은 사람이 기계가 아닌 이상 불가능하며 매우 비현실적인 가정이라고 할 수 있는 것이다. 이에 이러한 불합리한 점을 극복하기 위해 제시된 이론이 바로 서수적 효용이론인 것이다.

(1) 이성적 소비행위의 세 가지 공준(three axioms)

① 비교성(comparison)

이성적인 소비자라면 X와 Y의 서로 다른 상품 구성의 묶음이 있을 때 이들 상품 묶음에 대한 선호 관계를 나타냄에 있어서 다음 중 어떤 하나에 해당하여야만 한다. X를 Y보다 선호한다. 혹은 Y를 X보다 선호한다. 혹은 X와 Y를 선호함에 있어 무차별하다.

② 이행성(transitivity)

이성적인 소비자라면 A를 B보다 선호하고 B를 C보다 선호한다면 A를 C보다 더 선호해야 한다는 것이다. 즉 $A>B$, $B>C$이면 $A>C$이어야 한다는 것이다. 즉 C를 A보다 선호해서 $C>A$가 되어서는 안 된다는 것이다.

③ 많은 것을 더 선호한다(more is preferred to less).

이 공준은 axiom of greediness 라고도 하는데 한계효용이 0보다 큰 경우에 있어서는 재화가 많을수록 더 선호한다는 것은 매우 자명한 것이다.

(2) 무차별곡선의 성질과 그 증명

두 재화 X와 Y가 있을 때 각기 다른 수량의 X재와 Y재로 구성되는 상품 묶음을 생각해 보자. 그 상품 묶음이 다음과 같다고 하자.

[표 3-2] 상품 묶음의 예

상품 묶음	X재	Y재
A	6개	1개
B	5개	2개
C	4개	5개
D	3개	9개
E	2개	14개
F	1개	20개

이때 상품 묶음들 A, B, C, D, E, F는 어느 것이나 소비자에게 동일한 만족을 주는 것을 도시한 것이다. 즉 소비자는 이 상품 묶음의 어느 것을 택하든지 간에 그가 느끼는 만족은 같기 때문에 어느 묶음을 선택하든지 무관(indifferent)하다는 것이다. 이를 그래프 상에 도시해 보면 다음과 같은 무차별곡선을 얻을 수 있다. 이와 같이 소비자에게 동일한 만족을 주는 두 가지 재화의 묶음을 나타내는 상품 공간 상의 점들을 연결한 곡선을 무차별곡선이라 하며 그 일반적인 형태는 [그림 3-3]과 같다.

[그림 3-3] 무차별곡선의 일반적인 형태

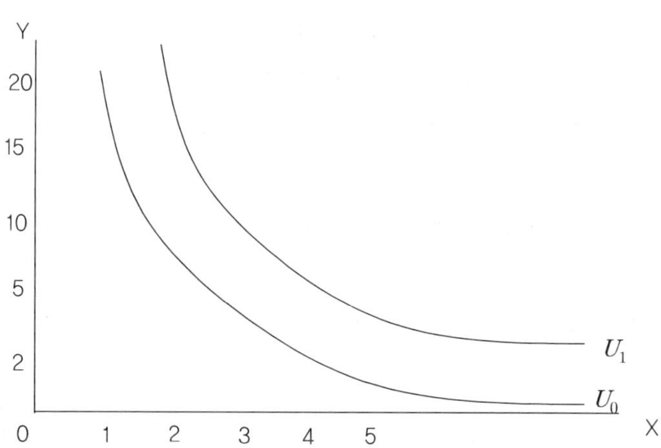

이제 이 무차별곡선이 갖고 있는 성질을 살펴보면 다음과 같다.

① 무차별곡선은 우하향(右下向)한다.

[증명] 만일 우하향하지 않는다면 다음과 같은 경우중의 하나가 될 것이다. A와 B는 (a)에서 동일한 양의 X재를 갖고 있지만 B는 A보다 더 많은 양의 Y재를 갖고 있다. 이것은 소비행위의 세 번째 공준에 어긋난다.

(b)에서도 마찬가지로 B가 A보다 X재가 더 많고, (c)에서는 B가 A보다 X재와 Y재 모두 더 많이 갖고 있으므로 (a), (b), (c) 모두 소비행위의 세 번째 공준에 어긋난다. 그러므로 무차별곡선은 우하향(右下向)해야만 한다.

[그림 3-4] 우하향하지 않는 모습들

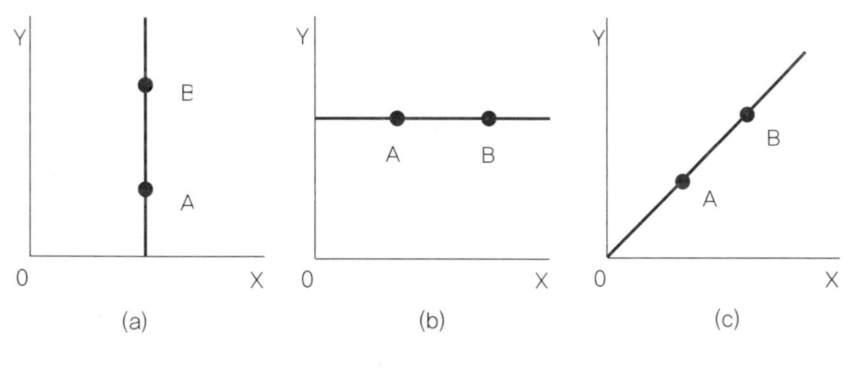

② 무차별곡선은 원점에 대하여 볼록하다.

[증명] 만약 무차별곡선이 볼록하지 않다면 다음과 같은 모양이 될 것이다.

[그림 3-5]원점에 대해 볼록하지 않은 경우들

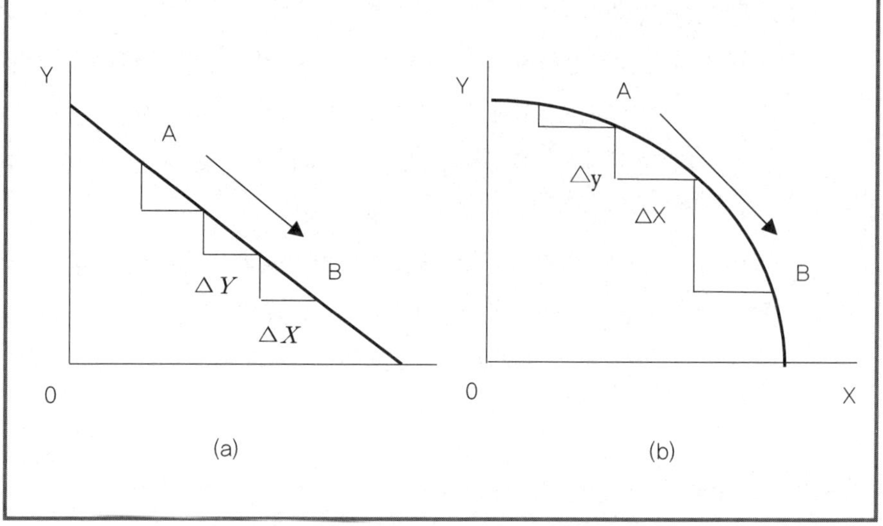

무차별곡선상에서는 다음이 성립한다. 즉 총효용의 증가 = 총효용의 감소

$$\triangle X \cdot MU_X = \triangle Y \cdot MU_Y$$

그런데 무차별곡선이 (a)와 같이 직선이라면 소비점이 A에서 B로 움직여 나간다고 할 때 기울기($\frac{\triangle Y}{\triangle X}$)가 일정하므로 [글자 크기에 유의해서 식을 보기 바란다]

$$\triangle X \cdot MU_X \neq \triangle Y \cdot MU_Y$$

$$\triangle X \cdot MU_X \neq \triangle Y \cdot MU_Y$$

$$\triangle X \cdot MU_X \neq \triangle Y \cdot MU_Y$$

$$\triangle X \cdot MU_X \neq \triangle Y \cdot MU_Y$$

가 되어 등호가 성립할 수 없게 된다. 또 무차별곡선이 (b)와 같다면 소비점이 A에서 B로 이동해 간다고 할 때

$\triangle X \cdot MUx \neq \triangle Y \cdot MUy$

$\triangle X \cdot MUx \neq \triangle Y \cdot MUy$

$\triangle X \cdot MUx \neq \triangle Y \cdot MUy$

$\triangle X \cdot MUx \neq \triangle Y \cdot MUy$

가 되어 등호가 성립할 수 없다. 이는 A에서 B로 이동해 갈수록 X재는 많이 소비하므로(소비자의 입장에서 보면 풍부하므로) X재의 한계효용은 작아지고, Y재는 적게 소비하므로 소비자의 입장에서 보면 Y재의 한계효용은 커지게 된다는 사실을 생각하며 살펴보면 이해하기 쉽다.

위의 두 경우 모두 한계효용이 체감한다는 사실에 위배되므로 무차별곡선은 원점에 대해 볼록한 모양이 될 수밖에 없다.

③ 무차별곡선은 서로 교차하지 않는다.

[그림 3-6] 교차하는 경우

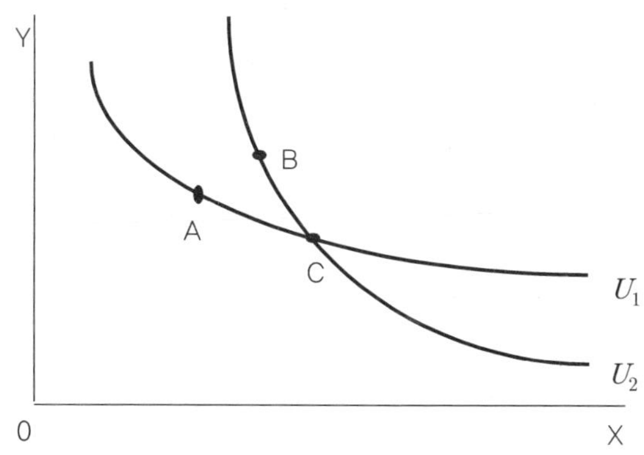

만약 무차별곡선이 [그림 3-6]과 같이 교차한다면 I_0선상에 있는 A점과 C점은 동일한 만족을 나타내며 I_1선상에 있는 B점과 C점도 동일한 만족을 나타낸다는

것이 된다. 그러면 A=C이고 B=C이니 A=B, 즉 A점과 B점은 동일한 만족을 나타내어 같은 무차별곡선상에 있어야 하는데 A와 B는 동일 무차별곡선상에 있지 아니하다. 이와 같은 논리상의 모순은 두 개의 무차별곡선이 교차한다고 했기 때문에 생긴 것이니 무차별곡선은 교차할 수 없음이 명백한 사실이다.

④ 원점으로부터 멀리 떨어져 있는 무차별곡선일수록 높은 만족수준을 나타낸다.

[그림 3-7] 원점으로부터 멀수록 높은 만족

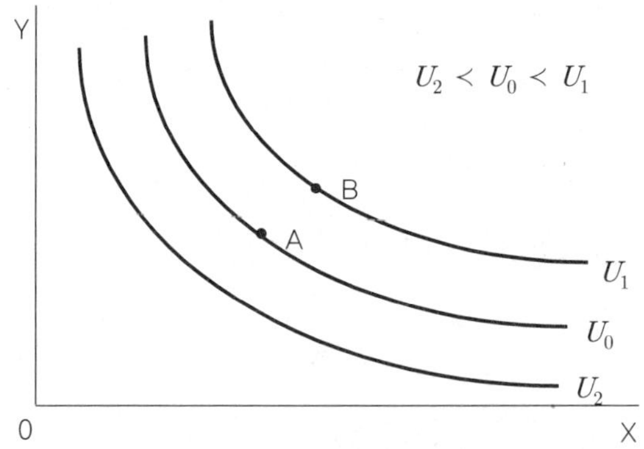

이것은 A점과 B점을 비교해 보면 쉽게 알 수 있다. 즉 B점은 A점보다 많은 X재와 Y재를 나타내므로 합리적 소비자의 세 번째 공준에 의해 B점이 더 높은 만족수준을 나타내는 점임을 알 수 있다.

제2장 소비자 균형조건과 수요곡선의 도출

예산선과 무차별곡선은 각기 X재와 Y재 평면상에 도시되었다. 따라서 한 평면상에 함께 도시할 수 있으며 이를 통해서 소비자 균형점을 도출할 수 있다. 또한 소비자 균형점의 궤적을 이용하여 한 재화에 대한 수요선을 도출할 수 있다.

1. 소비자 균형조건의 도출

앞에서 살펴 본 예산선(가격선)과 무차별곡선을 이용하면 소비자 균형점을 알아낼 수 있고 그에 따라 소비자 균형조건을 도출해 볼 수 있다. 먼저 소비자 균형점을 살펴보기 위해 동일하며 X와 Y 상에 표시되어 있는 예산선과 무차별곡선을 한 평면상에 도시하여 보면 [그림 3-8]과 같이 된다.

$$\text{예산선}: I = P_X \cdot X + P_Y \cdot Y$$
$$Y = -\frac{P_X}{P_Y}X + \frac{I}{P_Y}$$

[그림 3-8] 소비자 균형

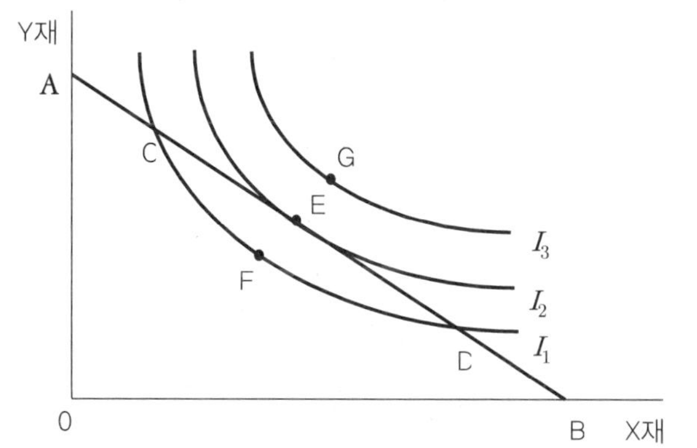

[그림 3-8]에서 보면 ΔOAB는 구매가능한 영역을 나타내는 것이다. 즉 직선 AB 선상의 어느 점을 선택하는 것은 주어진 예산 모두를 사용하는 것을 의미하고 ΔOAB 내부의 점 가령 F와 같은 점을 선택한다는 것은 주어진 예산중 일부만을 사용한다는 것을 의미하며 G와 같은 점은 주어진 예산을 초과하는 점이기 때문에 선택이 불가능한 점임을 의미한다. 이제 무차별 곡선을 겹쳐 그려 놓고 보면 E점에서 주어진 예산을 모두 사용하며 가장 큰 만족을 느끼는 상태에 있음을 알 수 있다. 점 C와 점 D는 주어진 예산을 모두 사용하지만 I_1 선상에 있으므로 E점보다는

낮은 만족 상태에 있게 되므로 선택되지 않을 것이며, G점은 선택될 수 없는 점이므로 고려대상에서 제외된다. 우리는 E점을 소비자 균형점이라고 부르며 이 점의 특징은 예산선과 무차별곡선이 접하는 것이라고 할 수 있다. 바로 이와 같은 특징으로부터 소비자 균형의 조건을 알아 볼 수 있다. 예산선과 무차별곡선이 E점에서 접한다는 것은 E점에서의 두 선의 기울기가 같다는 말이 된다.

따라서 다음과 같이 된다.

$$\text{예산선의 기울기} = \frac{P_X}{P_Y} = \text{무차별곡선의 기울기} = MRS_{yx} = \frac{\Delta Y}{\Delta X} = \frac{MU_x}{MU_y}$$

이를 다시 쓰면

$$\frac{MU_X}{P_X} = \frac{MU_Y}{P_Y}$$

이다.

위의 식이 나타내는 바를 일상적인 언어로 표현하면, X재를 구입하는 네 쓰는 화폐 마지막 1원의 한계효용이 Y재를 구입하는 데 쓰는 화폐 마지막 1원의 한계효용과 같도록 X재와 Y재를 구매하면 소비자의 만족이 극대가 된다는 것이다. 즉 소비자의 만족을 극대로 하기 위해서는 지출하는 돈의 마지막 1원의 한계효용이 구매하는 각 재화에 있어서 동일하도록 하면 된다는 것을 말한다.

앞서 서론 부분에서 잠시 언급했던 학점 극대화 문제를 생각해 보자. 학점을 최대로 하기 위해서는 학생은 시간당 예상 학점이 모든 과목에 있어서 동일하도록 공부시간을 할당하는 것이 극대 학점을 얻는 좋은 방법이 된다는 것을 소비자 균형조건은 알려 주고 있다.

2. 소비자 균형조건의 이동(소득소비곡선과 가격소비곡선)

이제는 앞에서 살펴 본 소비자 균형점이 소득이나 재화의 가격이 변할 때 어떻게 이동하는 지 그 궤적을 살펴보려고 한다. 먼저 소비자의 소득이 변할 때 소비자 균형점의 이동을 보면 [그림 3-9]의 E_1, E_2, E_3와 같게 되는데 이를 연결한 궤적을 소득소비곡선(income-consumption curve)이라고 부른다. 이는 소득이 변화하면 예산선은 평행 이동한다는 사실을 생각해 보면 알 수 있다. 소득소비곡선은 소득확장경로(income expansion path)라고 볼 수 있다.

[그림 3-9] 소득소비곡선(I-C Curve)

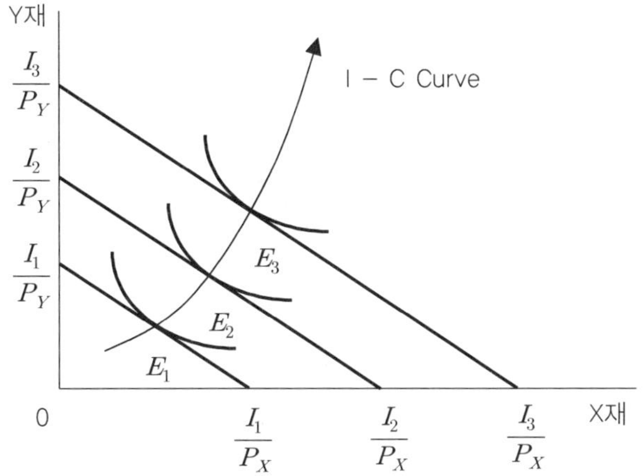

다음은 재화의 가격이 변할 때 소비자 균형점의 궤적을 나타내 주는 소득소비곡선(income-consumption curve)을 살펴보자. X재의 가격만이 하락했다고 하자. Y재의 가격은 변동이 없으므로 가격선을 Y절편을 축으로 하여 시계 반대 방향으로 움직일 것이고, X재의 가격만이 상승했다고 하면 Y절편을 축으로 하여 시계와 같은 방향으로 움직일 것이다. 이에 따른 무차별곡선과 가격선의 접점의 궤적을 표시해 보면 [그림 3-10]과 같이 된다.

[그림 3-10] 열등재의 ICC

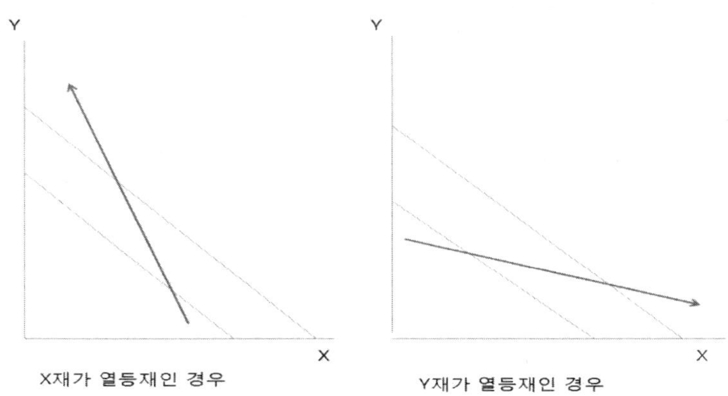

소득소비곡선으로부터 소득이 변할 때 그 재화에 대한 수요가 어떻게 변화하는가 하는 것을 나타내 주는 엥겔 곡선(Engel curve)을 도출해 볼 수 있다. 엥겔(Ernst Engel; 1821~1896)의 이름을 딴 엥겔곡선(Engel curve)은 다음과 같이 그 재화의 특성에 따라 여러 가지의 모양을 가질 수가 있다.

1857년에 발표된 엥겔의 법칙은 '가난한 가구일수록, 식료품 구매에 사용하는 가구예산의 비중은 커진다' (The poorer a family is, the larger the budget share it spends on nourishment)이다. 횡축에 재화의 수량을 표시하고, 종축에 소득을 표시할 경우, 열등재의 엥겔곡선은 음의 기울기를 보이고, 보통재(普通財)나 우등재(優等財)는 양의 기울기를 보인다. 필수품의 성격을 갖는 보통재는 종축으로 휘면서 상승하는 그래프 모양이며, 사치품 성격을 갖는 우등재는 횡축으로 휘면서 상승하는 그래프 모양이다. 이는 각자 그려보기 바란다.

3. 수요선의 도출

소비자의 소득과 Y재의 가격이 일정하다는 가정 하에서 X재의 가격변화에 따른 X재에 대한 수요를 나타낼 수 있다. 즉 수요곡선을 도출할 수 있는 것이다.

[그림 3-11]에서 X재의 가격이 P_{x1}에서 P_{x2}으로 하락하면 소비자 균형점은 A점에서 B점으로 이동하면 다시 가격이 P_{x3}로 하락하면 소비자 균형점은 다시 B점에서 C점으로 이동한다. 이 궤적을 연결한 선이 가격소비곡선(P.C.C)임은 앞에서 설명하였다. 이제는 소비자 균형점이 A점일 때의 X재의 수요량은 X_1이고 소비자 균형점이 B점일 때의 X재의 수요량은 X_2, 그리고 소비자 균형점이 C점일 때의 X재의 수요량은 X_3임에 주목하자.

즉 소비자 균형점들로 부터의 궤적을 이용하여 도출한 X재 각 가격수준에서의 수요량을 바로 아래 그래프에서 수요량(Q)축과 X재 가격(P_x)축에 도시하면 된다. 가격이 P_{x1}일 때 수요량은 X_1이고 가격이 P_{x2} 일 때 수요량은 X_2이며 가격이 P_{x3}일 때 수요량은 X_3이다. 이를 궤적으로 연결하면 X재에 대한 수요선을 도출하게 된다.

이상과 같이 하여 가격-소비곡선(P.C.C)로부터 수요선을 도출할 수 있음을 이해하자.

[그림 3-11] 소득소비곡선으로부터 수요선의 도출

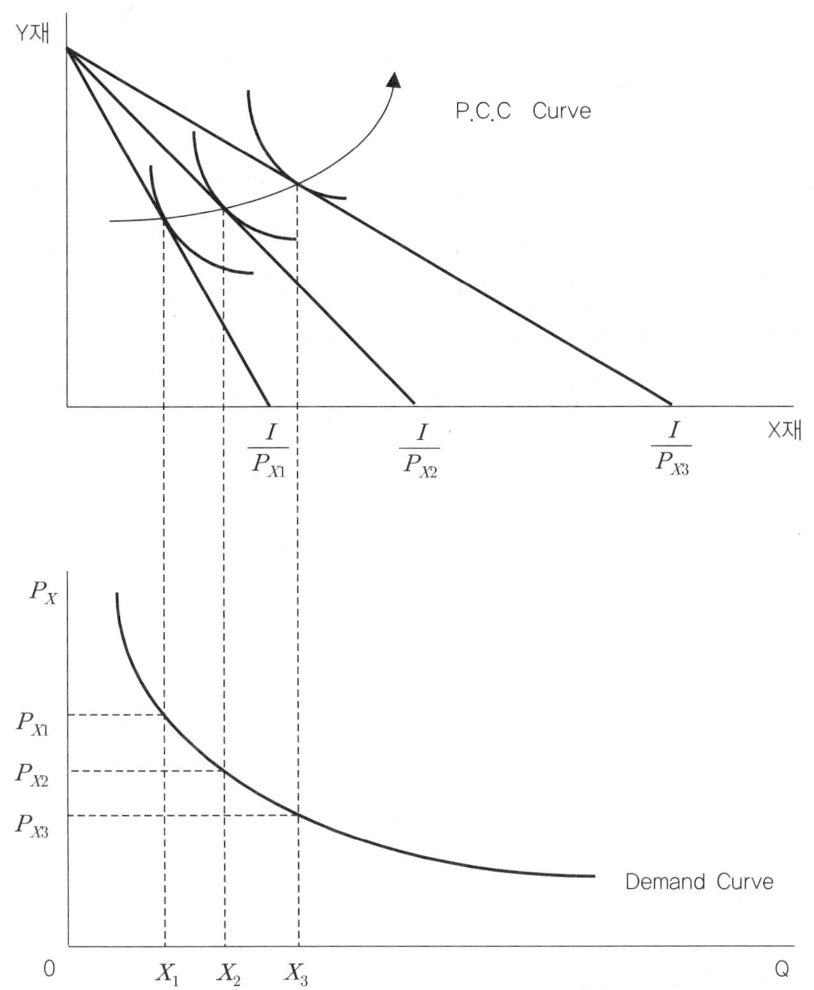

제3장 가격효과(Price Effect)란?

어떤 재화의 가격이 변화할 때 그 재화에 대한 수요량에 변화가 생기는데 이를 가격효과라고 부른다. 즉 가격이 상승할 때는 수요량이 감소하고, 가격이 하락할 때는 수요량이 증대한다. 이러한 현상을 가격효과라고 한다. 수요의 법칙이 적용함을 의미한다.

1. 보통재의 가격효과

가격이 상승할 때는 수요량이 감소할 것이고, 가격이 하락할 때는 수요량이 증대할 것인데 이러한 현상을 가격효과라고 하는 것이고 가격효과는 대체효과(substitution effect)와 소득효과(income effect)로 나눠 볼 수 있는 것이다.

X재화의 가격만이 하락하였다고 하고 가격효과를 살펴보자. 우선 X재의 가격만이 하락하면 가격선이 Y절편을 축으로 하여 시계방향으로 회전하여 AB → AC로 될 것이다.

[그림 3-12] 보통재의 가격효과

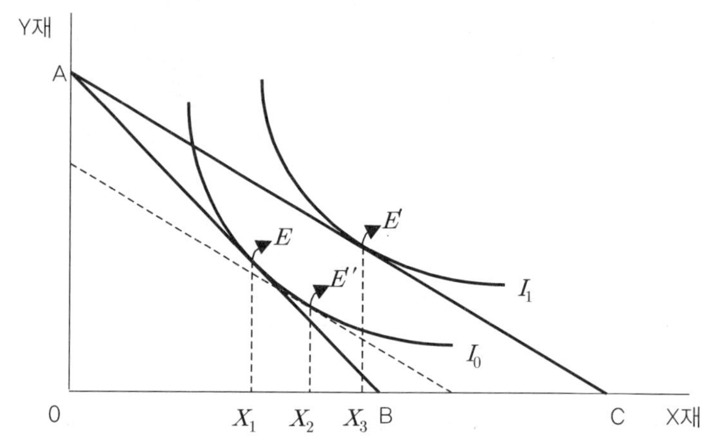

이와 같이 가격선이 이동함에 따라 소비자 균형점이 E에서 E'로 변동되고 따라서 X재의 수요량이 OX_1에서 OX_3로 변하는 것을 알 수 있다. 즉 수요량의 변화가 X_1X_3만큼 있게 되는데 이 수요량의 변화가 가격효과인 것이다. 이제 가격효과를 소득효과와 대체효과로 나누어 보기 위해서 무차별곡선 I_0에 접하면서 가격선 AC에 평행인 보조선(점선)을 그어보자. 이 보조선에 의해 가격효과를 소득효과와 대체효과로 나누어 볼 수 있게 되는데 결론부터 말하면 $(X_1 \sim X_2)$가 대체효과, $(X_2 \sim X_3)$가 소득효과가 된다.

이를 좀 자세히 살펴보기 위해 보조선을 그은 이유를 생각해 보자.

점선으로 표시된 이 보조선은 I_0에 접하고 있다. 따라서 E와 E"는 동일한 후생(만족)수준을 나타내고 있는 것이다. 또한 보조선은 원래의 가격선 AC에 평행하게 그어져 있다. 이렇게 하여 X재의 가격 하락으로 인해 발생된 실질 구매력의 증가 가운데 실질소득의 증가에 기인한 부분을 가려낼 수 있는 것이다. $(X_2 \sim X_3)$는 실질소득의 증가로 인한 수요량의 증대를 나타내는 부분이 되고, $(X_1 \sim X_3)$는 Y재와 비교하여 상대적으로 X재의 가격이 저렴하게 나타나는 수요량의 증대를 나타내는 부분이 되는 것이다.

이를 간단히 표시하면 다음과 같다.

$$\underset{(X_3 \sim X_1)}{price\ effect} = \underset{(X_2 \sim X_1)}{substitution\ effect} + \underset{(X_3 \sim X_2)}{income\ effect}$$

2. 열등재와 기펜재의 가격효과

앞에서 살펴본 경우는 X재가 보통재인 경우이고 X재가 열등재이거나 기펜재일 경우의 가격효과는 다음과 같다.

[그림 3-13] 열등재와 Giffen재의 가격효과

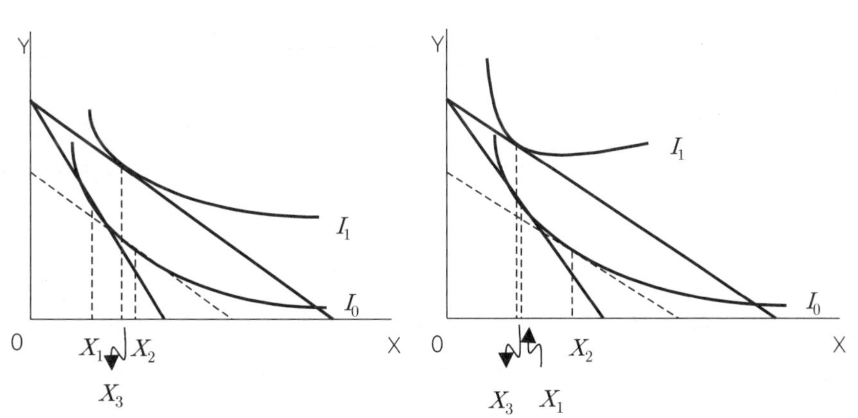

X재의 가격이 하락할 경우의 가격효과를 다음과 같이 요약해 볼 수 있다.

[그림 3-13]에서 왼쪽은 열등재의 경우이고 오른쪽은 기펜재의 경우이다. 두 경우 모두 대체효과는 $(X_2 \sim X_1)$부분으로 항상 양의 값을 갖는다.(물론 이 경우는 X재 가격이 하락한 경우이다.) 주의 깊게 살펴보아야 할 소득효과는 $(X_3 \sim X_2)$ 부분이다. 바로 $(X_3 \sim X_2)$의 크기가 전체 가격효과의 크기를 좌우한다.

열등재의 경우는 $(X_3 \sim X_2)$가 음의 값을 갖지만 양의 값을 갖는 $(X_2 \sim X_1)$부분에 비해서 상대적 크기가 작다. 따라서 전체적인 가격효과$(X_3 \sim X_1)$는 양의 값을 가지게 된다.

이에 비해 Giffen재의 경우에는 소득효과로 음의 값을 갖는 $(X_3 \sim X_2)$ 부분이, 대체효과로 양의 값을 갖는 $(X_2 \sim X_1)$ 부분에 비해 상대적으로 크다. 따라서 전체적인 가격효과$(X_3 \sim X_1)$는 음의 값을 가지게 된다.

[표 3-3] X재 가격이 하락할 경우 가격효과

X재의 성질	대체 효과 $(X_2 \sim X_1)$		소득 효과 $(X_3 \sim X_2)$		가격효과 $(X_3 \sim X_1)$
보통재	(+)		(+)	=	(+)
열등재	(+)	〉	(−)	=	(+)
Giffen재	(+)	〈	(−)	=	(−)

위 표에서 알 수 있는 것과 같이 대체효과는 항상 양인데 소득효과는 보통재의 경우는 양(陽)이나 열등재와 Giffen재의 경우에는 음(陰)이다. 더욱이 Giffen재는 음의 소득효과가 양의 대체효과보다 더 커서 전체 가격효과는 음으로 나타나는 것이다. 즉 Giffen재란 그 재화의 가격이 떨어졌음(혹은 상승했음)에도 불구하고 그 재화에 대한 수요량이 감소(혹은 증가)하는 재화를 말하는 것이다.

이러한 재화는 그다지 많은 것은 아니나 기펜재가 되기 위한 조건은 첫째, 열등재이어야 한다는 것이고, 둘째 소비자들이 소비하는 그 재화가 소비자들의 소득 중 큰 비중을 차지할 경우이다. 돼지고기나 보리는 일반적으로 열등재이다. 그러니까 기펜재가 될 첫째 조건은 지니고 있다. 돼지고기나 보리가 기펜재의 성질을 나타내기 위해서는 소비자의 소득 중 돼지고기나 보리의 소비액이 차지하는 비중이 상당히 클 경우에 기펜재가 될 수 있다. 즉 열등재이면서 소비자들의 소득에서 해당재화의 소비 비중이 클 때 기펜재가 될 수 있다.

기펜(Giffen)재라는 명칭은 영국의 로버트 기펜(R. Giffen)이라는 학자의 이름을 따서 붙인 것이다. 기펜은 19C에 아일랜드에 7년간 연속해서 기근이 들었을 때 농민들이 감자 값이 상승함에도 불구하고 감자의 구매량을 늘리는 사실을 발견한 사람이다. 위의 설명에 따르면, 아일랜드 농민들은 연속해서 발생한 기근 속에서 가난한 살림살이 가운데 치즈나 고기, 계란 등의 음식은 엄두를 내지 못하고 배고픔을 달래려고 가격이 상승해도 감자나 더 사서 먹음으로써 어려움을 이기려고 했던 것이다. 최근의 기펜재에 대한 연구를 보면, 중국 일부 지역에서 밀이나 국수가 기펜재 성질을 나타냈고, 난방용으로 사용하는 등유나 일본에서는 희석(稀釋)식(式) 소주가 기펜재 성질을 보인다고 한다.

제Ⅳ부
기업 이론
(Theory of Firm)

제 IV 부
기업 이론
(Theory of Firm)

제1장 시장공급과 기업의 종류

아담 스미스가 지적한 것처럼 경제행위의 최종 목표는 소비이다. 따라서 소비자는 경제가 원활히 작동하는데 매우 중요한 역할을 한다. 그러나 역시 자유경제 체제의 근간은 기업이다. 개별기업의 공급이 모여서 시장 전체의 공급이 된다. 다시 말해서 한 산업내의 개별 기업들이 모여서 산업을 이루는데 산업에 따라서 수 많은 기업으로 이루어져 있는 경우도 있고, 불과 3-5개의 기업으로 구성되어 있는 산업도 있다. 그래서 개별 기업의 생산활동을 파악하는 것은 중요하다. 수 많은 기업으로 구성되어 있는 산업의 경우에는 기업들이 대체로 개인기업 형태이고, 불과 수개의 기업으로 이루어져 있는 산업 내의 기업은 주식회사의 형태를 갖는다. 그리고 기업의 종류를 알아본다.

1. 개별기업 공급선과 시장공급선

먼저 시장전체의 공급곡선과 개별기업의 공급곡선을 살펴보자. 개별기업의 공급곡선을 구하려면 특정한 가격 하에서 개별 기업의 공급량을 수평으로 합하면 (horizontally summation)된다. 즉 다음 그래프에서 보면 갑의 공급량, 을의 공급량, 병의 공급량을 수평 방향으로 합하면 시장전체의 공급량이 된다.

[그림 4-1] 개별기업과 시장전체의 공급곡선

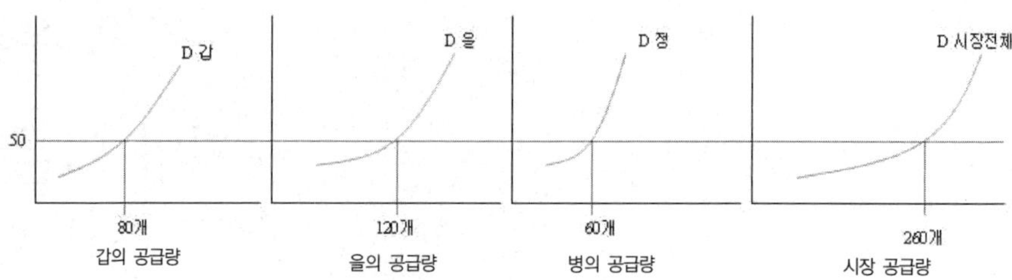

위 그래프에서 가격이 50일 때 갑의 공급량은 80개이고 을의 공급량은 120개, 그리고 병의 공급량은 60개이다. 이럴 경우 가격 50에서 시장전체의 공급량은 260개이다.

공급곡선을 설명해 주는 이론이 기업이론이다. 기업이론은 생산이론(theory of production)과 비용이론(theory of cost)으로 구성되어 있다. 생산이론은 생산함수를 중심으로 기업의 생산물이 결정되는 측면을 설명하는 이론이다. 비용이론은 총비용을 구성하는 고정비용, 가변비용을 중심으로 한계비용, 평균비용, 평균가변비용 등을 살펴봄으로써 기업의 생산비 변화를 살펴본다.

2. 기업의 종류

기업을 구분하면 개인기업(The Individual Proprietorship), 합명회사(The Partnership), 합자회사(The Limited Partnership), 주식회사(The Corporation)으로 나누어 볼 수 있다.

개인기업은 우리가 흔히 볼 수 있는 소규모 서점, 음식점, 문방구 등과 같이 개인이 혼자 자본을 출자하여 영업을 시작하고 영업에 따른 이익과 손해를 자기 책임하에 관리하는 기업을 말한다. 이는 가장 초보적인 형태의 기업으로 자본의 규모가 작고 위험부담이 전적으로 기업주 1인에게 귀착된다. 기업주는 해당 사업이 부도가 나거나 하면 자신의 모든 재산을 이용하여 갚아야 하는 무한책임을 지는 것이다.

이러한 개인기업은 자본의 집적(集積)을 할 수 없으므로 적은 규모로 제약을 받는다. 이런 제약을 넘어서기 위해 개인들 몇몇이 모여서 공동의 이름으로 합명회사를 만들 수 있다. 합명회사는 2인 이상의 사람들이 연대하여 기업을 설립한다. 이렇게 하면 어느 정도 기업 규모의 제약을 벗어날 수 있다. 그러나 합명회사(合名會社) 역시 위험부담 면에 있어서는 개인기업의 경우와 별로 다르지 않다. 합명회사의 공동 소유주들은 회사의 부채에 대하여 무한책임을 지기 때문이다.

무한책임(無限責任) 사원만으로 구성되는 합명회사의 단점을 보완하기 위해 발생한 것이 합자회사(合資會社)이다. 합자회사는 무한책임을 지는 사람과 유한책임을 지는 사원으로 구성된다. 무한책임사원은 회사가 채무에 휩싸였을 때 자신의 모든 재산을 동원하여 무한히 책임을 져야하지만 유한책임사원은 출자한 금액만 잃어버리면 된다. 그리고 유한책임사원은 회사 경영에 직접 참여하지는 않는다.

기업의 형태 중에서 가장 최근에 발달 한 것이 바로 주식회사(株式會社)이다. 주식회사는 개인기업이나 합명회사의 취약점인 자본 집적의 제약을 극복하고 무한책임의 리스크를 줄이기 위해 만들어 졌다. 주식회사의 구성은 주주총회, 감사, 이사진, 직원 등으로 되어있다. 주주총회는 주식을 소유하는 수많은 주주(stock holder)들로 이루어지는데 주주총회에서 회사의 중요사항을 의결할 경우에 1주 1표의 의결권을 행사하게 된다. 현대 기업에는 수많은 소액주주들이 참여하고 있는데 이들은 자유롭게 주식을 거래한다. 감사는 기업 내부의 감사를 담당하는 내부감사를 의미하며 기업외부에서 감사를 하는 경우는 소위 공인회계사에 의한 기업 감사를 실시한다. 이사진은 기업의 집행기관으로 이사, 상무, 전무, 부사장, 사장 등으로 구성되며 이들은 주주총회에서 선임되며 2-3년의 임기를 갖는다. 기업의 종업원은 직원으로 실제로 업무를 담당하는 사람들을 말한다.

주식회사의 주주는 그 기업의 주인이기 때문에 기업에 이익이 나지 않으면 원칙적으로 배당을 받지 못한다. 주식을 통한 자금의 조달은 기업의 입장에서 보면 자기자본이기 때문이다. 반면 사채(社債)를 발행하여 조달한 자금은 타인자본으로 기업의 입장에서 보면 이윤이 발생하지 않았더라도 이에 대한 이자를 반드시 지불해야 하는 부채인 것이다.

제2장 생산이론(Theory of Production)

1. 단기(短期)의 생산이론

(1) 생산함수란?

투입물과 산출물 사이의 기술적 관계(technological relationship)을 생산함수라고 정의한다. 투입물(inputs)이란 생산요소로서 토지, 노동, 자본, 천연자원 등이다. 이런 생산요소를 결합하여 생산해 내는 산출물은 기술조건에 따라 생산량이 다르게 나타난다. 그래서 한 생산함수를 정의할 때 기술수준은 주어진 것으로 가정하고 설명한다. 기술수준이 높아지면 생산함수는 상방으로 이동하여 같은 투입물을 갖고 더 많은 생산량을 얻는 것을 나타낸다.

생산함수의 예를 들어보면 다음과 같다.

$$Q = F(L, K)$$

이 예에서 L은 노동, K는 자본을 나타내며, Q는 산출량을 나타낸다.

산출량을 노동투입량으로 나누면 노동 한 단위당의 산출물을 구할 수 있으며 이를 노동의 평균산출물이라고 한다.

$$AP_L = \frac{Q}{L}$$

또한 산출량을 자본투입량으로 나누면 자본 한 단위당의 산출물을 구할 수 있으며 이를 자본의 평균산출물이라고 한다.

$$AP_k = \frac{Q}{K}$$

자본은 일정하게 유지하고 노동만 한 단위씩 증가시킬 때 산출물이 얼마나 증가하는가를 나타내는 것을 노동의 한계 산출물이라고 한다.

노동의 한계산출물(Marginal Products of Labor)은 $MP_L = \frac{\triangle Q}{\triangle L}$ 인데 분자, 분모에 극한(limit)값을 취해 미분기호로 표시하면 다음과 같다.

즉, $MP_L = \frac{\lim\limits_{\triangle Q \to 0} \triangle Q}{\operatorname*{Lim}\limits_{\triangle L \to 0} \triangle L} = \frac{dQ}{dL}$ 로 표현된다.

자본의 한계산출물(Marginal Products of Capital) $MP_K = \frac{\triangle Q}{\triangle K}$ 인데

또한 분자, 분모에 극한(limit)값을 취해 미분기호로 표시하면 다음과 같다.

$MPk = \frac{\lim\limits_{\triangle Q \to 0} \triangle Q}{\operatorname*{Lim}\limits_{\triangle K \to 0} \triangle K} = \frac{dQ}{dK}$ 가 된다.

위의 두 식에서 극한(limit) 값을 취했다는 것은 노동투입량과 자본투입량을 매우 작게 변화시켰을 때의 산출량의 변화를 보는 것으로 그래프 상에서는 그 점에서의 기울기 즉 각 점에 있어서 접선의 기울기가 된다.

[그림 4-2] 총생산량, 한계생산량, 평균생산량 곡선

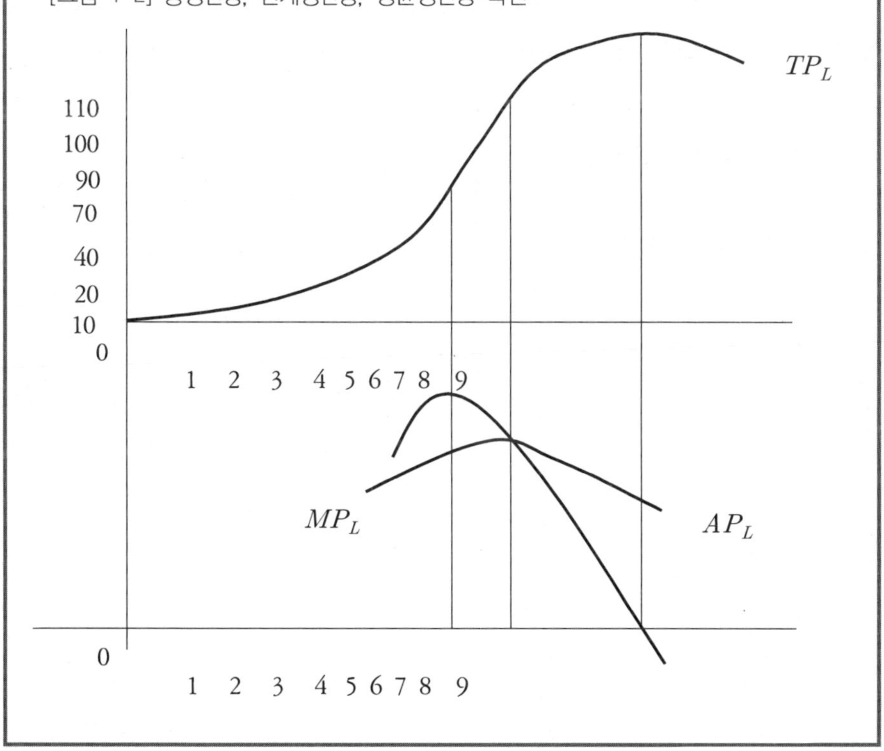

총생산물 곡선(Total Products: TP선)은 [그림 4-2]에서 보는 바와 같이 곡선의 기울기를 보면 세 구간으로 나눌 수 있다. 제1구간은 노동 투입량이 증가함에 따라 생산량이 매우 빠르게 증가하는 구간으로 수확체증의 법칙이 적용되는 구간이다. 제2구간은 노동투입량이 증가함에 따라 생산량이 증가하기는 하나 노동 투입량 증가에 비하여 생산량의 증가는 서서히 나타나는 구간으로 수확체감의 법칙이 적용되는 구간이다. 제3구간은 노동 투입량은 증가하나 아예 생산량은 감소하는 구간으로 절대생산량이 감소하는 구간이다. TP선 상에서 수확체증이 작용하는 구간과 수확체감이 작용하는 구간 사이의 TP선의 기울기가 바뀌는 지점을 우리는 변곡점(變曲點: inflection point)라고 하는데 이는 기하학적으로 볼 때에도 생산량의 증가 속도가 이 점을 기준으로 변하고 있음을 알 수 있다.

이상에서 살펴 본 3구간을 노동의 한계생산량(MP_L) 측면에서 분석해 보면 제1구간은 노동의 한계생산량(MP_L)이 증가하는 구간이고 제2구간은 노동의 한계생산량(MP_L)이 감소하는 구간이며, 제3구간은 노동의 한계생산량(MP_L)이 아예 음(陰: Minus)의 값을 갖는 구간이다.

지적한 3구간의 경제적 의미를 살펴 보자. $Q = F(L, \overline{K})$에서 $\overline{K}$의 의미는 자본투입량은 일정하다는 기호이다. 이제 우동을 만들어 파는 식당의 점심 시간을 가상해 보자. 한 사람이 혼자 주문을 받고 우동을 준비하고 계산까지 겸하다고 하자. 이럴 경우 우동 생산판매량은 적어서 10그릇이다. 수요가 많으므로 종업원을 두기로 결정한다. 노동 투입량이 늘어서 2인 이상의 사람이 식당 일을 할 경우 우동의 생산판매량은 급증하게 된다. 그 예가 [표 4-1]에 있다.

[표 4-1] 종업원 수에 따른 생산량의 예

우동식당 종업원 수 (L)	총생산량 (TP_L)	노동의 평균생산량 (AP_L)	노동의 한계생산량 (MP_L)
1명	10	10	
2명	25	12.5	15
3명	45	15	20
4명	71	17.8	26
5명	92	18.4	21
6명	107	17.8	15
7명	115	16.4	8
8명	115	14.4	0
9명	99	11.0	−16

제1구간에 해당하는 종업원이 4명일 때까지는 생산량이 급증하는 것을 알 수 있다 바로 이 구간이 수확이 체증하는 구간이다. 이 구간에서는 추가로 종업원을 고용할지 말지 걱정할 필요가 없다. 왜냐하면 생산량이 급증하므로 추가 종업원으로 인한 임금의 지불액보다는 판매액의 증대가 크기 때문에 종업원을 추가 고용하는 것이 이익이 되는 것이 자명하여 사실상 경제적 고려 구간이 아니다. 이 말은 경제성이 없다는 말이 아니고 이익이 보장되는 구간이 제1구간이므로 이 구간에서는 아무런 고심없이 추가 고용을 하면 이익이 발생한다는 의미에서 경제적으로 고려할 필요가 없는 구간(no economic zone)임을 의미한다. 제2구간은 앞서 지적 한 것처럼 추가로 종업원을 고용하면 우동의 생산량이 증가하기는 하나 체감하는 율로 증가한다. 즉 수확체감현상이 발생하는 것이다. 이는 종업원 1인당 노동생산성이 감소하여 나타나는 현상이다. 수확체감이 발생하는 이유는 자본은 고정되어 있기 때문인 것이다. 따라서 이 경우에 자본 투입을 증가시킨다면 총생산량 곡선은 상방으로 이동하게 되고 동일한 종업원 수에서 우동의 생산량은 증가하게 되는 것이다. 이는 [그림 4-3]에 나타나 있다.

[그림 4-3] 자본 증가에 따른 총생산량 곡선의 상방이동

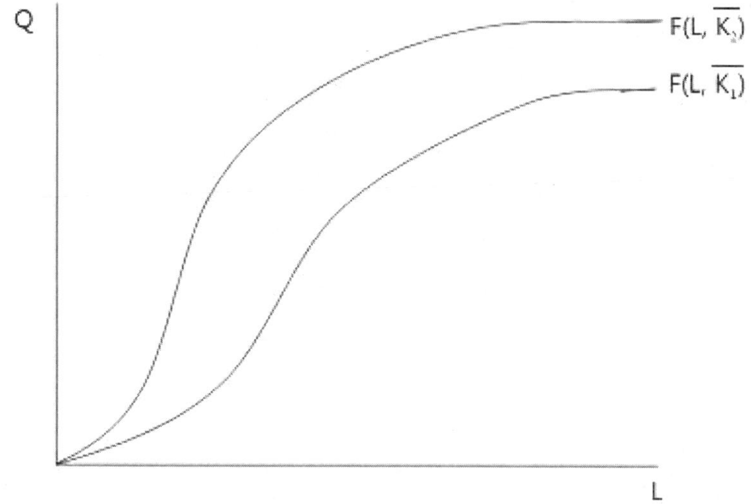

제3구간은 너무 많은 종업원이 좁은 식당에서 일을 하는 바람에 혼잡이 발생하여 생산량 자체가 감소하는 것으로 이해하면 될 것이다. 제3구간에서는 생산량 자체가 감소하기 때문에 추가 고용하는 것은 불필요한 일이 된다.

[그림 4-2]의 아래 쪽 그래프를 보면 노동의 한계생산량(MP_L)이 노동의 평균생산량(AP_L)보다 위쪽에 있으면 노동의 평균생산량(AP_L)을 끌어올리는 힘이 작용하고, 노동의 한계생산량(MP_L)이 노동의 평균생산량(AP_L)보다 아래쪽에 있으면 노동의 평균생산량(AP_L)을 끌어내리는 힘이 작용하고 있음을 알 수 있다. 따라서 노동의 평균생산량(AP_L)이 최고점에 있을 때는 노동의 평균생산량(AP_L)과 노동의 한계생산량(MP_L)이 같게 된다.

(2) 수확체감의 법칙은 왜 발생하는가?

먼저 수확체감의 법칙(law of diminishing returns, law of diminishing MP_L)과 규모에 대한 보수가 체감하는 경우를 구분해 보자. 생산함수를 $Q = F(L, K)$라고 정의 할 때 수확체감의 법칙은 자본은 고정되어 있는 경우에 발생하는 현상이다. 즉 $\overline{K}$이어서 실제적인 생산함수는 $Q = F(L, \overline{K})$라고 표기된다. 노동투입량은 늘어나도 자본은 고정되어 있기 때문에 노동의 한계생산성은 차츰 하락하게 되고 이에 의해 전체 산출량이 감소하는 현상이 바로 수확체감현상이다. 만약 자본의 투입량을 늘리게 된다면 노동에 결합되는 자본량이 증가하게 되어 노동의 생산성이 다시 증가할 수 있다. 이렇게 본다면 위 생산함수를 가정할 경우 수확체감의 법칙이 발생하는 원인은 자본의 부족에 있는 것이다.

이에 비해 규모에 대한 보수라는 말을 할 경우에는 투입생산요소인 노동과 자본을 동시에 증가시킬 경우 산출량에 어떤 변화가 있는가를 파악하는 용어이다. 즉 $Q = F(L, K)$의 생산함수가 $F(1.5L, 1.5K)$로 각각 노동과 자본이 50% 증가하였을 경우에 생산량 Q는 얼마로 변하는가 하는 것에 관한 논의이다. 규모에 보수가 감소한다는 말은 이 경우 생산량은 50%보다 적게 증가하는 경우를 말한다. 이에 대한 자세한 논의는 동차생산함수를 설명하면서 다시 하겠다.

2. 장기(長期)의 생산이론

생산이론에서 기간을 구분할 경우 단기, 장기, 최장기로 구분한다. 여기서는 생산함수를 Q = F(L, K, T)라고 정의해 보자.

단기(短期)란 노동만 가변요소이고 자본과 기술수준은 고정되어 있는 경우를 말한다. 따라서 생산함수를 $Q = F(L, \overline{K}, \overline{T})$라고 표기한다.

장기(長期)란 기술수준은 고정되어 있지만 노동과 자본의 투입량은 변경시킬 수 있을 정도의 긴 시간을 의미한다. 따라서 생산함수를 $Q = F(L, K, \overline{T})$라고 표기한다.

최장기(最長期)는 위 생산함수 상의 모든 변수 즉 노동, 자본, 기술수준을 모두 변경시킬 수 있을 정도로 가장 긴 시간을 의미한다. 최장기의 경우에는 생산함수를 Q = F(L, K, T)라고 표기한다.

여기서는 장기의 생산이론을 설명하려고 한다. 따라서 생산함수를 $Q = F(L, K, \overline{T})$라고 표기하면 되고 기술수준은 일정하므로 함수 표기에서 제거해도 된다. 그러면 장기의 생산함수는 Q = F(L, K)로 표기하면 된다.

이를 그래프로 도시한 것이 [그림 4-8]이다. 이를 등량곡선이라고 한다.

등량곡선의 기본적 성질을 살펴 보면 무차별곡선의 경우에 살펴 보았던 내용과 대동소이하다.

① 등량곡선은 우하향한다.

[증명] 만일 우하향하지 않는다면 다음과 같은 경우 중의 하나가 될 것이다. 그림 (a)에서 보면 A점과 B점은 동일한 양의 노동이 투입되고 있지만 B점에서는 A점에서 보다 더 많은 양의 자본이 투입되고 있다. 자본의 생산성이 영(zero)이 아니기 때문에 B점에서의 생산량이 더 많을 것이다.

그림 (b)에서도 마찬가지로 A점과 B점에서의 자본투입량은 동일하지만 B점에서의 노동의 투입량이 A점에서 보다 많으므로 B점에서의 생산량이 많다. 그림 (c)에서는 B점에서의 생산 활동이 A점에서의 생산 활동보다 노동투입과 자본투입이 모두 더 많으므로 B점에서의 생산량이 많을 것이다.

따라서 (a), (b), (c) 모두는 등량선의 궤적이 될 수 없다. 그러므로 무차별곡선은 우하향해야만 한다.

[그림 4-4] 우하향하지 않는 모습들

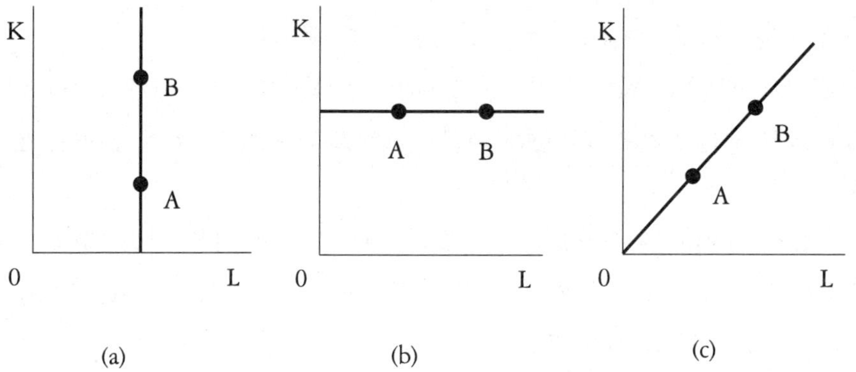

만일 우하향하지 않는다면 다음과 같은 경우 중 하나가 될 것이다. [그림]에서 A와 B는 노동(L)은 동일하지만 자본(K) 투입량은 B점이 더 많다. 따라서 자본생산성이 영(zero)이 아닌 한 B점의 생산량이 더 많아야 하기 때문에 A점과 B점은 한 등량곡선 상의 두 점이 될 수 없다.

(b)에서 A점과 B점을 보면 자본투입량은 두 점이 같으나 노동투입량은 B점이 더 많다. 따라서 노동생산성이 영(zero)이 아닌 한 B점이 A점 보다 높은 생산량을 보일 것이 틀림없다. 따라서 A점과 B점은 같은 등량곡선 상의 두 점이 될 수 없다. 다음으로 (c)에서 A점과 B점을 비교해 보면 B점은 자본투입량과 노동투입량이 모두 A점 보다 많다. 따라서 B점의 생산량이 A점 보다 많은 것은 자명하다. 따라서 A점과 B점이 동일한 등량곡선 상의 두 점이 될 수 없다. 결국 등량곡선은 수직선도 아니고 수평선도 아니며, 우상향 할 수도 없다. 따라서 남아 있는 가능한 방향은 우하향하는 방향이며 이 것이 등량곡선의 기울기가 된다.

(2) 등량곡선은 원점에 대하여 볼록하다.

> [증명] 만약 등량곡선이 볼록하지 않다면 다음과 같은 모양이 될 것이다. 원점에 대하여 볼록하지 않다면 다음과 같은 모양이 될 것인데 이렇게 되면 한계생산성이 체감한다는 사실에 위배된다.

[그림 4-5] 원점에 대해 볼록하지 않은 모습들

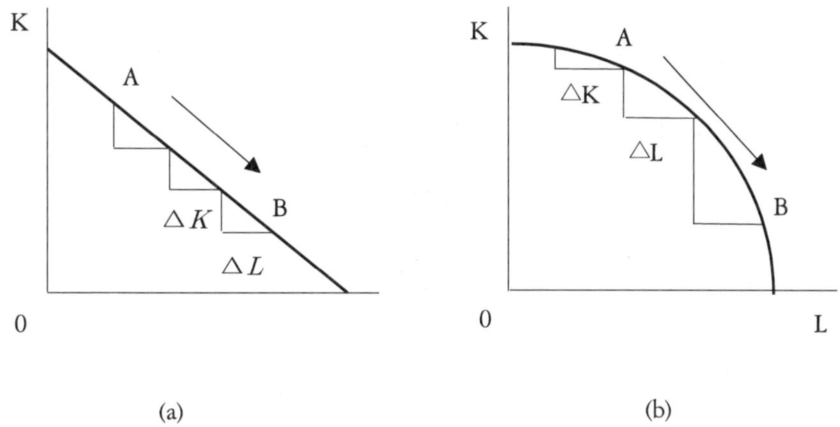

이를 증명하기 위해 등량곡선 상에서 반드시 성립되어야 하는 항등관계를 살펴보자. 등량곡선 상에서 움직임에 따라 노동투입량과 자본투입량이 달라지더라도 한 등량곡선 상에 머물고 있다면 총생산량의 증가분 = 총생산량의 감소분 이라는 등식이 항상 성립해야 한다. 가령 A점에서 B점 방향으로 움직이는 경우를 살펴보면,

총생산량의 증가분 = 노동 투입증가분 × 노동의 한계생산력이 된다.
총생산량의 감소분 = 자본 투입의 감소분 × 자본의 한계생산력이 된다.

따라서 다음 식이 성립한다.

즉 등량곡선 상에서는 다음이 성립한다.

즉 총생산량의 증가분 = 총생산량의 감소분이 된다.

$\triangle L \cdot MP_L = \triangle K \cdot MP_K$

그런데 등량곡선이 (a)와 같이 직선이라면 A에서 B로 움직여 나간다고 할 때 기울기($\frac{\Delta K}{\Delta L}$)가 일정하므로 {글자의 크기를 주의해서 보기 바란다}

$$\Delta L \cdot MP_L \neq \Delta K \cdot MP_K$$

$$\Delta L \cdot MP_L \neq \Delta K \cdot MP_K$$

$$\Delta L \cdot MP_L \neq \Delta K \cdot MP_K$$

$$\Delta L \cdot MP_L \neq \Delta K \cdot MP_K$$

가 되어 등호가 성립할 수 없게 된다. 이는 틀린 것이다.

또 등량곡선이 (b)인 경우에는 A에서 B로 이동할 경우

$$\triangle L \cdot MP_L \neq \triangle K \cdot MP_K$$

$$\triangle L \cdot MP_L \neq \triangle K \cdot MP_K$$

$$\triangle L \cdot MP_L \neq \triangle K \cdot MP_K$$

$$\triangle L \cdot MP_L \neq \triangle K \cdot MP_K$$

가 되어 등호가 성립할 수 없다. 이 역시 틀린 것이다.

위의 두 경우 다 노동의 한계생산량이나 자본의 한계생산량이 체감한다는 사실에 위배되므로 등량곡선은 원점에 대해 볼록한 모양이 될 수밖에 없다.

다시 말하면 위 식들을 살펴보면 두 경우 모두 한계생산성이 체감한다는 사실에 위배된다. 노동의 한계생산력과 자본의 한계생산력이 체감한다는 사실과 부합하려면 등량곡선은 원점에 대하여 볼록한 모습을 가져야 한다.

(3) 등량곡선은 서로 교차하지 않는다.

[그림 4-6] 교차하는 모습

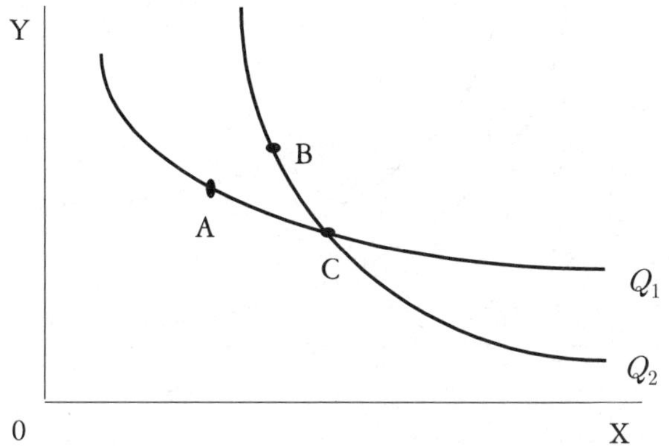

만약 등량곡선이 [그림 4-6]에서 보는 것같이 교차한다면 Q_1 선상에 있는 A점과 C점은 동일한 생산량을 나타내며 Q_2 선상에 있는 B점과 C점도 동일한 생산량을 나타낸다는 것이 된다. 그리고 A=C이고 B=C이니 A=B, 즉 A점과 B점은 동일한 생산량을 나타내어 같은 등량곡선 상에 있어야 하는데 A와 B는 동일 등량곡선 상에 있지 아니하다. 이와 같은 논리상의 모순은 두 개의 무차별곡선이 교차한다고 했기 때문에 생긴 것이니 무차별곡선은 교차할 수 없는 것이다.

(4) 원점으로부터 멀리 떨어져 있는 등량곡선일수록 높은 생산량 수준을 나타낸다.

노동투입량과 자본투입량이 모두 절대적으로 더 큰 점과 작은 점을 비교해 보면 쉽사리 알 수 있다. 즉 노동투입량과 자본투입량이 모두 많은 경우가 노동과 자본의 생산력이 영(zero)보다 크다고 가정하는 경우 당연히 더 큰 생산량 수준을 나타낸다.

[그림 4-7] 원점으로부터 멀수록 많은 생산량

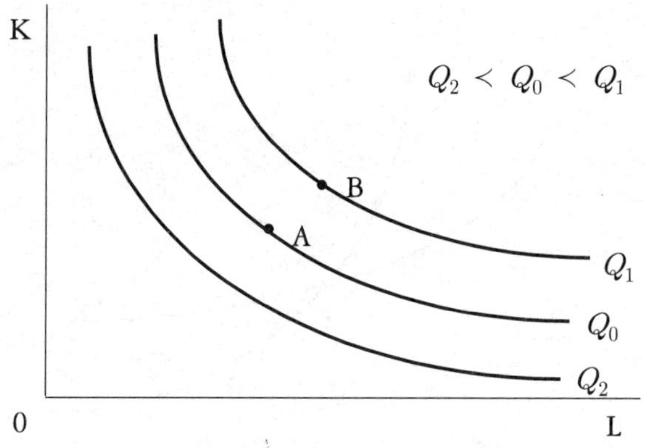

[그림 4-7]에서 A점과 B점을 비교해 보면 쉽게 알 수 있다. 즉 B점은 A점보다 많은 노동과 자본을 사용하므로 B점이 더 높은 생산량 수준을 나타내는 점임을 알 수 있다.

①등량곡선은 우하향한다
②원점에 대하여 볼록하다
③원점에서 멀수록 높은 생산량 수준을 나타낸다.
④서로 교차하지 않는다.

이상의 기본적 성질을 종합해 등량곡선을 도시하면 다음과 같다.

[그림 4-8] 등생산량 곡선의 일반적 형태

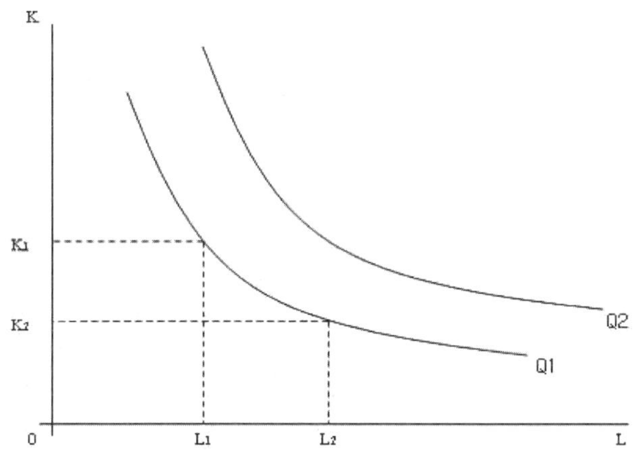

(2) 등비용선

생산을 담당하는 기업의 비용을 다음과 같이 표기할 수 있다.

> 총비용 = (노동의 가격 × 노동투입량) + (자본의 가격 × 자본투입량)
> = (w × L) + (r × K)
> w = wage(임금), r = interest rate(이자율)

이를 그래프로 도시하면 [그림 4-9]이 된다.

C = wL+rK이다 이를 K에 대하여 정리하면 $K=-\frac{w}{r}L+\frac{C}{r}$ 이다.

그림에서 등비용선의 기울기는 $-\frac{w}{r}$ 이며 K축 절편은 C/r 이다.

[그림 4-9] 등비용선의 일반적 형태

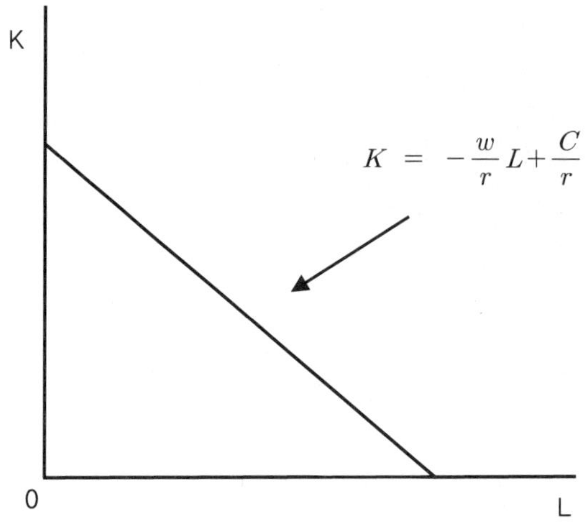

(3) 생산자 균형점

앞서 살펴 본 소비이론에 있어서의 소비자 균형점과 도출 원리가 매우 유사하다. 기업은 등비용선으로 나타나는 자신의 예산범위 안에서 생산을 극대화하려고 노력한다.

등비용선의 기울기 = 등량곡선의 기울기

$$\frac{\triangle K}{\triangle L} = \frac{MP_L}{MP_K} = \frac{w}{r}$$

이를 다시 쓰면 $\frac{MP_L}{w} = \frac{MP_K}{r}$ 가 된다.

이는 기업은 임금에 지출하는 비용 1원당 노동의 한계생산력과 자본에 지출하는 1원당 자본의 한계생산력이 동일하도록 노동과 자본을 고용하면 기업의 예산범위 내에서 가장 생산량을 극대화할 수 있음을 의미한다.

[그림 4-10] 등량곡선과 등비용선 그리고 생산자 균형점

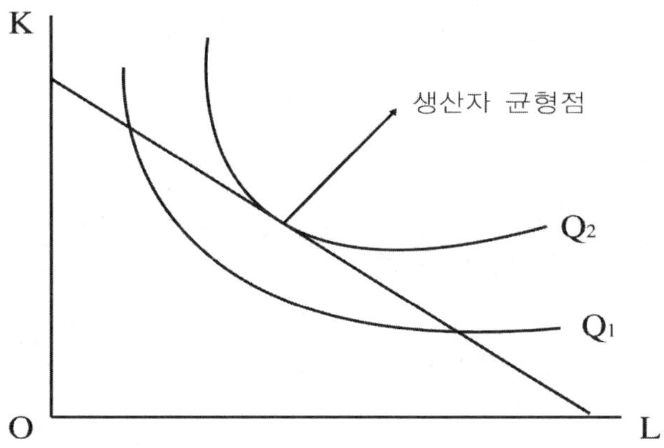

3. 생산요소를 동일한 비율로 변경시킬 경우

앞서 설명한 바와 같이 Q = F(L, K)에서 노동과 자본을 각각 같은 비율로 증가시키는 경우를 살펴보자. 앞의 예와는 다르게 노동과 자본을 각각 3배씩 증가시켰다고 하자. 이럴 경우 생산함수는 F(3L, 3K)가 된다. 그러면 산출량은 얼마로 변화할까? 이 문제에 답하기 위해 동차(同次)의 생산함수를 알아보자.

수학적으로 n차 동차(同次)함수(homogeneous function)라는 것은 다음과 같이 정의한다.

$$F(\alpha L,\ \alpha K) = \alpha^n F(L, K)$$

위의 예는 $\alpha = 3$이므로 $F(3L, 3K) = 3^n F(L, K)$가 된다.

- **1차 동차(同次) 생산함수라면** : 노동과 자본을 각각 3배 증가시키면 $3^1 = 3$배 증가한다. 이는 규모에 대한 보수가 일정하다.
- **2차 동차(同次) 생산함수라면** : 노동과 자본을 각각 3배 증가시키면 $3^2 = 9$배 증가한다. 이는 규모에 대한 보수가 증가한다.

따라서 n 값이 1보다 크면 규모에 대한 보수가 증가(increasing returns to scale)할 것이고, n 값이 1이면 규모에 대한 보수가 일정(decreasing returns to scale)하고, n 값이 1보다 적으면 규모에 대한 보수가 감소(constant returns to scale)하는 경우가 된다.

제3장 비용이론(Theory of Cost)

1. 단기(Short-run)의 비용선

기업의 생산비용은 생산량의 증감에 따라 변하는 가변비용(Variable Cost: VC)과 생산량과는 무관하게 일정한 고정비용(Fixed Cost: FC)이 있다. 가변비용은 재료비, 종업원 임금, 전기비 등이다. 이런 비용은 생산량이 많고 적음에 따라 크기가 결정된다. 고정비용은 건물이나 기계장비 비용 등 대체로 자본비용이라고 할 수 있다. 이런 비용은 단기간에는 투입량을 변화시키기 어려운 건물이나 기계설비 장치 등에 쓰이는 비용을 말한다. 유의해야 할 것은 가령 같은 임금이라고 하더라도 경비원, 안전요원 등의 임금은 가변비용이라기보다 고정비용이라고 하는 것이 정확하다. 왜냐하면 생산을 중단하더라도 경비원 혹은 안전요원은 그대로 근무해야 하는 것이 원칙[1]이고 이럴 경우 이들의 임금은 고정비용 성격을 갖는 것이다. 따라서 가변비용인지 고정비용인지의 판단은 비용의 성격이 어떠한지를 살펴서 해야 한다.

따라서

총비용 = 고정비용 + 가변비용 TC = FC + VC

이 식의 양변을 생산량 Q로 나누면

$\frac{TC}{Q} = \frac{FC}{Q} + \frac{VC}{Q} = AFC + AVC$이 된다. $\frac{TC}{Q} = AC$ 이므로 이를 다시 쓰면

1 노사 간 교섭의 결렬로 인해 파업이 단행되었다고 하자. 이 경우에도 경비원이나 안전요원은 기업 시설을 보호하고 안전을 유지하기 위해 파업해서는 안 되는 것이 원칙이다.

$$AC = AFC + AVC$$

평균비용 = 평균고정비용+평균가변비용이다.

평균비용은 생산량 1단위당 비용이 얼마인가를 나타내는 것이고 이는 평균고정비용과 평균가변비용의 합으로 나타낼 수 있다. 평균고정비용은 고정비용을 생산량으로 나눈 값인데 고정비용은 일정한 값이므로 이를 생산량으로 나눈 평균고정비용의 값은 계속하락하는 값을 가진다. 이에 대해서는 다시 그래프로 살펴보겠다. 또한 평균가변비용은 가변비용을 생산량으로 나눠서 구하는데 이는 후에 기업의 조업중단점을 파악하는데 중요한 역할을 한다.

한계비용은 생산량 한 단위를 더 생산할 때 소요되는 총비용의 증가분을 나타낸다.

$$MC = \frac{\Delta TC}{\Delta Q}$$

유의할 점은 고정비용은 생산량에 무관하게 일정하므로 총생산비가 증가한다고 할 때 가변비용만 증가하는 셈이다. 따라서 $\frac{\Delta TC}{\Delta Q} = \frac{\Delta VC}{\Delta Q}$ 가 됨을 이해하자. 한계비용은 생산량이 한 단위 증가할 때 총비용의 증가분 혹은 가변비용의 증가분이 된다.

[표 4-2] 각종 비용의 예

Q (생산량)	FC (고정비용)	VC (가변비용)	TC (총비용)	MC (한계비용)	AC (평균비용)	AFC (평균고정비용)	AVC (평균가변비용)
1	60	40	100		100	60	40
2	60	65	125	25	62.5	30	32.5
3	60	85	145	20	48.3	20	28.3
4	60	117	177	32	44.25	15	29.25
5	60	160	220	43	44	12	32
6	60	240	300	80	50	10	40
7	60	340	400	100	57.1	8.6	48.6
8	60	450	510	110	63.8	7.5	56.25
9	60	580	640	130	71.1	6.7	64.4
10	60	740	800	160	80	6	74

[그림 4-11] 총비용, 가변비용, 고정비용

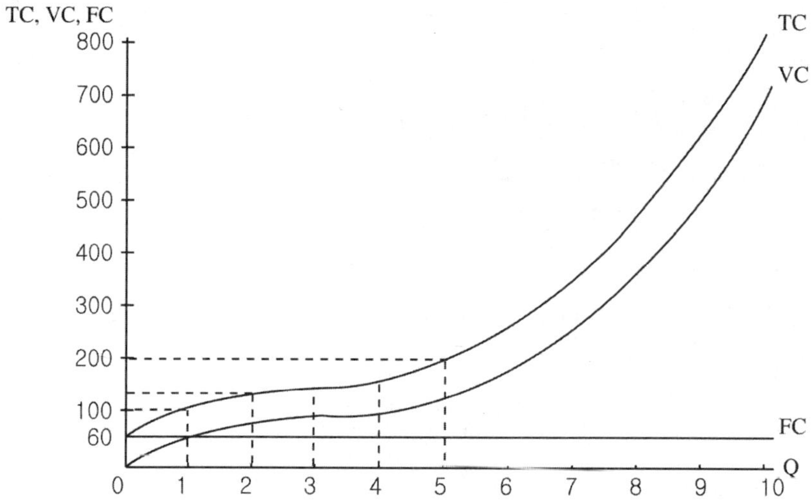

[그림 4-12] 한계비용선, 평균비용선, 평균가변비용선, 평균고정비용선의 도출

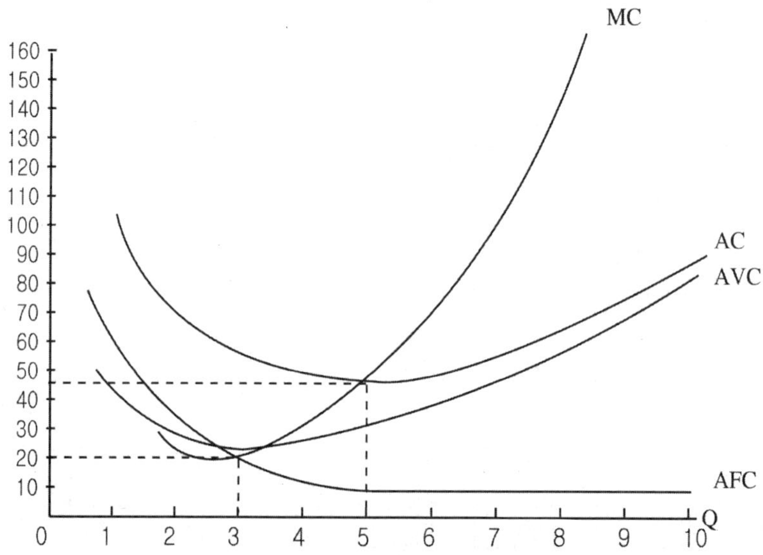

평균비용선을 도출하기 위해서 $AC=\frac{TC}{Q}$임을 이용하자. 이는 각 생산량 수준에 있어서의 평균비용의 크기는 원점을 지나며 총생산비용선 각 지점을 통과하는 직선의 기울기가 됨을 의미한다. [그림 4-12]에서 평균비용선을 도출할 때 [그림 4-11]에서 원점과 총생산비용선의 각 점을 통과하는 직선의 기울기를 [그림 4-12]에 표시하면 된다.

한계비용선을 도출하기 위해서 $MC=\frac{\triangle TC}{\triangle Q}$임을 상기하자. 기하학적으로 미분개념을 이용하면 $MC=\lim_{\substack{\triangle TC\to 0\\ \triangle Q\to 0}}\frac{\triangle TC}{\triangle Q}=\frac{d(TC)}{d(Q)}$이다. 한계비용선의 기울기는 총생산비선 각 점에 있어서의 접선의 기울기가 그 절대적인 크기를 나타내주지는 않지만 상대적인 기울기의 변화는 나타내준다. 이를 [그림 4-12]에 표시하면 한계비용선이 도출된다.

평균고정비용선은 $AFC=\frac{FC}{Q}$임을 이용하여 도출하면 된다. 즉 고정비용은 우리의 예에서는 60임으로 $AFC=\frac{60}{Q}$가 된다. [그림 4-12]에서 보는 바와 같이 평균고정비용선(AFC.)은 생산량을 나타내는 Q축에 무한히 가까워지는 곡선으로 표시된다.

2. 장기(Long-run)의 비용선

기업의 생산에 있어 장기라는 시간의 의미는 공장규모나 기계설비 등을 변경시킬 수 있을 정도로 길다는 데 있다. 단기의 비용에 있어서는 고정비용이 있었으나 장기에는 고정비용 항목이 존재하지 않는다. 이에 비해 장기라는 기간은 공장을 더 크게 늘릴 수도 줄일 수도 있으며 기계 설비를 바꿀 수도 또 새로운 장치를 할 수도 있을 정도의 시간을 대상으로 하기 때문이다.

장기의 비용이론에서 중요한 것은 기업이 생산량을 조절하기 위해 노동투입만을 조절하는 단기의 경우와는 달리 공장 규모 혹은 생산시설 자체를 조정의 대상으로 삼는다는 점이다. 기업은 생산량을 늘리기 위해 단기적으로는 노동투입량을 증가시킴으로써 해결할 수 있다. 가장 빠른 시간 내에 조정이 가능한 것은 노동투입량을 조절하는 것이다. 그러나 장기적으로는 보다 큰 공장 시설에서 생산하는 방안을 택할 수도 있다. 다시 말하면 생산량을 늘리기 위해 기업은 노동투입량을 증가시켜 해결할 수도 있고, 자본투입량을 늘려 해결할 수도 있으며 혹은 노동과 자본을 적당히 결합시켜 투입하여 해결할 수도 있다.

장기평균비용선(LRAC)의 형태를 먼저 살펴보자. [그림 4-13]에서 보듯이 장기평균비용선(LRAC)은 단기평균비용선(SRAC)들의 포락선(包絡線; envelope)이다. 여기서 주의할 것은 장기평균비용선(LRAC)을 도시함에 있어 단순히 단기평균비용선(SRAC)들의 주위를 감싸도록 그려서는 안된다. 가령 $SRAC_1$선의 최하점인 B점이 LRAC선과 만나도록 그려서는 안된다. 마찬가지로 $SRAC_2$선의 최하점인 D점이 LRAC선과 만나도록 그려서도 안된다. $SRAC_1$선이나 $SRAC_2$선은 각기 자신들의 최하점인 B점이나 D점의 왼쪽 편에서 LRAC선과 접하도록 그려야한다. 다시 말하면 단기의 비용선인 $SRAC_1$선이나 $SRAC_2$선들의 하강하는 부분에서 장기평균비용선(LRAC)과 접하도록 해야 한다.

장기평균비용선(LRAC)이 우측으로 상승하는 구간에서는 단기평균비용선(SRAC)들이 자신들의 최하점을 지나친 이후에서 장기평균비용선(LRAC)과 접하도록 도시해야 한다. $SRAC_4$선이나 $SRAC_5$선은 각각의 최하점인 F점과 H점을 지나친 오른쪽에서 장기평균비용선(LRAC)과 접해야 한다.

[그림 4-13] 장기평균비용선(LRAC)
=단기평균(SRAC)비용선의 envelope선

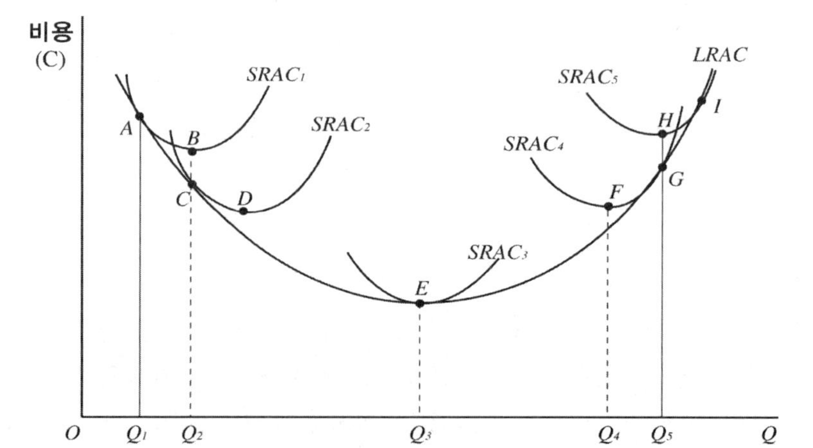

장기평균비용선(LRAC)의 최하점인 E점에서는 단기평균비용선(SRAC)의 최하점과 일치하면 된다. [그림 4-13]에서는 장기평균비용선(LRAC)의 최하점이 $SRAC_3$선의 최하점과 일치되도록 도시하였다.

(1) 단기평균비용곡선의 이동과 생산규모의 변동

앞에서 장기평균비용선(LRAC)은 단기평균비용선(SRAC)들의 포락선이라고 하였는데 그 경제적 의미를 살펴보자. 가령 자동차 공장의 생산량과 장단기 비용선을 고려해 보자. H자동차 공장에서는 단기평균비용선인 $SRAC_1$선 상에서 50만대의 자동차를 생산하고 있다고 하자. 이제 자동차에 대한 수요가 늘어나서 생산량을 100만대 수준으로 늘리려고 한다. 생산량을 100만대 수준으로 늘리는 방법으로는 B점에서 생산하는 방법과 C점에서 생산하는 방법이 있다. B점에서 생산하는 방법은 생산라인을 증설하지 아니하고 다만 노동력을 추가로 투입하여 여전히 $SRAC_1$선 상에서 생산하는 것이고, 생산라인을 증설하여 생산하는 방법은 $SRAC_2$선 상에서 생산하는 것이다. 같은 생산량 100만대를 생산하더라도 노동력만 추가로 투입하여 생산하는 것은 $SRAC_1$선 상에서 생산하는 것이고, 새로운 생산설비를 증설하여 추가 생산라인을 이용하여 생산하는 것은 $SRAC_2$선 상에서 생산하는 것이다.

이제 두 경우를 비교해 보자. B점은 $SRAC_1$선 상의 최하점이기는 하지만 $SRAC_2$선 상의 D점에 비하여 생산비용이 높다. 따라서 장기적 비용을 고려하면 B점에서 생산하는 것보다 D점에서 생산하는 것이 유리하다. 이와 같이 단기평균비용선(SRAC)의 이동과 함께 장기평균비용선(LRAC)의 추세를 살핌으로써 보다 적절한 공장규모를 선택할 수 있다.

생산설비를 바꾸는 것이 장기평균비용선(LRAC)을 통해 나타나고 있다. 결국 생산설비를 바꿈에 있어 어디 까지가 단기적 고정비용이고 어디까지가 장기적 고정비용인가가 중요하다. 이를 결정해 주는 것은 해당 공장이 무엇을 생산하고 어떤 기술을 채택하고 있는가이다.

(2) 장기평균비용곡선(LRAC)의 일반적 형태

앞의 그림에서와 같이 LRAC의 형태는 SRAC의 형태와 비슷하게 도출된다. 그런데 규모의 경제를 고려하며 LRAC의 형태에 대해 살펴보자. 현대 기업들은 점점 대규모 생산시설로 생산하는 모습을 보인다. 이는 규모의 경제를 실현하기 위해서이다. 규모의 경제란 생산규모가 커짐에 따라 생산단가가 낮아지는 현상이다.

규모의 경제가 작용하면 생산량이 증가함에 따라 LRAC가 하락하는 모습을 보일 것이다. 반대로 규모의 비경제가 발생한다면 LRAC는 상승할 것이고 규모의 경제나 규모의 비경제가 발생하지 않는다면 LRAC는 일정한 모습을 보일 것이다.

이상의 형태를 하나의 그래프로 표현한 것이 [그림 4-14]이다. 이 그래프에서 장기평균비용선(LRAC)은 채택되고 있는 생산기술에 관한 내용을 알려준다. 생산규모가 Q_1에 이르기까지는 대량생산의 이점이 작용하여 장기평균비용선(LRAC)이 하락하고 있다. 이 구간에서의 생산을 규모에 대한 수확이 증가한다고 한다. 생산규모가 Q_1에서Q_2에 이르기까지는 생산규모가 증가하여도 장기평균비용이 일정하게 유지된다. 이런 구간을 규모에 대한 수확이 불변인 구간이라고 한다. 다음으로 생산규모가 Q_2 이상인 구간에서는 장기평균비용이 상승하여 규모에 대한 수확이 감소한다. 이는 대량생산의 이점은 사라지고 오히려 너무 큰 규모로 생산함에 따른 경영상의 비효율이나 관리상의 비효율이 작용하여 장기평균비용선(LRAC)이 상승하고 있는 구간이다.

[그림 4-14] LRAC의 일반적 형태

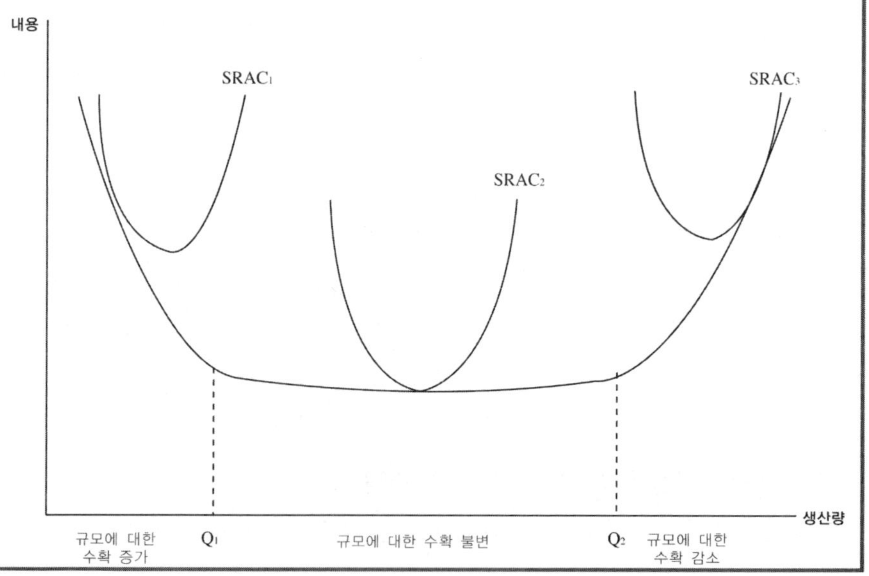

규모의 경제가 작용해 LRAC가 하락하는 것은 첫째 기업이 전문화하기 때문에 생산성이 높아져 비용이 감소하기 때문이다. 둘째 생산 규모가 커짐에 따라 노동과 자본량만 증가하는 것이 아니고 생산 공정이나 방식에 개선이 발생한다. 이는 중소기업 수준에서 생산하는 것보다 대기업 수준에서 생산할 때 발생하는 여러 경우를 살펴 볼 수 있다. 작은 기업에서 조립하거나 생산하던 것을 기업 규모가 커지면 생산 방식을 보다 합리적으로 개선하고 공정을 단축시키는 혁신을 이루는 경우가 많다. 셋째 기계적 기술적 특성에 의해 더 크게 제작하는 것이 비용을 낮추는 경우가 있다. 선박을 건조할 때 30만톤 배 두 척을 만드는 것보다 60만톤 배 한 척의 건조 비용이 작게 발생한다. 넷째 생산량이 대규모인 기업은 생산에 필요한 재료를 구입하거나 처리할 때 원재료비, 물류비 등이 소규모 기업에 비하여 상대적으로 덜 들게 된다.

이상에서 살펴 본 바와 같이 규모의 경제가 작용하여 LRAC가 하락하다가 생산량이 더욱 늘어나는 수준에서 LRAC가 일정한 모습을 보이는 것이 일반적이다. 즉 L자 형의 LRAC가 일반적 형태이다. 그 이상 생산량을 늘려야 할 필요가 있을 경우에는 새 공장을 추가 건설하는 것이 현실적이다.

3. 기술진보, 정보혁명 등을 고려한 비용선

앞서 설명한 장기의 비용선은 자본량까지 변경시킬 수 있는 정도의 시간을 고려하는 비용선이었다. 이제 최장기라고 할 수 있는 Q = F(L, K, T)의 생산함수를 그려 보자 생산함수의 대칭이 비용선이므로 이를 통해서 최장기 비용선의 변화를 생각해 보자.

기술진보(T)는 시간이 매우 오래 걸리는 작업이다. 하지만 기술진보가 생산에 주는 충격은 노동이나 자본 같은 생산요소 보다 훨씬 더 크다. 더욱이 최근으로 올수록 기술진보의 속도는 우리가 예전에 예상했던 것보다 빠르며 생산현장의 모습을 바꾸고 있다. 대량생산을 위한 기업에서는 노동생산성이 높아지도록 기계설비를 결합시켜 노동일인당 자본의 량을 극대화시키고 있었다. 이제는 기업들의 생산방식이 단순한 대량생산에서 벗어나 다품종 유연생산 방식으로 바뀌었다.

가령 냉장고를 만드는 기업의 경우에 이전에는 몇 종류의 냉장고가 대량으로 생산되었다. 그러나 이제는 냉장 능력에 있어 매우 다양하고, 냉장실과 냉동실의 구성이 복잡하고, 기타 필요한 기능들이 복잡하게 설치된 아주 종류가 많은 냉장고가 한 기업에서 생산되고 있다. 즉 이제는 다품종 소량생산이 이루어지고 있는 것이다. 이것이 가능하게 된 것은 한 제품의 생산라인이 다른 제품의 생산라인으로 쉽게 전환될 수 있고 또한 하나의 부품이 여러 생산품에 쓰일 수 있도록 한 생산공정의 유연화가 되었기 때문이다. 이는 기술이 이를 가능하게 해 주었고 소비자들의 요구가 즉시 피드백(feedback)될 수 있는 인터넷 등의 정보혁명이 뒤받침 되었기 때문이다.

이런 기술진보와 정보혁명까지 고려한 비용선은 LRAC보다 하향하여 위치할 것이고 이는 제품가격 하락에 기여한다.

제 V 부
시장의 형태와 경쟁

제Ⅴ부
시장의 형태와 경쟁

시장이라고 할 때 우리는 유형(有形)의 시장과 무형(無形)의 시장을 떠올리게 된다. 유형의 시장은 수요자와 공급자가 직접 제품을 거래하는 우리 주위의 중앙시장 등을 말한다. 무형의 시장은 가령 시카고의 곡물거래 시장이나 뉴욕의 상품거래소 같이 직접 제품을 들고 다니며 거래하지는 않지만 장부(帳簿)상으로는 규모가 큰 거래를 하는 시장을 말한다.

제1장 시장의 형태

1. 완전경쟁시장

완전경쟁이라는 용어가 주는 의미를 경쟁이 매우 치열하다는 의미로 이해해서는 안된다. 완전경쟁시장의 경쟁은 사실 그리 격심하지 않다. 이유는 너무 많은 수요자과 공급자가 존재하기 때문이다. 예를 들어 마라톤을 한다고 하자. 시민건강마라톤을 시 주최로 하는데 참가인원이 수 만명이라고 하면 이들 사이의 경쟁은 그리 심하지 않을 것이다. 그저 참가하는데 의미를 두고 천천히 완주하려는 참가자들이 많을 것이다. 완전경쟁시장의 참여자들의 입장과 비슷하다.

완전경쟁시장의 전제조건은 다음과 같다.

① 수요자와 공급자의 수가 매우 많다.

이 전제조건은 완전경쟁시장에서의 가격수준은 일정하다는 것이다. 즉 가격설정력이 수요자나 공급자 모두에게 없다. 수요자나 공급자 모두 가격을 주어진 전제조건으로 받아들인다.

[그림 5-1] 완전경쟁시장의 수요선과 공급선

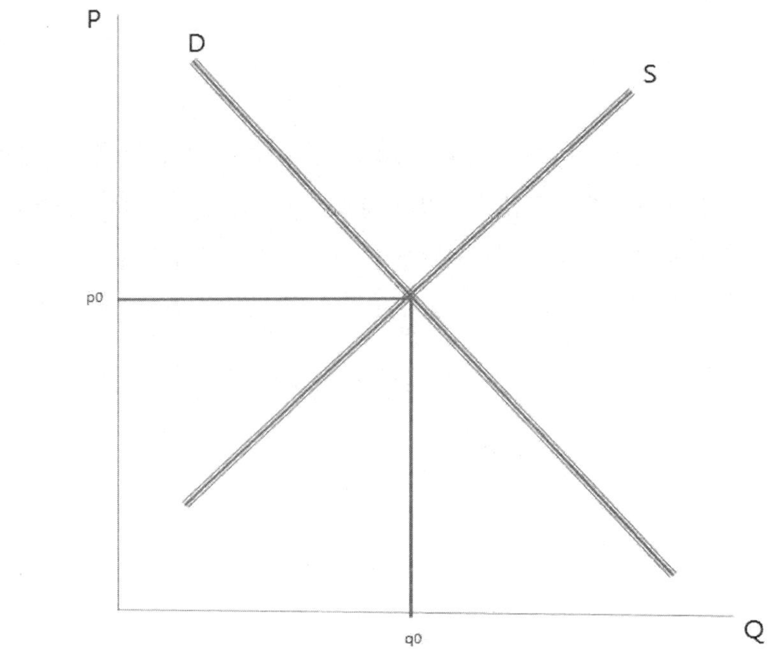

가령 쌀시장을 생각해 보자. 쌀의 수요자는 우리나라 국민 모두이므로 4000만 명이 넘고, 쌀의 공급자도 농민 전체이므로 무수히 많다. 이런 상황에서 어느 한 사람이 다이어트를 하기 위해 쌀의 수요량을 줄인다고 하거나 어느 농민이 쌀 농사를 포기하여 쌀의 공급량을 줄인다고 해 보자. 그렇다고 해도 쌀 시장 전체의 수요선이나 공급선에 주는 영향은 거의 없을 것이 분명하다. 왜냐하면 앞에서 수요와 공급을 살펴볼 때 개별수요선의 횡적(橫的) 합(horizontally summation)이 시장전체의 수요선이 되고, 개별공급선의 횡적(橫的) 합이 시장전체의 공급선이 된다고 했다. 따라서 개별 소비자나 개별 공급자가 소비량이나 공급량을 늘리거나 줄인다고 해도 각각의 횡적 합인 시장수요선이나 시장공급선이 움직이지 않을 것이다.

위의 그래프에서 보듯이 수요선과 공급선이 움직이지 않으면 그 교점도 그대로일 것이고 균형가격 p0, 균형수급량 q0 도 변동하지 않는다. 따라서 무수히 많은 수요자와 무수히 많은 공급자를 가정하는 것은 시장균형가격이 p0으로 일정하게 주어진다는 의미이다.

다시 설명하면, 쌀시장의 수요선은 개별 수요자의 수요선을 횡적으로 합한 것이다. 따라서 쌀시장에서 개별 수요자가 수요량을 변동시킨다고 해 보아도 시장 전체 수요량에는 별로 영향을 미치지 못한다. 그래서 시장수요선은 상하 어느 쪽으로도 거의 이동하지 않을 것이다. 마찬가지로 시장공급선은 개별 공급자의 공급선의 횡적 합이다. 역시 쌀시장의 공급자들은 농민으로 그 수가 무수히 많기 때문에 어느 농민이 자신의 쌀 수확량을 늘렸다고 해서 시장공급선이 상방으로 이동하지도 않고 또 쌀 수확량이 줄어들었다고 해도 시장공급선이 하방이동하지도 않는다. 이는 완전경쟁시장에서의 시장수요선과 시장공급선은 개별수요자나 개별공급자의 행동에 의하여 별로 영향을 받지 않고 이동하지 않는다는 것이다. 따라서 시장수요선과 시장공급선이 만나는 균형점은 변화하지 않을 것이고 시장가격은 일정하게 유지된다.

완전시장에서 주어진 가격을 염두에 두고 공급자는 자신의 이윤극대화를 달성할 수 있도록 공급량을 결정하고 수요자는 자신의 효용극대화를 도모할 수 있도록 수요량을 결정한다.

② 거래되는 재화의 품질이 동일하다.

완전경쟁시장에 가까운 쌀시장을 예로 들어도 현실에 있어서는 쌀의 품질이 동일한 것은 아니다. 가장 좋은 품질의 쌀은 이천 등지의 경기미이고, 강원도 원주쌀, 그리고 강화쌀 등이 그 다음 품질이고 남쪽의 호남쌀 등이 가장 낮은 품질이다. 그러나 쌀시장이 완전경쟁시장이라고 하는 것은 거래되는 모든 쌀은 동일한 품질임을 가정하고 논의를 전개한다는 의미이다.

③ 재화의 이동이나 생산요소의 이동이 자유롭다.

경제학에서 중요한 법칙 중 하나가 일물일가의 법칙이다. 이는 한 재화의 가격은 하나로 정해진다는 것이다. 만약 울산에서의 배 값보다 대구에서의 배 값이 높고, 대구에서의 사과 값보다 울산에서의 사과 값이 높다면 울산의 배는 대구로 이동시키고, 대구의 사과는 울산으로 이동시키는 것이 이익이 된다. 그런데 배나 사과를 이동시키는데 드는 비용이 그 이익분 보다 크다면 발생될 수 있는 이익을 상쇄하여 이동시킬 유인이 없게 된다. 그런데 완전경쟁시장에서는 이동에 따르는 비용이 없다고 가정한다는 것이다. 또한 생산요소가 국가 간 이동하는데 제약되는 이유 중 하나가 바로 생산요소 이동에 따른 비용이 크기 때문이다. 바로 이런 생산요소 이동에 따른 비용도 없다고 가정한다.

또한 기업이 시장에 새로 진입하거나 탈퇴함에 있어서도 아무런 제약이 없다(free entry and exit)고 가정한다. 항공시장에 새 항공사가 진입하려고 한다면 기존의 항공사들은 새 항공사의 진입을 방해하려는 시도를 여러 가지로 한다. 말하자면 새 항공사는 진입함에 있어 많은 비용을 지불해야만 한다. 이에 비해 퇴직한 사람이 새로 농사를 지으려고 한다고 하자. 이럴 경우 이 사람이 농사를 짓지 못하도록(쌀 시장에 새로 진입하지 못하도록) 방해하지는 않는다. 완전경쟁시장에서는 바로 이런 의미의 기업의 새로운 진입과 탈퇴가 전혀 비용이 들지 않는다고 가정한다.

④ 모든 참여자가 시장에 대하여 완전한 정보를 갖고 있다고 가정한다.

어떤 학생이 새로운 핸드폰을 구입하였다고 하자. 다음 날 강의실에서 다른 학생이 가지고 있는 핸드폰이 자신이 새로 구입한 것보다 기능이나 가격에 있어 더 낫다는 것을 발견할 수 있다. 이런 경우가 발생하는 것은 핸드폰의 모델이 매우 다양하고 가격의 변동 폭이 커서 소비자가 이를 다 파악할 수 없기 때문이다. 그런데 완전경쟁시장에서는 소비자가 품질, 디자인, 기능, 가격 등에 관한 모든 정보를 완전히 가지고 있다고 가정한다.

〈그래프 그리는 방법 1〉

일반적으로 MC선과 AC선을 그리는 것은 기업의 비용조건을 나타내기 위해서이다. AC선으로부터 우리는 총비용을 알아낼 수 있다. 왜냐하면 $AC=\frac{TC}{Q}$이므로 총비용은 $AC\times Q=TC$로 구할 수 있다. [그림]에서 생산량이 q1 일 때 총비용은 $c_1\times q_1$이고 생산량이 q2 일 때 총비용은 $c_2\times q_2$ 이다. 그리고 MR선은 수요선(D) = 평균수입선(AR)이 가격선 축(P)과 이루는 각도에 대하여 개략적으로 반 정도 밑에 그리면 된다. 그리고 수요선과 MR선 그리고 MC선, AC선을 함께 도시하고 MR = MC 되는 곳에서 이윤극대화를 위한 공급량을 결정하고 이 공급량 수준에서 가격을 결정하기 위해 수요선과 만나는 점을 찾으면 이윤극대화를 위한 생산량과 가격수준을 결정하는 그래프를 그릴 수 있다.

다음으로는 이윤극대화 원리를 살펴보자.

이윤(π: Profit) = 총수입(Total Revenue) - 총비용(Total Cost)이다.

이윤극대화를 위한 1차 조건(first order condition)을 구하기 위해서 양변을 생산량(q)에 대하여 미분하면

$$\frac{d\pi}{dq}=\frac{d(TR)}{dq}-\frac{d(TC)}{dq}=MR-MC=0$$ 이 구해진다.

따라서 이윤극대화를 위한 1차 조건은 MR(한계수입) = MC(한계비용)이다.

완전경쟁시장의 균형에 대하여 파악하기 위해 다음과 같은 평균비용선(AC), 한계비용선(MC)을 가지는 기업을 생각해 보자. 총비용선으로부터 AC와 MC를 도출할 때 MC는 AC의 최하 부분을 끊고 올라가는 것을 보았다. AC=TC/Q이므로 AC선은 각 생산량 수준에서 총비용이 얼마인가를 보여준다.

[그림 5-2] 완전경쟁시장의 균형

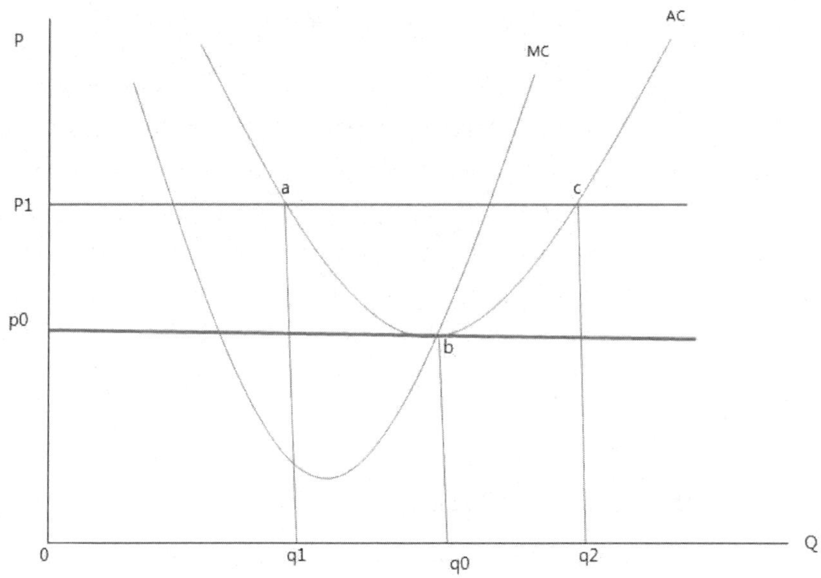

개별기업이 직면하는 가격이 p0이면 이때 AC선과 만나는 점은 b점이다. 그러면 생산량이 q0이고, 가격이 p0 이므로 총생산비용은 0 q0 b p0가 된다. 또한 개별기업이 직면하는 가격이 p1이면 AC와 만나는 점은 a점과 c점이다. a점일 때의 생산량은 q1이므로 총생산비용은 0 q1 a p1이 되고, c점일 때의 생산량은 q2이므로 총생산비용은 0 q2 c p1 이 된다. 따라서 생산량이 q1일 때와 q2일 때의 AC는 동일하다.

완전경쟁시장의 기업은 가격은 주어진 것으로 받아들이고 생산량만을 결정한다. 생산량의 결정은 이윤극대화 원칙에 따라 결정한다. 이윤극대화 원칙은 MR=MC임을 이미 알고 있다.

이제 개별기업의 수요선과 시장전체의 수요선을 살펴보자. [그림 5-3]에서 왼쪽의 그래프는 시장전체의 수요선과 공급선을 보여주고 있으며, 오른쪽 그래프는 개별기업이 직면하는 수요선을 보여주고 있다. 여기서 다시 상기할 것은 시장전체에서 결정된 가격수준 p1은 개별기업으로서는 주어진 여건으로 받아들이는 것이다. 따라서 개별기업이 직면하는 수요선은 수평선이 된다.

[그림 5-3] 시장전체의 수요,공급선과 개별기업이 직면하는 수요선

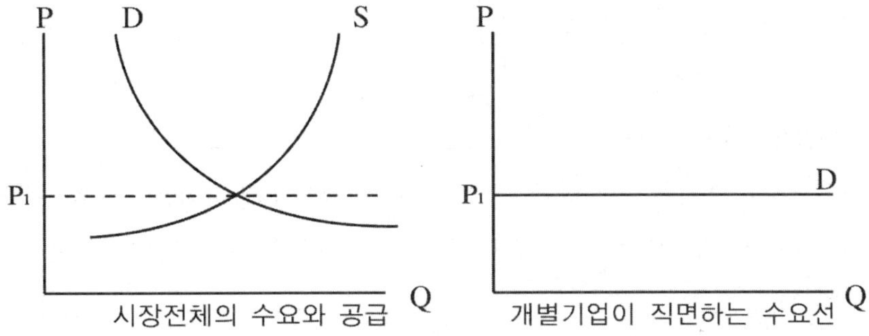

그리고 수요선은 항상 평균수입선이 되기 때문에 p=d=AR 선이 된다. 여기서 수요선이 항상 평균수입선이 됨을 살펴보자.

[그림 5-4] 수요선은 항상 평균수입선이 된다.

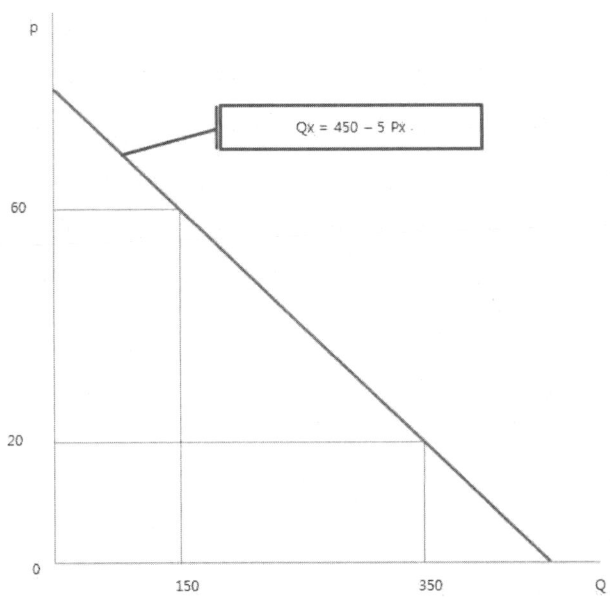

가격이 20일 때 수요량은 350이다. 그러면 총수입은 20 × 350 = 7000이다. 평균수입(AR)을 구하면 AR = 총수입/수량 = 7000/350 = 20이다. 또한 가격이 60일 때 수량은 150이고 총수입은 60 × 150 = 9000이다. 평균수입(AR)을 다시 구하면 AR = 총수입/수량 = 9000/150 = 60이다.

일반식으로 쓰면 TR = P × Q이고 AR = TR/Q = P이다. 따라서 평균수입은 바로 수요선이 된다.

다음으로는 이윤극대화 생산량을 알기 위해 한계수입선(MR)이 무엇인지 알아야 한다. 한계수입(MR)은 한 단위 더 팔았을 때 들어오는 총수입(TR)의 증가분이 얼마인가이다.

$MR = \frac{\triangle TR}{\triangle Q}$ 분자, 분모에 극한값을 취하여 미분식으로 표현하고 TR=P × Q를 대입하면 $MR = \frac{d(TR)}{dQ} = \frac{d(P^* Q)}{dQ}$ 이 된다. $MR = P + Q\frac{dP}{dQ} = P(1 + \frac{Q}{P}\frac{dP}{dQ})$ 이 된다. 이 식은 자세히 보면 수요의 가격탄력도($\eta = \frac{dQ}{dP}\frac{P}{Q}$)의 역수를 포함하고 있음을 알 수 있다. 다시 쓰면 MR = P × (1 - 1/η)가 된다.

탄력도 값(η)에 1을 대입하면 MR = 0 이 된다. 이를 이용하면 한계수입선(MR)을 찾을 수 있다.

기하학의 기본 원리에 의하면 어느 두 점을 알면 그 사이의 최단 거리를 통과하는 직선을 구할 수 있다. 이를 이용하면 우리는 한계수입선(MR)을 찾을 수 있다. 즉 수요선이 가격선 축과 만나는 곳에서의 한계수입은 최초 한 단위 수요 시의 가격 수준과 항상 동일하다. 따라서 한 점은 바로 수요선과 가격선 축 P가 만나는 점이 된다. 다른 하나의 점은 바로 위에서 설명한 방법에 의하여 수요의 가격탄력도 값 η = 1이 되는 곳이 된다. 이 점에서 한계수입(MR) = 0이 되기 때문이다.

[그림 5-5] 한계수입선(MR)의 도출

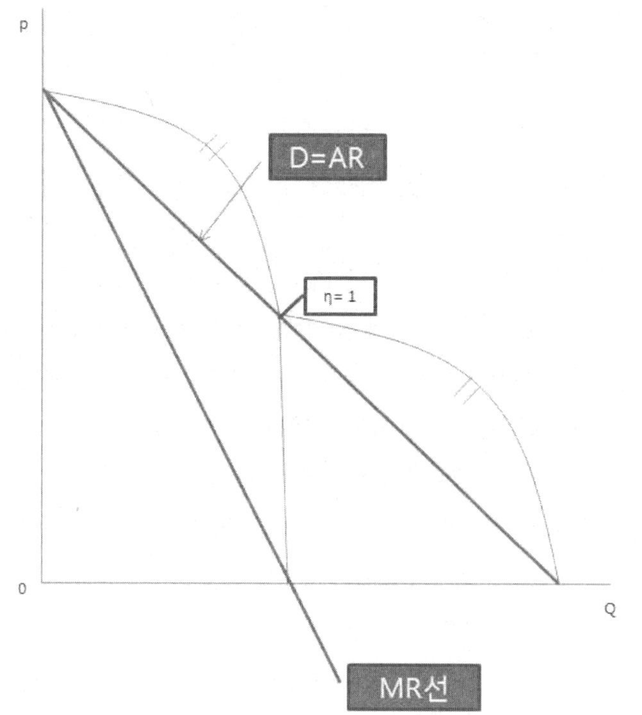

〈그래프 그리는 방법 2〉

이제까지의 설명을 이용하여 한계수입선(MR)을 그리는 방법을 요약 정리하면, 수요선(D) = 평균수입선(AR)이 가격선 축(P)과 이루는 각도에 대하여 개략적으로 반 정도 밑에 그리면 된다.
이제 수요선과 MR선 그리고 MC선, AC선을 함께 도시하고 MR = MC 되는 곳에서 이윤극대화를 위한 공급량을 결정하고 이 공급량 수준에서 가격을 결정하기 위해 수요선과 만나는 점을 찾으면 이윤극대화를 위한 생산량과 가격수준을 결정할 수 있다. 여기서 설명한 절차를 따르면 어떠한 그래프도 여러분 스스로 도시할 수 있게 된다.

다시 중요 내용을 요약하면 다음과 같다.

① 수요선은 항상 AR선이 된다.

② 수요선과 Y축이 이루는 각도의 대략 반 정도 아래에 MR선이 위치한다고 도시한다.

③ MR=MC 되는 점을 찾아서 이윤극대화 생산량을 구한다.

④ 이윤극대화 생산량 수준하의 가격결정을 구하기 위해서 수요선과 만나는 점을 찾는다.

이제 완전경쟁시장에 있어서의 기업의 단기공급곡선을 도출해 보자.

[그림 5-3]과 같은 완전경쟁시장에서 시장전체의 수요, 공급선과 개별기업이 직면하는 수요선의 의미를 살펴 보아야 한다. 시장전체의 수요선과 공급선은 완전경쟁시장의 전제에 의하면 거의 이동이 없다. 따라서 개별기업의 입장에서 보면 가격이 일정하게 주어져 있는 것으로 받아들여야 한다.

완전경쟁시장에 있어서 기업의 단기공급곡선을 살펴보자. 이를 위해서 한계비용선(MC), 평균비용선(AC) 그리고 평균가변비용선(AVC)를 그려보자. 개별기업의 수요선은 수평선이고 수요선은 항상 평균수입선(AR)이 된다. 또한 완전경쟁시장의 기업에 있어서는 가격이 바로 이 수요선이며, 동시에 한계수입선(MR)이 된다. 따라서 d=AR= MR=Price이다. 이제 MR=MC되는 점을 찾으면 각 가격수준에 있어서 이윤극대화를 달성시키는 생산량 수준을 결정할 수 있다. 이는 항상 MC 선상에 있게 된다. 따라서 MC선이 공급선이 된다.

MC선이 공급선이 되기는 하지만 가격이 하락하여 손실이 발생할 때 어느 수준에서 생산을 중단할 것인가 하는 점이다. 그래서 이를 결정하기 위해 평균가변비용선(AVC)을 도입하였다.

총비용 = 고정비용 + 가변비용으로 이루어진다. 총비용 중에서 고정비용은 생산량에 무관하게 일정하게 지출되는 비용이다. 기업의 설비, 장치, 건물 등 생산량이 얼마이든 간에 지출되는 일정한 비용으로 흔히 잠긴비용(sunk cost)이라고 한다. 말하자면 생산을 전혀 하지 않더라도 이미 지출된 비용이다. 가령 통닭을 튀겨 파는 가게를 생각해 보자. 이 가게의 경우 고정비용은 가게 임대료, 튀기는 기계장비 비용, 인테리어 비용 등이다. 가변비용은 생닭 구매비용이다. [그림 5-6]에서 보듯이 가격이 p_2이면 총수입은 p_2bq_20이고 총비용은 생산량이 q_2일 때 AC와 만나는 점에서 결정되어 fdq_20가 된다. 총비용 중에서 총가변비용선과 만나는 점에서 결정되는 ghq_20는 가변비용이 되고 p_2bhg는 고정비용중 일부분에 불과하다. 생산량이 q_2일 때 손실이 $fdbp_2$ 만큼 발생하는데 이는 고정비용 중 일부분에 해당한다. 즉 가격이 p_2일 때 생산비용 중에서 가변비용은 전액 충당하지만 고정비용 부분 fdhg 중에서는 p_2bhg부분 만큼만 회수된다. 이럴 경우 생산을 계속할 것인가 혹은 중단할 것인가 하는 것이 중요한 문제가 된다. 이 경우에는 분명히 손실이 발생하고 있는 것이다. 따라서 생산을 중단하는 것이 옳을 것 같지만 자세히 따져 보면 생산을 하는 것이 오히려 손실을 줄이는 것이 된다. 말하자면 이미 없어진 비용인 고정비용 중 일부라도 회수할 수 있으므로 생산을 계속하는 것이 바람직 한 것이다.

[그림 5-6] 완전경쟁시장하의 기업의 단기공급선 도출

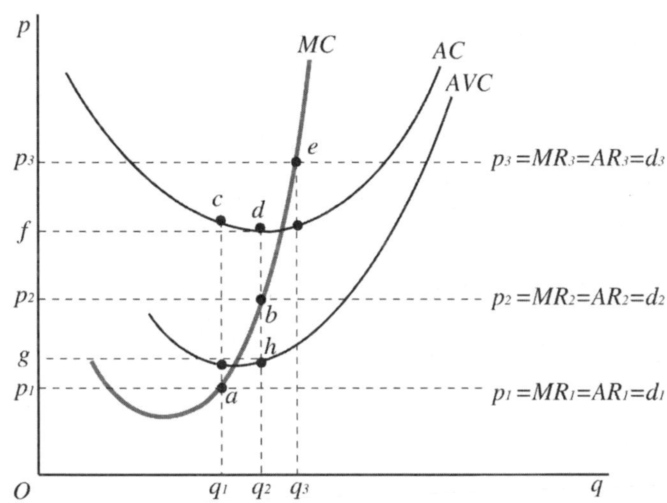

이제 가격이 더욱 하락하여 p_1이 되었다고 하자. 이 경우에는 총수입은 p_1aq_10이고 총비용은 AC와 만나는 점 c에서 결정된다. 이제는 상황이 더욱 나빠져서 고정비용이 회수되지 못하는 것은 물론이고 가변비용조차도 채 들어오지 않게 된다. 이제는 더 이상 생산을 할 필요가 없게 되는 것이다. 그래서 생산은 시장가격이 평균가변비용선(AVC)의 최하점 이상인 경우에만 하게 된다. 따라서 완전경쟁 시장에

서의 기업의 단기공급선은 평균가변비용선(AVC) 이상의 한계비용선(MC)이 된다.

정리하면, 완전경쟁시장에 있어서 개별기업들은 시장가격은 주어진 것으로 보고 이윤극대화 원리에 따라 생산량을 결정한다. 그리고 이것이 각 가격수준에서 연속적으로 발생한다고 보면 바로 기업의 단기공급선을 찾을 수 있는 것이다.

이제 완전경쟁시장을 넘어서서 다른 형태의 시장구조도 알아보자. 현실에 있어서는 매우 다양한 형태의 시장들이 존재한다. 그런데 경제학자들은 이들 시장을 시장 내에 존재하는 생산자의 수와 거래되는 상품이 동질적인지 혹은 이질적(혹은 차별화)인지에 따라서 구별한다. 우리는 다음에 독점시장, 과점시장, 독점적 경쟁시장으로 구분하여 살펴보자.

2. 독점시장

(1) 독점시장의 균형

독점시장은 생산자 수가 하나이기 때문에 판매되는 상품의 동질성 여부는 따질 필요가 없다. 독점시장에서의 균형점을 살펴보기 위해서는 수요선의 모습을 먼저 생각해 보아야 한다. 독점시장에서는 하나의 기업이 생산하기 때문에 가격 설정력이 매우 크다. 그렇다고 해서 독점기업이 완전한 가격 설정력을 갖는 것은 아니다. 즉 독점기업이라고 해서 자신의 생산물 가격을 매우 높게 설정할 수 있는 것은 아니다. 왜냐하면 독점기업의 생산물에 대하여도 대체품이 전혀 없는 것은 아니기 때문이다. 가령 예를 들면 과거 우리나라 치약시장에는 단 하나의 치약제품 만이 있었다. 그런 경우 치약의 한 개의 가격을 10만원이라고 하자. 그러면 소비자들의 반응은 어떨까? 아마도 치약대신 소금이라는 대체재를 이용하려 할 것이다. 또 다른 예로 마이크로소프트사의 윈도우라는 운영체제를 생각해 보자. 아마 윈도우XP 1카피당 수 십만원씩 한다면 소비자들은 윈도우XP를 사용하지 않으려 할 것이고 Linux 같은 다른 운영체제를 이용하려 할 것이다. 따라서 마이크로소프트사 같은 독점기업 제품에 대한 수요선도 우하향하게 된다.

독점시장의 균형을 찾기 위해서 수요선을 그리고 앞서 설명한 방법에 따라 평균수입선과 한계수입선을 그린다. 평균수입선은 수요선과 항상 일치하므로 쉽게 구할 수 있고 한계수입선은 앞서 지적한 바와 같이 수요선과 Y축이 이루는 각도의 약 반을 지나도록 수요선 아래쪽에 그리면 된다.

독점기업도 이윤극대화를 추구하므로 우리는 이윤극대화 조건에 따라 MR=MC 되는 점을 찾으면 된다.

(2) 독점시장의 균형과 완전경쟁시장의 균형 비교

[그림 5-7]에서 보듯이 독점시장에서의 균형점은 MR=MC가 되는 점에서 구해진다. 그리고 가격은 수요선과 만나는 점인 A에서 결정된다. 즉 독점시장에서는 가격이 P_m, 생산량은 Q_m에서 결정된다.

완전경쟁시장에서의 균형을 기억해 보면 P=D=MC=MR 이었다. 따라서 완전경쟁시장이었다면 균형은 D=MC에서 가격이 결정된다. 그리고 그 경우의 생산량은 Qc가 된다. 즉 완전경쟁시장이었다면 균형이 B점에서 이루어진다.

이제 독점시장에서의 균형 A점과 완전경쟁시장에서의 균형 B점을 비교해 보면 가격은 P_m이 높고, 생산량은 Q_c가 작은 것을 알 수 있다. 독점시장에서의 가격은 완전경쟁시장에서의 가격에 비해 높고, 독점시장에서의 생산량은 완전경쟁시장에서의 생산량 보다 작은 것을 알 수 있다.

독점시장에 대한 평가를 두 가지 측면에서 해 볼 수 있는데 첫째는 독점시장은 완전경쟁시장에 비하여 생산량을 줄인다. 이는 효율적인 자원배분을 막는 것이 된다. 둘째는 독점시장은 완전경쟁시장에 비하여 높은 가격을 유지하여 소비자 잉여를 빼앗아 간다.

따라서 독점시장이 완전경쟁시장에 비하여 전자(前者)의 자원배분상의 왜곡(distortion in resource allocation)과 후자(後者)의 소득배분상의 왜곡(distortion in income distribution)을 가져오기 때문에 바람직하지 않다고 평가한다. 그래서 통상 독점기업에 대한 규제가 합리적 근거를 갖게 된다.

독점시장이 발생하는 원인을 살펴보면, 가령 과점상태에서 어느 한 기업이 다른 기업들 보다 기술적 우위나 기타 다른 요인으로 인하여 시장에서 승리하여 독점자가 되는 것이다. 독점기업이 된다는 것은 해당 산업에서 승리자가 되었다는 것을 의미하기도 한다. 따라서 독점기업에 대한 평가를 할 때 앞서 언급한 부정적인 측면과 더불어 독점기업이 성공한 기업이라는 측면도 함께 고려하면서 독점기업에 대한 규제를 해야 한다.

[그림 5-7] 완전경쟁시장의 균형과 독점시장의 균형 비교

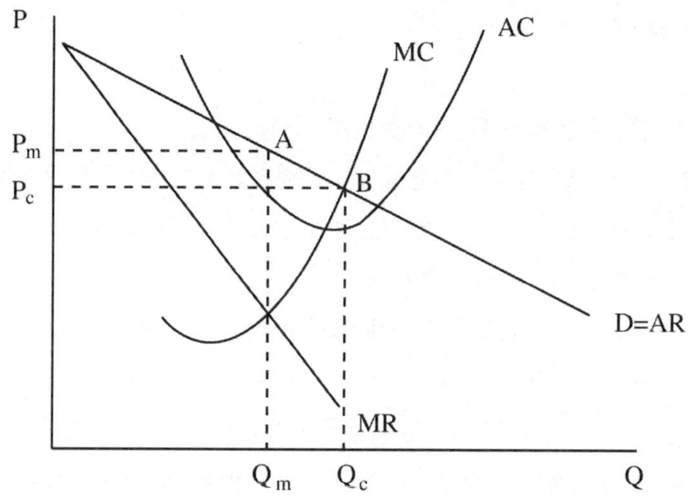

3. 과점시장(Oligopoly)

과점(寡占)이라는 말은 시장 안에 적은 수의 기업만이 있다는 의미이다. 과점시장 상태에서는 한 산업 내에 기업의 수가 적으면 3개, 많으면 5개 정도 존재한다. 통상 과점시장내의 시장지배적 지위를 가지고 있는 큰 기업이 3개 혹은 4개 있을 때 이들을 거대한 세 기업(Big Three), 혹은 최고의 네 기업(Top Four) 등으로 표현한다.

과점시장의 가장 큰 특징은 기업들 간에 상호의존성(inter-dependency)이 높다는 것이다. 즉 과점시장 내 한 기업이 가격을 내리면 다른 기업들도 경쟁적으로 가격을 인하하여 수요를 빼앗기지 않으려고 하지만, 한 기업이 가격을 올리면 다른 기업들은 가격을 상승시킨 기업의 수요가 자기 기업 제품에 대한 수요 증가로 나타날 것으로 기대하여 가격을 별로 따라서 올리지는 않는다. 이는 가격을 상승시킨 기업의 수요만 현저하게 줄어들고 자기 기업 제품의 수요는 오히려 증가할 것이라는 기대를 하기 때문이다. 이를 수요선으로 표현하면 [그림 5-8]과 같다.

과점시장을 설명하는 이론은 완전경쟁시장이나 독점시장처럼 일반이론이 존재하기보다는 수 개의 다양한 이론이 존재한다. 본서에서는 굴절수요선이론, 카

르텔이론, 선도기업이론, 그리고 게임이론 등을 살펴본다.

(1) 굴절수요선 이론

앞서 지적한 바와 같이 과점시장의 특징을 설명하는데 초점을 맞추고 있는 굴절수요선 이론은 [그림 5-8]에서 보는 바와 같이 수요선이 A점의 위쪽과 A점 아래쪽에 있어 상이한 수요의 가격탄력도 값을 갖는 수요선의 결합으로 이루어진다. 이제 김치 냉장고를 파는 과점시장을 생각해 보자. 1995년경부터 출시되기 시작한 김치 냉장고 시장에는 현재 위니아만도, 삼성전자, LG전자, 대우Electronics 등이 시장을 형성하고 있다. 가령 A점 이하로 위니아만도가 가격을 인하한다고 하자. 그러면 다른 3개 회사는 자신들의 수요가 줄어들 것을 우려하여 즉시 가격을 따라서 하락시킨다. 위니아만도가 가격을 P_2로 하락시키는 이유는 가격하락에 의해서 자기회사 제품의 수요가 dd선을 따라서 Q_5로 현저히 증가할 것을 기대한 것이나 다른 기업들의 즉각적 가격하락 반응으로 수요선이 dd를 따르지 않고 DD를 따르게 되어 위니아만도사 제품에 대한 수요는 Q_4가 되는 것이다.

반대로 위니아만도가 가격을 A점 이상으로 상승시키는 경우에는 다른 3개 회사는 가격을 따라서 상승시키지 않는다. 왜냐하면 위니아만도사 제품에 대한 수요가 줄어들고 다른 3개 회사 제품에 대한 수요는 오히려 증가할 것으로 기대하기 때문이다. 다시 말하면 위니아만도사가 가격을 P_1으로 상승시키는 것은 자기회사 제품이 어떤 면에서든지 소비자를 사로잡아 수요가 많이 줄어들지 않을 것이라는 자신감이 있어서이다. 위니아만도는 자기회사 제품에 대한 수요량이 Q_2가 될 것으로 생각하고 가격을 상승시켰지만 다른 3개 회사는 가격상승에는 그리 크게 반응하지 않는다. 따라서 위니아 만도사 제품에 대한 수요는 Q_1으로 많이 줄어들게 된다. 굴절수요곡선이론은 가격이 하락할 때와 상승할 때 기업들의 반응이 다른 것에 주목하고 있다. 굴절수요곡선이론에서 적용되는 수요선은 dAD가 된다.

[그림 5-8] 굴절수요선의 도출

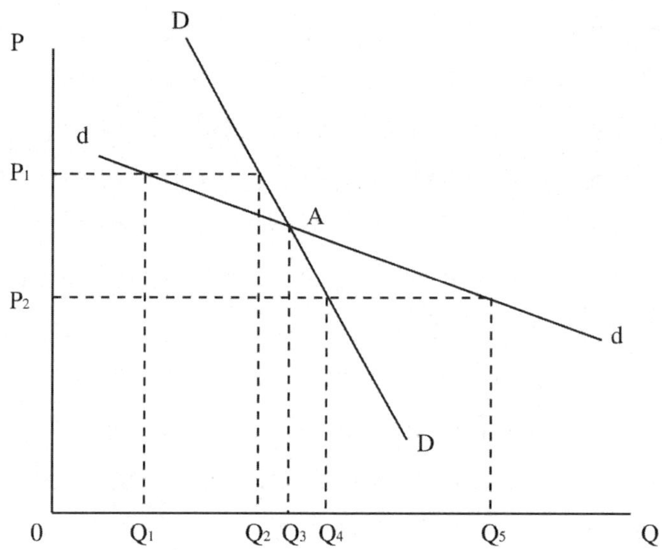

이제 한계수입곡선을 추가로 그래프에 도입해 보자. [그림 5-9]를 보면 A점 이상에서는 수요선이 dd가 적용되므로 이에 대응하는 한계수입선을 mr로 도시하고, A점 이하에서는 수요선이 DD가 적용되므로 이에 대응하는 한계수입선을 MR로 도시하였다. 그러면 전체적인 한계수입선은 BC구간이 불연속선이 된다. 바로 BC구간에서 각 기업의 한계비용선이 그래프와 같이 만난다고 하면 우리는 각 기업의 생산량은 q_0, 가격은 p_0로 결정됨을 알 수 있다. 과점기업들은 각 기업들의 한계비용이 다를지라도 동일한 시장가격을 결정함을 알 수 있다. 실제로 김치 냉장고를 만드는 기업들은 각 기업의 형편에 따라 한계비용이 다를 것이다. 그러나 현실시장에 있어서 판매가격은 거의 비슷한 것을 보면 굴절수요곡선이론이 설명하는 바와 거의 일치함을 알 수 있다.

굴절수요곡선의 결정적인 단점은 A점이 어떻게 설정되는지에 대한 설명이 없다는 것이다. 그러나 생산량과 관련하여 이 점이 과점기업들 간에 암묵적 담합(tacit collusion)에 의해 설정된다고 보면 합당하다. 암묵적 담합을 하는 이유는 대부분의 국가에서 담합은 불법으로 규정되어 있기 때문이다. 그리고 일단 암묵적 담합이 설정되어 있다고 과점시장 내 공급자들이 인식할 때 기업들은 이 암묵적 담합이 깨지지 않도록 노력한다.

[그림 5-9]의 그래프를 통해서 한 기업이 자신의 한계생산비가 다르더라도 동일한 생산량을 유지하고 함부로 생산량을 늘이거나 줄이려고 하지 않는 것을 살펴보자. 그 이유는 한 기업이 생산량을 늘리게 되면 다른 기업들이 즉시 담합이 깨졌다고 생각하고 경쟁적으로 가격 인하를 통해 전체적인 이윤이 하락하게 될 것이고, 한 기업이 생산량을 줄이게 되면 다른 경쟁기업들도 따라서 생산량을 줄이고 이미 앞에서 언급한 바와 같이 가격을 인상하지는 않을 것이기 때문이다. 이는 먼저 생산량을 줄인 기업제품에 대한 수요만 경쟁기업으로 이동시키는 효과를 가져 올 수 있는 것이다.

[그림 5-9] 한계비용이 달라도 같은 가격을 유지하는 과점기업들

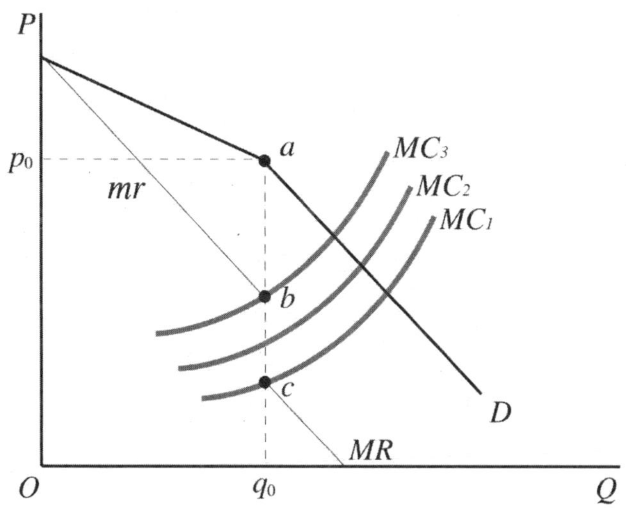

(2) 카르텔 이론

과점시장에서는 각 기업들이 시장지배력을 가지고 있다. 즉 시장에 참여하는 기업들이 가격설정능력을 어느 정도 가지고 있다. 이와 같이 가격설정능력이 있는 기업들로 이루어져 있는 과점시장은 불완전경쟁(imperfect competition)시장이라

고 한다. 이와 같이 가격설정력이 있는 기업들의 행동을 설명하는 이론으로 카르텔 이론을 살펴보자. 카르텔이란 기업들이 담합(collusion)을 통하여 생산량을 할당하거나 가격을 일정하게 유지하는 것을 말한다. 각 기업의 생산량을 할당하여 정해진 양만큼만 시장에 공급하도록 하는 생산카르텔은 담합 형태 중 가장 강력한 형태이다. 또한 가격카르텔은 과점시장 내의 기업들이 판매가격을 일정하게 유지할 것을 협정하는 것이다. 이렇게 담합을 하게 되면 과점시장의 상황은 마치 독점기업 하나가 공급하는 상황으로 변한다. 따라서 많은 나라들에 있어서 생산량이나 가격을 담합하는 행위를 법으로 금지하고 있다.

카르텔이 법적으로는 금지되고 있지만 현실에서의 과점시장 내 기업들은 카르텔을 형성하여 극대 이윤을 얻으려는 동기가 있다. 법률적 금지를 피하기 위해 묵시적으로 생산카르텔을 형성했다고 하자. 그리고 카르텔은 기업의 수가 적을수록 형성하기 용이하다. 가령 과점시장 내에 3개 회사만이 있다고 하자. 그러면 3개 회사는 생산량을 통제하여 시장가격이 한계생산비와 일치하도록 할 것이다. 즉 각 기업들이 생산량을 증가시키면 시장가격이 하락하므로 카르텔을 형성하여 독점시장에서와 마찬가지로 P=MC에서 생산량을 규제한다. 그리고 이를 각 기업들이 공동으로 관리한다. 문제는 이런 카르텔이 오래 유지될 것인가? 각 기업들은 다른 기업 모르게 생산량을 추가하여 자신의 이익을 도모하고 싶은 동기를 갖게 된다. 따라서 이런 비협조적인 행동(non-cooperative behavior)을 하게 되고 이는 생산카르텔을 쉽게 무너지게 한다.

또 다른 카르텔 형태로 가격카르텔을 살펴보자. 자동차시장도 대표적인 과점시장이다. 비슷한 엔진배기량과 스타일, 기능을 갖춘 각 기업의 자동차들은 같은 가격은 아니더라도 비슷한 가격으로 시장에서 거래되고 있다. 이는 자동차 생산기업들 사이의 비공식적인 담합에 의해 이루어지고 있는 것이다. 이런 과점시장에서는 각 기업들은 생산량을 정해서 시장에 내놓지는 않는다. 오히려 가격을 정하고 그 시장가격에 판매되는 량을 생산한다. 이런 형태의 카르텔에서도 한 기업은 가격을 인하하여 자기 기업 자동차의 판매량을 증가시키고 싶은 유인이 있게 되고 이로 인해 카르텔이 깨지기 쉽다.

이런 시장의 각 기업들은 경쟁회사가 자신이 내놓은 자동차 가격보다 낮은 가격으로 시장에 뛰어들지 않을까 하는 것이 관심의 초점이 된다. 문제는 어떤 경우에 가격인하 경쟁이 발생할 것인가 하는 것인데 한 기업의 가격인하로 발생하는 추가적 수요에 얼마나 신축적으로 생산을 증가시킬 수 있는가 하는 것에 의해 결정된다.

(3) 선도기업 이론

과점시장의 가격동향을 보면 다른 기업의 가격설정에 따라서 비슷한 가격을 설정하는 경향이 많다는 것을 알 수 있다. 가령 PC산업에 있어서 삼성, 삼보 등 4개 업체가 시장을 거의 점유하고 있다고 하자. 그리고 이 중에서 삼보가 가장 큰 업체라면 이는 가격선도기업이 될 수 있다. 즉 삼보가 정하는 가격을 대략 다른 업체들도 따라서 결정하는 것이다. 이 경우 삼보는 이 산업에서 주도적(dominant firm) 기업이 되는 것이다.

또 다른 경우는 규모는 가장 작지만 새롭게 등장한 기업이 현주컴퓨터라고 하자. 이 경우 현주라는 기업이 공격적이 마케팅을 전개하여 가격을 하락시켜 PC를 시장에 내놓는다고 하면 다른 기업들도 수요를 빼앗기지 않으려고 가격을 인하하여 시장에 제품을 공급하는 수 밖에 없다. 이런 경우 현주라는 기업은 주도적 기업은 아니지만 가격설정에 있어 바로미터적 구실을 하게 된다. 즉 현주는 기업 규모는 작지만 바로미터 기업(barometric firm)이 된다.

이와 같이 선도기업 이론에는 주도적 기업(dominant firm)인 경우와 바로미터 기업(barometric firm) 경우가 있고 이들은 과점시장에서 가격을 선도적으로 결정하는 역할을 하고 이 이론은 과점시장에서 나타나는 이런 현상을 비교적 잘 설명해 주고 있다.

(4) 게임이론

과점시장을 설명하는 다른 이론으로 게임이론을 들 수 있다. 앞서 지적했듯이 과점시장의 가장 큰 특징은 기업들이 상호의존적으로 행동한다는 것이다. 즉 과점시장에 있는 기업들은 경쟁기업의 가격정책이나 생산량 등에 의해 자기 기업의 이윤이 영향을 받으며 자기 기업의 가격정책이나 생산량 등에 따라 경쟁 기업의 이윤에도 영향을 미치는 것을 인식하고 있다. 이는 바둑을 두는 것과 같이 과점기업들이 게임하는 상황과 유사한 시장상황에 직면해 있음을 알 수 있다. 즉 게임이론은 기업들이 상호의존적으로 행동하는 것이 마치 게임하는 것과 같다는데 착안하여 설명하는 이론이다.

게임이론은 게임참가자들(Players), 참가자들의 전략(Strategy), 전략에 의해 결정되는 보수테이블(Pay-off Table)로 구성된다. 가령 무거주식회사와 무룡주식회사의 두 기업이 과점시장을 형성하고 있다고 하자. 이들이 현재는 신문에 의한 광고만을 하고 있는데 자신들의 보다 높은 이윤을 위해 각기 TV에 의한 광고를 고려하고 있다. 그럴 경우의 예상이익을 다음의 보수테이블에서 볼 수 있다.

무룡주식회사가 TV광고를 하고 무거주식회사는 기존 신문광고만 할 경우 Pay-off Table에서 보는 것 처럼 무거주식회사의 이윤은 100억원이 줄어들어 150억원이 되는 반면, 무룡주식회사의 이윤은 50억원이 늘어 300억원이 된다. 대칭적으로 무거주식회사가 TV광고를 하고 무룡주식회사는 기존 신문광고만 할 경우에는 무룡주식회사의 이윤은 150억원이고 무거주식회사의 이윤은 300억원이다. 또한 두 회사 모두 TV광고를 할 경우에는 똑같이 200억원의 이윤을 얻는다. 이와 같이 어떤 광고를 채택하는가에 따라 두 회사가 얻게 되는 이윤에 대하여 과점시장내에 있는 두 기업은 완전하게 이해하고 있는 것을 가정한다. 다시 말하면 각 기업이 선택하는 전략에 따라 각기 얻게되는 이윤의 크기를 정확하게 알고 있다고 가정한다. 바로 이런 게임적 상황을 전제로 게임이론을 전개하고 있다.

		무 거 주 식 회 사	
		TV 광고	신문 광고
무룡주식회사	TV 광고	무룡 200억 / 무거 200억	무룡 300억 / 무거 150억
	신문 광고	무룡 150억 / 무거 300억	무룡 250억 / 무거 250억

이제 무거주식회사가 광고 전략을 신문광고에서 보다 비싼 TV광고로 전환한다고 하자. 무룡주식회사의 대응 전략은 무엇이 될까? 무룡주식회사가 신문광고를 그대로 유지할 경우에는 무거주식회사는 300억의 이윤을 얻게 되고 무룡주식회사는 150억원의 이윤을 얻는다. 그러나 무룡주식회사도 TV광고를 전략으로 선택할 경우에는 두 회사 모두 각각 200억원의 이윤을 얻게 된다. 즉 무룡주식회사로서는

자신의 이익을 극대로 하는 전략을 선택할 것이고 이는 무거주식회사와 마찬가지로 TV광고를 전략으로 선택하는 것이다. 이상의 논리는 무룡주식회사가 광고전략을 신문광고에서 TV로 전환할 경우에도 마찬가지로 적용된다. 따라서 무룡주식회사가 TV광고를 선택할 경우 무거주식회사도 자신의 이익을 극대로 하기 위해 TV광고를 선택할 것이다.

종합하여 설명하면 무룡주식회사가 어떤 전략을 선택하든 무거주식회사는 TV광고를 선택하는 것이 이윤을 크게 하는 것이고, 무거주식회사가 어떤 전략을 선택하든 무룡주식회사 역시 TV광고를 선택하는 것이 자기 기업의 이윤을 크게 하는 것이다. 이와 같이 경쟁자가 어떤 전략을 선택하든지 간에 자기 기업이 선택할 수 있는 전략 중에서 자신에게 항상 유리한 결과를 주는 특정한(여기서는 TV광고) 전략을 보유하고 있는 경우가 있다. 이런 경우 우월전략(dominant strategy)을 가지고 있다고 한다. 이 경우 무거주식회사와 무룡주식회사는 모두 우월전략을 갖고 있다. 반대로 경쟁자가 어떤 전략을 선택하든지 간에 자기 기업이 선택할 수 있는 전략 중에서 자신에게 항상 불리한 결과를 주는 특정한(여기서는 신문광고) 전략을 보유하고 있는 경우가 있는데 이를 열등전략(dominated strategy)이라고 한다. 여기서 유의할 것은 두 기업이 우월전략을 선택하였을 경우에 비하여 열등전략을 선택하였을 경우의 이윤이 더 크다는 것이다.

(5) 과점시장에 대한 경제적 평가

과점시장은 가장 경쟁이 치열한 시장형태이다. 시장에 참여하고 있는 기업들 간에는 높은 상호의존성이 존재하여 기업들은 격렬한 경쟁 상태에 빠져든다. 판매방법이 다양하게 발전하기도 하고 광고비용을 막대하게 지출하기도 한다. 이런 과점시장이 국민경제에 미치는 영향은 어떠한지 경제적인 평가를 해 보자.

먼저 과점기업의 부정적인 측면을 짚어보자.

과점기업들은 가격경쟁이외에 비가격경쟁을 치루는 과정에서 과도한 광고비용을 지출한다. 이는 결국 생산비용에 전가되어 판매가격을 높이게 될 것이다. 이는 소비자들은 높은 비용을 치룬다는 의미이다. 국민경제적으로는 과도한 자원을 낭비한다고 할 수 있다.

광고의 긍정적 측면: 생산품의 품질, 규격, 가격 등에 대해 소비자들에게 정보를 제공해 준다. 또한 광고회사 등을 통한 새로운 일자리를 창출한다.
광고의 부정적 측면: 제품가격 상승의 원인이 되고 과도한 자원을 낭비한다.

다음으로 긍정적인 측면을 살펴보자.

완전경쟁시장에 속하는 개별농민은 볍씨 품종을 개발하거나 새로운 농법을 도입하기 위해 노력하지 않는다. 이는 그럴 경제적 유인이 없을 뿐 아니라 그럴 경제적 힘도 없기 때문이다. 경제적 유인이 없다는 것은 완전경쟁시장 하에서는 공급자들은 주어진 가격을 받아들일 수밖에 없는데 무슨 유인으로 새로운 품종개발이나 생산방법 개선에 비용을 쓰겠는가 하는 것이다. 또한 경제적 힘이 없다는 것은 개별 공급자들은 규모가 영세하여 투자할 자금이 없다는 것이다.

독점시장에서는 비록 가까운 대체품은 없다고 하더라도 결국 시장 내에서 유일하게 생산을 하고 있으므로 제품개발이나 기술개발에 그리 노력을 기울일 필요성을 별로 느끼지 않는다. 따라서 독점시장에서도 기술개발 등에 투자를 별로 하지 않는다.

독점적 경쟁시장에서는 제품의 차별화가 중요하므로 완전경쟁시장이나 독점시장의 참여자들에 비하면 제품개발에 노력을 경주할 것이다. 그러나 현실적으로 독점적 경쟁시장에 참여하는 기업들은 규모가 그리 크지 않다. 따라서 새로운 기술개발을 위한 투자를 함에 있어 자금부족에 부딪친다.

이에 비하여 과점시장에 속하는 기업들은 대체로 대기업들이다. 그리고 가장 치열한 경쟁상태에 놓여 있다. 따라서 신제품 개발과 기술개발에 매우 적극적이다. 실제로 현실에서 발생하는 대부분의 기술들은 과점기업들에 의해 이루어지고 있다. 이는 과점기업들의 행동 중 가장 국민경제에 공헌하는 긍정적인 측면이다.

4. 독점적 경쟁시장(Monopolistic Competition)

Monopolistic Competition이라는 말이 지칭하듯이 독점적 경쟁시장은 독점시장의 특징과 완전경쟁시장의 특징을 동시에 갖는다. 독점적 경쟁시장은 상당히 많은 공급자들로 이루어진다.

그래서 완전경쟁시장의 특징으로 기업들은 경쟁에 직면한다. 각 기업이 생산량을 결정함에 있어 경쟁기업의 생산량을 고려하며 자기 제품의 가격을 결정함에 있어서는 역시 경쟁기업의 가격수준을 고려하여 결정한다.

또한 독점시장의 특징으로 기업들은 수요곡선이 우하향하며 가격설정능력을 어느 정도 가진다. 이는 독점시장을 설명할 때 언급한 바와 같이 독점적 경쟁시장의 생산자들도 가격설정능력을 갖기는 하지만 매우 높은 가격 설정력을 갖는 것은 아님을 유의해야 한다.

독점적 경쟁시장을 보다 쉽게 이해하기 위해 예를 먼저 생각해 보자. 정유회사는 불과 몇 개 밖에 존재하지 않는다. 정유산업은 과점시장이다. 그러나 주유소는 상당히 많은 수가 존재한다. 바로 주유소가 독점적 경쟁시장의 예가 된다. 이 밖에 음식점이나 문방구, 서점 등이 독점적 경쟁시장의 좋은 예이다.

독점적 경쟁시장에는 상당히 많은 수의 공급자가 존재한다는 면이 과점시장의 경우와는 다르다. 과점시장에서는 소수의 공급자 만이 존재하기 때문에 공급자들 사이에 상호의존성이 매우 크다는 것을 우리는 이미 살펴보았다. 그런데 독점적 경쟁시장에서는 과점시장에 비하면 상당히 많은 수의 공급자들이 존재하기 때문에 이들 사이에 경쟁이 발생하지만 과점시장에 비하면 그 정도는 약하다. 또한 과점시장에서는 담합의 가능성이 항상 상존하고 있으나, 독점적 경쟁시장의 구조는 담합을 결성하고 유지하기에는 많은 공급자들이 있기 때문에 담합의 형성이 어려운 구조인 것이다. 또한 과점시장의 설렁탕 가게들을 예로 살펴보자. 설렁탕 가게들은 저마다 국물 맛을 차이가 있게 공급함으로써 고객을 끌어들이려고 한다. 제품의 차별화를 통해서 어느 정도의 독점력을 가지려고 노력한다. 그리고 문방구나 서점을 생각해 보라. 누가 새로운 문방구나 서점을 학교 앞에 새로 차리려고 할 때 과점시장에서와 같은 격렬한 시장진입에 대한 방해가 있겠는가? 독점적 경쟁시장의 또 다른 특징 하나는 시상에의 새로운 진입(new entry)과 퇴출(exit)이 비교적 자유로운(no cost) 것이다.

(1) 단기에서의 균형

독점적 경쟁시장의 균형을 살펴보기 위해 그래프를 도시해 보자. 먼저 독점적 경쟁시장에서의 수요선은 독점시장의 수요선과 완전경쟁시장에서 개별기업이 직면하는 수요선(이는 수평선이었음을 기억하라) 사이의 기울기를 갖는 것으로 도시하면 된다. 물론 앞서 그래프 그리는 방법에서 제시했듯이 수요선은 평균수입선이 된다(d=AR). 그리고 MR선은 그리던 방식대로 수요선 하방에 위치하도록 하고 MR=MC되는 점을 찾는다. 그래프에서 c점이다. 독점적 경쟁기업의 가격 역시 수요선과 만나는 곳에서 결정되어 P_0가 된다. 이 경우 총비용은 AC와 만나는 b점에서 결정된다. 따라서 총비용은 $bq_0 0p_1$가 되며 총수입은 $aq_0 0p_0$가 되어 이윤은 abp_1p_0가 된다. 이와 같이 이윤이 발생하는 상황을 단기 균형이라고 할 수 있다.

[그림 5-10] 독점적 경쟁시장에서의 단기균형

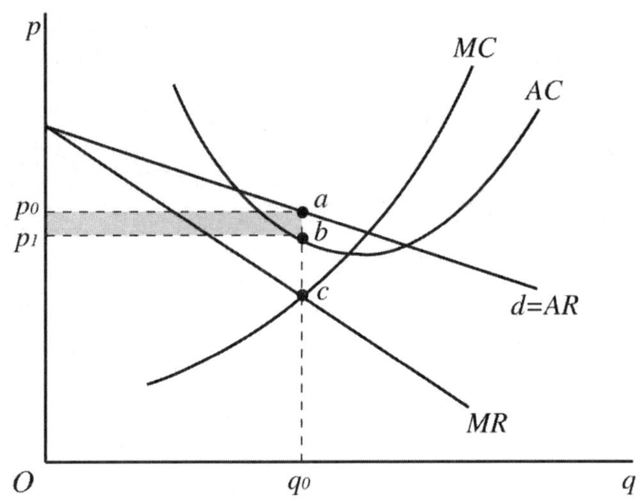

(2) 장기에서의 균형

독점적 경쟁시장의 특징 중 하나가 새로운 진입과 퇴출이 비교적 자유롭다고 했다. 바로 이 점 때문에 과점시장의 장기 균형점에서는 초과이윤이 존재하지 않게 된다. [그림 5-11]에서 보는 바와 같이 과점시장의 장기 균형은 a점에서 결정된다. 단기균형 [그림 5-10]의 그래프와 비교해 보면 수요선이 한계비용선 아래쪽으로 이동한 것으로 파악하면 된다. 이는 단기에 있어 초과이윤이 존재하면 독점적 경쟁시장 내에 더 많은 공급자가 비교적 자유롭게 진입하여 각 공급자가 공급할 수 있는 개별 공급량이 줄어들고, 각 기업에 대한 개별수요가 줄어든 것으로 보면 된다. 그리하여 장기적으로는 a점에서 균형이 이루어진다. a점에서 총수입은 $aq_0 0p_0$이며, 총비용 역시 $aq_0 0p_0$이다. a점에서는 총수입과 총비용이 동일하므로 초과이윤은 영(零)이다. 이는 장기에 있어서는 초과이윤이 사라짐을 의미한다.

[그림 5-11] 독점적 경쟁시장에서의 장기균형

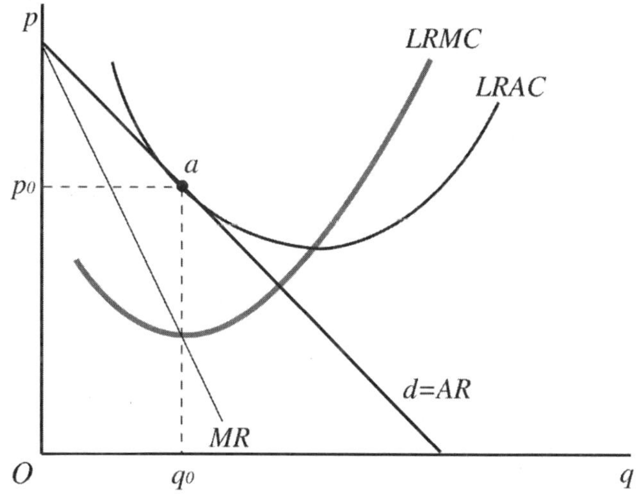

달리 설명하면 독점적 시장 내에 새로운 기업들이 진입함에 따라 개별 기업들의 장기평균비용이 상승한 것으로 이해해도 된다. 즉 개별 기업들의 물류비용이나, 원재료 확보 비용 등이 증가하여 장기평균비용(LRAC)과 장기한계비용(LRMC)이 상승한 것으로 파악해도 수요선과 장기평균비용선이 만나는 점이 a과 같이 된다. 그래서 독점적 시장의 장기균형에서는 초과이윤이 사라지게 되는 것이다.

제 Ⅵ 부
국민소득의 순환과 결정

제 VI 부

국민소득의 순환과 결정

국민소득의 순환을 살펴보는 것은 거시경제 분야의 기초부분이다. 앞서 살펴본 미시분야에서는 각 개별경제 주체들의 행동에 초점을 맞추어 설명하였다. 즉 가계는 효용을 극대화하면서 의사결정을 한다고 보았고, 기업은 이윤극대화를 위해 시장에 참여하여 생산량과 가격을 결정한다고 가정하였다. 거시경제 분야에서는 가계, 기업, 정부가 모두 참여하여 만드는 국민경제 전체가 어떻게 순환되는가를 연구하려고 한다. 그리고 국민소득의 크기는 어떻게 결정되며 그 크기는 얼마인가 살펴본다. 또한 정부가 경제정책을 통해서 국민소득의 결정에 얼마나 효과적으로 영향을 미칠 수 있는지 분석해 본다.

제1장 국민소득의 순환

국민소득의 순환이라고 할 경우 국민소득은 국민총생산(GNP) 혹은 국내총생산(GDP)으로 생각하면 용이하다. 그런데 1990년대 중반 이후에는 국내총생산을 주로 사용하여 국민소득의 순환을 설명한다.

국민소득을 Y라고 표기한다. 국민소득(Y)은 소비(C)와 저축(S)으로 구성된다.

$$Y(\text{국민소득}) = \text{소비}(C) + \text{저축}(S)$$

다시 표현하면 국민소득은 또한 소비수요와 투자수요로 구성된다.

Y(국민소득) = C(소비수요) + I(투자수요)이다.
즉 Y=C+S=C+I이다.

위 식에서 균형을 유지하려면 S=I 일 때이다. 즉 저축이 투자와 크기가 같을 때 국민소득은 균형상태를 유지한다.

다음 [그림 6-1]에서 국민소득의 흐름을 살펴보자. 저축은 국민소득의 흐름에서 빠져나가는 것으로 파악한다. 즉 소득 흐름에서 빠져나가는 부분으로 누출(leakage)이다. 투자는 기업에 대한 수요의 한 부분이 되므로 국민소득의 흐름에서 주입(injection)되는 부분으로 파악한다. 기업의 규모는 현재의 수요가 얼마나 되는가 하는 것에 의해 결정되며 또한 기업가들은 장래의 수요 전망에 의해 투자를 결정한다. 그래서 기업의 생산 규모는 소비수요(C)와 투자수요(I)에 의하여 결정된다.

[그림 6-1] 국민소득의 순환구조 (2부문 모형)

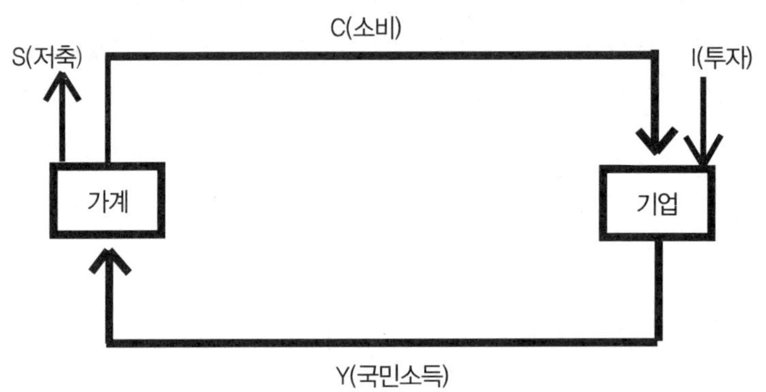

앞서 지적한 바와 같이 소득 흐름 그림을 보면 빠져나가는 부분인 저축(S)과 주입되는 부분인 투자(I)가 같으면 흐르는 소득의 크기는 변하지 않을 것이다. 다시 말하면 주입되는 투자는 욕조에 물을 넣는 수도꼭지의 물로 생각하고, 저축은 욕

조 바닥에서 빠져나가는 배수물로 생각해 보라. 수도꼭지에서 들어가는 물이 많으면 욕조의 물이 점점 많아질 것이고, 수도꼭지에서 들어가는 물보다 배수구로 나가는 물의 양이 더 많으면 욕조의 물은 점차 줄어들 것이다. 또한 수도꼭지에서 들어가는 물과 배수구로 나가는 물의 양이 똑 같으면 욕조의 물은 그대로 같은 수준을 유지할 것이다. 바로 흐르는 물을 국민소득으로 파악하면 된다.

I=S인 경우: 국민소득 균형
I〉S인 경우: 국민소득 증가
I〈S인 경우: 국민소득 감소

이상과 같이 생각하면 저축이 투자보다 많으면 국민소득이 줄어들고, 투자가 저축보다 많으면 국민소득은 증가하게 되는 것을 쉽사리 알 수 있다. 그러면 우리는 의아한 생각을 갖게 된다. 국민소득이 증가하려면 저축이 적어야 한다는 말인가? 저축이 많으면 국민소득이 감소하는 것인가? 이에 대한 대답을 정확히 이해하는 것은 국민소득이나 경제성장에 대한 기본적 이해를 바로 하는 것이 된다. 우리가 지금 살피려고 하는 국민소득의 흐름에 대한 설명은 공급능력이 충분한 선진국 경제를 대상으로 하고 있는 것이다. 말하자면 공급능력이 충분한 국민경제의 경우에서는 저축이 많은 것이 총수요 부족을 초래하여 국민소득을 줄이게 된다는 것이다. 이것이 케인즈적 사고방식의 기초이다. 케인즈의 유효수요이론은 바로 선진국 경제의 경우에 수요가 부족하면 경기가 후퇴한다는 데서 출발하고 있다

그렇다면 후진국이나 개발도상국에서는 저축의 역할이 어떠한가? 저축이 많아야 이를 투자하여 생산시설을 늘리고 경제발전을 도모할 수 있는 것이다. 그래서 후진국이나 개발도상국에서는 저축이 미덕이 되는 것이다.

제2장 국민소득의 여러 개념

한 나라의 경제적 후생을 가장 잘 나타낼 수 있는 지표가 무엇일까 하여 만들어

낸 것이 국민총생산 개념이었다. 경제적 후생을 제대로 나타내는 데는 부족하였으나 국민총생산이 경제적 성과를 측정하는 데는 적절하다는 것이 입증되었다. 이는 한 국가가 1년 동안 산출해 낸 부가가치(value added)의 총합계로 정의되었다. 그러나 1990년대 이후 국가 간의 거래가 더욱 활발하게 이루어져 한 나라 국민에 의해 생산된 가치의 합이라는 개념보다는 한 국가 안에서 생산된 부가가치를 파악하는 것이 더욱 중요하게 되었다. 그래서 우리나라에서도 1994년부터 공식통계에서 GDP를 사용하고 있다.

우리나라의 국민소득 통계는 한국은행이 매분기 작성하여 발표하고 있다. 이로부터 우리는 경제성장률, 투자율, 저축률, 요소별 소득분배율 등을 알 수 있고 이는 경제정책의 수립과 실시 및 평가에 많이 활용되고 있다.

GNP = GDP + (해외 요소소득 수취액-해외 요소소득 지불액)
= GDP + 순해외 요소소득 수취액
NNP = GNP − 감가상각(depreciation)

감가상각은 고정자본의 감모를 나타낸다. 생산활동을 하기 위해 기계 장비를 사용하는데 이 때 기계 장비가 겉모양은 그대로 있으나 실제로는 생산하는 과정에서 얼마간 닳아 없어졌다고 보아야 한다. 기계류의 내용 연수가 10년이라고 하면 대체로 1년에 10%씩 감모되었다고 보면 된다. 감가상각을 빼면 순국민소득(NNP; Net National Product)을 얻을 수 있다.

NI = NNP − 간접세 + 정부 보조금

간접세는 기업이 소비자로부터 받아서 조세당국에 내는 것으로 기업은 잠시 보관할 뿐이지 자신의 소득이 되지는 않는다. 다시 말하면 재화가격에 간접세를 부과하여 판매하지만 기업이 실제로 얻는 수입은 아니다. 따라서 간접세를 제외하고 정부가 주는 보조금을 더하면 이를 국민소득(NI; National Income)이라고 한다. 국민소득(NI)은 한국은행 통계는 피용자 보수(59.8%)와 영업잉여(40.2%)로 발표되고 미국의 경우 상무부(Department of Commerce)가 작성하는데 종업원보수(71.3%), 기업이윤(12.4%), 사업주소득(9.5%), 임대소득(1.4%), 순이자(5.4%) 등으로 구분되어 있다.

NI는 분배면에서 파악한 국민소득으로 임금 이자 지대 이자의 총합과 같게 된다.

PI = NI － 법인세 － 사내유보이윤 + 개인에 대한 정부 및 기업의 이전지출(transfer earning)

개인소득(PI; Personal Income)은 개인이 수취하는 소득을 말하는데 임금, 이자, 지대 부분은 NI와 같지만 이윤부분은 개인에게 돌아가는 부분이 다르게 된다. 왜냐하면 이윤은 법인세, 주주에 대한 배당금, 사내유보금으로 나눠지므로 PI에 속하는 부분만을 구하기 위해서는 정부가 가져가는 법인세와 기업 내에 남게 되는 사내유보금을 빼야 한다. 반면에 개인에게 지불되는 부분도 있는데 개인에 대한 정부 및 기업의 이전지출이다. 이전(transfer)지출은 아무런 경제적 대가 관계없이 무상으로 지불되는 부분이다. 그래도 개인에게는 분명한 소득이므로 이는 더해 줘야 한다.

마지막으로 개인의 가처분 소득(DI: disposable income for individual)이 있다.

DI = PI － 개인소득세

개인이 직접세인 소득세를 납부하고 소비에 사용할 수 있는 소득이다. 소득=소비+저축 이라고 할 경우의 소득에 해당한다.

제3장 한국경제에 있어서의 균형국민소득의 결정

한국의 1971년부터 2007년까지의 총저축률과 국내총투자율 상황을 살펴보면 다음 [표 6-1]와 같다.

[표 6-1] 한국의 총저축률과 국내총투자율

	총저축률(명목)	국내총투자율
단위	%	%
1971	15.7	25.2
1972	17.0	21.4
1973	22.8	25.4
1974	21.9	31.8
1975	19.5	28.8
1976	25.3	26.6
1977	28.7	28.6
1978	31.0	32.7
1979	30.2	36.0
1980	24.7	31.9
1981	24.6	29.9
1982	25.7	28.9
1983	29.0	29.2
1984	31.0	30.6
1985	31.2	30.4
1986	34.9	29.4
1987	38.4	30.3
1988	40.4	31.2
1989	37.6	33.8
1990	37.5	37.4
1991	37.6	39.7
1992	36.8	37.2
1993	36.7	35.7
1994	36.3	36.9
1995	36.3	37.8
1996	35.5	39.0
1997	35.5	36.1
1998	37.5	25.2
1999	35.3	29.3
2000	33.0	30.7
2001	31.1	29.3
2002	30.5	29.3
2003	31.9	30.0
2004	34.0	29.9
2005	32.1	29.8
2006	30.8	29.7
2007	30.8	29.5
2008	30.5	31.0
2009	30.2	26.2
2010	32.0	29.2

자료: 한국은행, 한국은행 경제통계시스템(Ecos), 통계검색
〈http://ecos.bok.or.kr/〉

한국의 1971년 총저축률은 15.7%, 국내총투자율은 25.2%이었다. 이는 저축률이 9.5% 부족했음을 의미한다. 또 1975년의 경우에는 9.3%의 저축률이 부족했음을 표에서 확인할 수 있다. 앞서 지적한 바와 같이 저축률과 투자율은 일치해야만 한다. 그런데 1971년 1975년과 같이 저축률이 부족하다는 것은 부족한 저축률을 메꾸어야 함을 뜻한다. 부족한 저축률을 어떻게 채울 것인가? 저축률은 국내저축률과 해외저축률로 구성된다. 여기서 총저축률이 부족한 것은 바로 해외저축으로 메꾸어야 함을 의미한다. 해외저축이란 외국으로부터 한국으로 자금이 들어옴을 의미한다. 쉽게 말하면 차관 등의 자금유입이다. 엄밀히 말하면 해외 빚이다. 그렇지만 경제학에서는 해외의 자금이 국내로 유입되어 쌓이는 것도 저축이라고 표현한다. [표 6-1]에서 보면 경제개발이 활발히 진행되던 1971년부터 1983년까지는 1977년 한해를 제외하고는 모든 해에 걸쳐 국내총투자율이 높았고 저축률이 이에 미치지 못했음을 확인할 수 있다. 반면에 1997년 외환위기 직후인 1998년부터 2007년까지 국내총투자율이 총저축률보다 낮은 것을 알 수 있다. 이것이 바로 최근까지 경기가 좋지 못한 근원적인 이유가 된다. 바로 기업의 투자가 부족한 것이다.

제4장 총수요의 구성

1. 국내총생산(GDP)의 구성

국민경제의 총체적 생산량을 GDP라고 할 때 이를 구성하는 요소는 무엇일까. 소비, 투자, 정부, 그리고 수출-수입으로 구성된다. 우리나라의 2010년도 GDP 규모는 1,172조8,034억원이다. 이의 구성에 대하여 살펴본다.

① 소비(Consumption) : 민간의 최종소비지출은 615조4,069억원인데 이는 GDP의 52.5%를 차지하고 있다. 나라마다 비중 값의 차이는 있지만 GDP 중에서 차지하는 비중이 가장 크다는 특징이 있으며 비교적 안정적인 비중을 유지하고 있다.

② 투자(Investment) : 국민계정 상 투자는 총자본형성(Gross capital formation)이 된

다. 총자본형성은 335조 8,8895억 원으로 GDP의 28.6%를 차지하고 있다. 투자는 GDP 구성부분 중에서 가장 변동이 큰 부문이다. 투자에 영향을 주는 요소는 이자율이 대표적이어서 이자율이 상승하면 투자가 감소하고 이자율이 하락하면 투자가 증가하는 것이 원칙이지만 그 밖에 투자결정에 영향을 미치는 요인으로는 투자환경 등이 중요하기 때문에 이자율이 하락하더라도 투자환경이 좋지 않으면 투자는 증가하지 않는다. 그래서 경기나 사회환경에 가장 민감하게 움직이는 것이 투자이다.

총자본형성은 총고정자본형성(Gross fixed capital formation)과 재고증감(changes in inventories)의 합이다. 총고정자본형성은 건설투자, 설비투자, 무형고정자산투자로 구성되어 있다. 이에는 주거용, 비주거용 건물 건축과 공장 확장, 기계류 설치 및 제조, 통신, 전력시설 등의 건설 등과 무형고정자산투자로는 연구개발 등이 있다. 재고증감 및 귀중품 순 취득은 2010년 자료로 보면 GDP 중 차지하는 비중은 0.5%에 불과하다.

③ 정부(Government) : 국내총생산에 대한 지출에서 최종지출은 민간지출과 정부지출로 구성되어 있다. 여기서 정부지출은 중앙정부와 지방정부가 지출하는 것을 합하여 나타내고 있다. 2010년 정부지출은 180조 538억 원으로 GDP에서 차지하는 비중은 15.4%이다.

이 항목에는 정부가 펼치는 각종 공공토목사업, 국방을 위한 무기구매, 공무원 봉급지급, 관공서에서 사용하는 전기 수도를 포함하는 모든 물품의 구매 등이 있다. 정부는 조세를 거두어서 소비활동을 하는 셈이다. 그리고 정부는 예산에 의해 이 항목의 지출을 보장받고 있다.

④ 순 수출(Net Export) : 해외부문으로 (수출 - 수입)을 의미한다. 수출은 우리나라 생산물에 대한 외국에서의 수요이므로 가산항목이고 수입은 외국 생산품에 대한 우리 국민들의 수요이므로 공제항목이 된다. 2010년도 수출은 614조 4,510억 원이고 수입은 581조 7,358억 원이므로 순 수출은 32조 7,152억 원이다. GDP에서 수출이 차지하는 비중은 52.4%이고 수입이 차지하는 비중은 49.6%이다. 따라서 순 수출(NX)이 GDP에서 차지하는 비중은 2.8%이다. 여기서 우리나라의 해외의존도 즉 (수출+수입)/GDP의 비중이 무려 102.0%나 되는 것을 확인할 수 있다.

국민소득 항등식 상에는 표시되어 있지 않으나 국민계정 상에 보면 통계상 불일치(Statistical discrepancy) 항목이 있다. 이는 국내총생산에 대한 지출 통계와 경제활동별 국내총생산 사이의 차이를 나타내고 있다. 이 차이를 국내총생산에 대한 지출 통계표(지출 면에서 파악하는 GDP 통계)에 통계상 불일치 항목으로 표시하고 있음을 확인하자. 이는 생산 면에서 파악하는 GDP 즉 경제활동별 국내총생산을 기준이 되는 것으로 보기 때문이다.

통계상 불일치 항목은 2010년의 경우 2조 7,246억 원으로 GDP에서 차지하는 비중은 0.2%이다.

이제 GDP = C + I + G + (X-M)라고 표현하자.

그리고 구성부분을 다시 정의하자.

즉 GDP는 소비수요, 투자수요, 정부수요 그리고 (수출 - 수입)수요로 구성된다. (수출 - 수입)은 순수출로 이를 해외부문수요라고 할 수 있다.

따라서 총수요 = 소비수요 + 투자수요 + 정부수요 + 해외부문수요이다.

위 식은 매우 중요한 식으로 항상 성립하는 국민소득 계정 등식(National Income Accounts Identity)이다.

[표 6-2] 한국의 국민계정 구성표 (2010년) (단위: 10억원)

명목 GDP	민간소비	투자(총자본 형성)	정부	수출-수입	통계상 불일치
1,172,803.4	615,406.9	341,902.9	180,053.8	32,715.2	2,724.6
비중	52.5%	29.1%	15.4%	0.8%	0.2%

자료: 한국은행, 한국은행 경제통계시스템(Ecos), 통계검색 〈http://ecos.bok.or.kr/〉

우리나라의 2010년도 명목 GDP 규모는 1,172조 8,034억원이고 GNI는 1,173조 1,234억원이다. 따라서 교역조건 변화에 의한 실질무역손익과 국외순수취요소소득의 합계액은 32억 원에 불과한 것을 알 수 있다. 2006년에는 GNI가 적어서 151억 원 정도의 국민총소득 상의 손실이 발생하였으나 2007년에는 오히려 1조 3,527억 원의 국민총소득 상의 이익이 발생하였다. 이와 같이 각 년도 마다 국민총소득이 국내총생산보다 크기도 하고 작기도 한 것이다.

2. 국내총생산(GDP), 국내총소득(GDI) 그리고 국민총소득(GNI)

2006년 명목 국내총생산(Nominal GDP)은 2006년도 당시의 시장가격에 의해 작성된 GDP이다. 이에 비하여 2006년도 실질 국내총생산(Real GDP)은 2000년도 물가를 기준으로 환산평가(deflate)하여 작성한 GDP이다. Real GDP는 2000년 당시의 가격으로 환산하여 계산하는 것이고 이를 불변가격으로 평가된 실질 GDP라고 한다. 구체적인 수치를 살펴보면 2006년도 명목 GDP는 847조8,764억 원인데 이를 실질 GDP로 환산해 보면 759조2,344억 원이다.

경제성장률 등을 계산할 때는 실질 GDP를 이용하는 것이 물가상승에 의한 경제성장률의 과장부분을 제거하는데 도움이 된다.

국내총생산의 실질성장률로 보면, 2010년 한국경제는 2009년에 비하여 6.2% 성장했다. 이에 비하여 국민총소득(GNI) 성장률은 5.5%로 국내총생산의 증가율에 비하여 낮았다. 국민총소득의 성장률은 1995년 이래 2002년과 2009년을 제외하고는 매년 국내총생산의 성장률보다 낮았다. GNI는 교역조건과 물가 등을 감안한 국민소득의 실질구매력을 나타내는 것인데 이는 한국 경제가 외형은 커졌지만 국민들의 실질구매력은 그에 따르지 못한다는 것을 의미한다. 2010년 1인당 명목 국민총소득(GNI)은 $ 20,759(한화 2,400만원)이었다.

[표 6-3]을 살펴보면 명목GDP의 2008년, 2009년 2010년의 성장률은 각기 5.28%, 3.76%, 10.12%임을 알 수 있는 반면, 1인당 GNI의 성장률은 각기 5.56%, 3.15%, 9.34%로 명목GDP의 성장에 못 미치고 있음을 알 수 있다. 아울러 달러 표시 국내총생산과 1인당 GNI는 2008년과 2009년에는 오히려 10%이상의 감소율을 보이고 있음에 유의하라. 이는 2008년과 2009년에 환율이 급등하였기 때문이다.

[표 6-3] 한국의 경제규모 및 국민소득의 추이 (당해 년 가격 기준)

	단위	2007	2008	2009	2010
국 내 총 생 산 (GDP)	억 원	9,750,130	10,264,518	10,650,368	11,728,034
	억 달러	10,493	9,309	8,344	10,143
1인당 국민총소득(GNI)	만원	2,016	2,128	2,195	2,400
	달러	21,695	19,296	17,193	20,759

자료: 한국은행, 한국은행 경제통계시스템(Ecos), 통계검색 〈http://ecos.bok.or.kr/〉

총부가가치를 산출함에 있어서는 기초가격(basic prices, 생산자가격-생산물세+보조금)으로 평가하며 국내수요는 구매자가격으로 평가하며, 수출 및 수입물품은 F.O.B.(Free on Board)가격으로 계산한다.

국내총생산(GDP) + 교역조건 변화에 따른 실질 무역손익 = 국내총소득(GDI)

국내총생산(GDP)에 교역조건 변화에 따른 실질 무역손익을 더하면 국내총소득(GDI)을 구하게 된다.

한 나라의 국민 총소득을 파악하는데 쓰이는 지표인 국민총소득(GNI)를 얻기 위해서는 국내총소득(GDI)에 국외순수취요소소득을 더해야 한다.

[표 6-4] 명목 국내총생산(GDP)과 명목 국민총소득(GNI)

	국내총생산(10억원)	국내총생산(억달러)	국민총소득(10억원)	국민총소득(억달러)
2006	966,054.60	10,110.00	962,446.60	10,073.00
2007	1,043,257.80	11,227.00	1,040,091.80	11,193.00
2008	1,104,492.20	10,017.00	1,104,414.30	10,017.00
2009	1,151,707.80	9,023.00	1,148,981.80	9,002.00
2010	1,265,308.00	10,943.00	1,266,579.80	10,954.00
2011	1,332,681.00	12,027.00	1,340,529.80	12,097.00
2012	1,377,456.70	12,224.00	1,391,595.50	12,349.00
2013	1,429,445.40	13,054.00	1,439,644.40	13,147.00
2014	1,486,079.30	14,110.00	1,490,763.90	14,154.00
2015	1,558,591.60	13,775.00	1,565,815.50	13,839.00

자료: 한국은행, 한국은행 경제통계시스템(Ecos), 통계검색
〈http://ecos.bok.or.kr/〉

1인당 국민소득은 명목국민총소득(nominal GNI)을 인구수로 나누어 구하는데 이때 쓰이는 인구통계는 매년 7월 1일 기준의 연앙(年央)인구수이다. 세계 각국 국민들의 생활수준을 비교하기 위해서는 미 달러화로 표시하며, 적용환율은 연평균환율로 환산한다.

실질GDP + 교역조건 변화에 따른 실질무역손익 = 실질GDI(국내총소득)
실질GDI(국내총소득) + 국외순수취요소소득 = 실질GNI
실질GDP + 교역조건 변화에 따른 실질무역손익 + 실질 국외순수취요소소득=실질 GNI

위 식을 유의해서 보기 바란다. 상대가격 변화에 따른 실질거래손익은 거주자간의 거래에 있어서는 거래손실과 거래이익이 서로 상쇄된다. 따라서 실질거래손익은 거주자와 비거주자간의 거래에서 발생한다. 다시 말하면 무역을 통해서만 교역조건 변화에 따른 실질무역손익이 발생한다. 따라서 실질GDP에 교역조건 변화에 따른 실질무역손익을 더하면 실질GDI가 구해진다.

[표 6-5] 실질GDP, GDI, GNI(2006년, 2007년)

	2010	2011	2012	2013	2014	2015
GDP 디플레이터	100.00	101.59	102.65	103.52	104.14	106.44
변화율	3.20	1.60	1.00	0.90	0.60	2.20

자료: 한국은행, 한국은행 경제통계시스템(Ecos), 통계검색
〈http://ecos.bok.or.kr/〉

다음은 우리나라의 연도별 경상GNI와 1인당 국민총소득(GNI)이다.

2002년 $11,499 (GNI: 685조 0,690억원)
2003년 $12,720 (GNI: 725조 4,203억원)
2004년 $14,206 (GNI: 781조 1,742억원)
2005년 $16,413 (GNI: 809조 2,998억원)
2006년 $18,401 (GNI: 849조 1,612억원)
2007년 $20,045 (GNI: 902조 5,413억원)

다음은 2008년 8월에 발표된 각국의 국민총소득 순위이다.

[표 6-6] 2007년 각국의 국민총소득(GNI) 순위 (단위: 억 달러)

순 위	국가명	국민총소득(GNI)
1	미국	138,865
2	일본	48,133
3	독일	31,970
4	중국	31,209
5	영국	26,085
6	프랑스	24,471
7	이탈리아	19,913
8	스페인	13,218
9	캐나다	13,000
10	브라질	11,330
11	러시아	1,0710
12	인도	1,0694
13	한국	9,558
14	멕시코	8,780

자료: 세계은행(IBRD)

3. 각종 물가지수들

몇 해 전에 재미있는 소프트웨어를 구입했다. 자기가 탄생한 연도와 달을 입력하면 당시의 주요 생활품들의 가격을 보여 주는 것이었다. 과거의 신문요금이 얼마였는지, 버스승차요금, 우유 값, 등이 어떠하였는지를 보여 주어 과거를 회상하게 하였다. 시간이 흐르면서 물가가 상승함을 실감하게 해 주었다. 현재의 1만원이 과거에는 얼마의 가치가 있었는가를 알려면 물가가 얼마나 상승했는지를 파악해야 한다.

그럼 물가상승률을 측정하는 지표에는 어떤 것들이 있는가?

[표 6-7] 우리나라의 소비자 물가지수 가중치 일부 예시

(단위 : 2010=100)

	가중치	2010	2011	2015
교육	103.50	100	102	108
유치원 및 초등교육	4.90	100	103	78
유치원 및 초등교육	4.90	100	103	78
납입금(유치원)	4.90	100	103	78
중등교육	6.80	100	86	83
중등교육	6.80	100	86	83
납입금(고등학교)	6.80	100	86	83
고등교육	21.80	100	102	97
고등교육	21.80	100	102	97
납입금(전문대학)	4.00	100	101	96
납입금(국공립대학교)	2.20	100	100	91
납입금(사립대학교)	14.30	100	102	98
납입금(국공립대학원)	0.30	100	100	100
납입금(사립대학원)	1.00	100	102	105
기타교육	70.00	100	103	117
학원 및 보습교육	65.20	100	103	117
학원비(초등학생)	10.90	100	104	118
학원비(중학생)	19.30	100	103	120
학원비(고등학생)	13.30	100	105	124
음악학원비	4.60	100	103	117
미술학원비	1.70	100	105	119
운동학원비	4.40	100	104	119
전산학원비	0.30	100	105	124
가정학습지	7.20	100	101	102
이러닝이용료	0.20	100	108	112
학교보충교육비	3.30	100	99	100
성인학원 및 기타교육	4.80	100	103	115
취업학원비	2.00	100	103	116
외국어학원비	1.00	100	105	117
운동강습료	1.80	100	102	112

자료: 한국은행, 한국은행 경제통계시스템(Ecos), 통계검색 〈http://ecos.bok.or.kr/〉

먼저 소비자물가지수(Consumer Price Index; CPI)를 살펴보자.

소비자 물가지수 작성은 국민들의 소비물품 중에서 월평균 소비지출액이 1/10,000이상 차지하는 품목을 조사 대표품목으로 선정한다. 월평균 소비지출 총액에 대한 개별 품목의 지출액 구성을 산정하여 가중치를 정한다. 현재 489개 품목을 선정하여 산출하고 있는데 재화 329개, 서비스 160개가 선정되어 있다. 2005년 도시가계 월평균 소비지출액이 185만원인데 이의 1/10,000인 월 185원 이상 지출하는 품목이 선정되어 있는 것이다. 도시별 품목별 실제 가격을 조사하여 각 가중치를 이용하여 가중 평균을 구하면 소비자 물가지수가 작성된다.

2006년 경우에 GDP deflator를 계산해 보자. 2006년도 명목 GDP는 847조8,764억 원이고 실질 GDP는 759조2,344억 원이다.

$$GDP\,\mathrm{deflator} = \frac{\text{명목}\,GDP}{\text{실질}\,GDP} * 100\ \text{이므로}$$

2006년도 GDP deflator=(759조2,344억 원/847조8,764억 원) * 100 = 111.68이다.

GDP deflator는 CPI와 몇 가지 점에서 다르다.

① CPI는 소비자가 쓰는 상품 중에서 생계비에 미치는 영향이 큰 것을 대표적으로 선정하여 가격의 변동을 측정하는데 비하여 GDP deflator는 명목GDP와 실질GDP 사이의 비율이므로 국내에서 생산되는 모든 상품을 포함하고 있음을 알 수 있다.

② CPI는 대표적 소비품을 정해 놓고 매해 측정하기 때문에 상품의 구성이 일정하지만 GDP deflator는 매해 국내총생산의 구성이 달라지기 때문에 해마다 상이한 상품의 구성을 갖는다. 이를 달리 표현하면 CPI는 상품 바스켓(goods basket)이 일정하고 GDP deflator는 상품 바스켓이 매년 변동한다고 한다.

③ CPI는 지수 작성 방법상 라스파이레스 식(Laspeyres formula)이고 GDP deflator는 파셰 식(Paasche formula)이다. ② 번의 설명을 식으로 표현하며 다음과 같다.

$$CPI = \frac{\sum_{i}^{n} P_{2008}^{i}\ Q_{2000}^{i}}{\sum_{i}^{n} P_{2000}^{i}\ Q_{2000}^{i}}$$ 이 식은 라스파이레스 식으로 기준연도인 2000년도의 소비물품 바스켓을 2000년도의 가격으로 구매할 때와 동일한 소비물품 바스켓을 2008년도 가격으로 구입 할 때의 비율을 구하는 것이다.

$$GDP\ deflator = \frac{\sum_{i}^{n} P_{2008}^{i}\ Q_{2008}^{i}}{\sum_{i}^{n} P_{2000}^{i}\ Q_{2008}^{i}}$$ 이 식은 파셰 식으로 2008년도에 산출된 GDP 상의 생산물 구성을 그대로 유지하고 물가수준만 2000년도 물가를 적용하여 그 비율을 구하는 것이다.

위에서 i는 국민경제 내에 존재하는 n개의 재화와 용역을 나타낸다.

④ CPI에는 국민들의 소비물품 중에서 수입품의 비중이 큰 것이 있으면 그 가중치에 따라 수입물품이 포함될 수 있다. 그러나 GDP deflator에는 국내생산품만 들어가기 때문에 수입물품의 가격 변화는 반영되지 않는다. 가령 최근같이 원유가격이 치솟을 때 GDP deflator는 CPI 보다 수치가 낮을 가능성이 크다.

소비자 물가지수를 작성하는 담당기관은 우리나라의 경우 통계청이다. 다음 [표 6-8]을 통해서 2010년부터 2015년 사이의 소비자 물가지수가 어떻게 변화하였는지 살펴보자.

[표 6-8] 소비자 물가지수 동향 (2010년-2015년)

항목	가중치	2010	2011	2012	2013	2014	2015
총지수	1,000.00	100	104	106	108	109	110
상품	453.20	100	106	109	110	111	110
농축수산물	77.60	100	109	113	112	109	111
농산물	44.10	100	109	118	117	105	107
곡물	8.60	100	112	120	127	123	120
채소	16.00	100	97	101	102	85	93
과실	15.90	100	114	126	121	112	106
기타농산물	3.60	100	134	172	148	136	141
축산물	22.20	100	110	102	101	111	115
수산물	11.30	100	109	111	113	115	116
공업제품	326.60	100	105	108	109	110	110
가공식품	71.80	100	106	111	114	118	120
내구재	51.60	100	100	99	98	98	98
섬유제품	58.30	100	104	108	112	117	118
출판물	7.90	100	103	106	110	113	116
석유류	56.70	100	114	118	114	109	88
의약품	13.40	100	102	100	98	98	99
화장품	13.20	100	101	103	105	109	111
기타 공업제품	53.70	100	103	107	107	109	123
전기 · 수도 · 가스	49.00	100	105	110	115	119	111
서비스	546.80	100	103	104	106	107	109
집세	92.80	100	104	108	111	114	117
공공서비스	142.60	100	100	100	101	102	103
개인서비스	311.40	100	104	105	106	108	110
외식	119.00	100	104	105	107	109	111
외식제외개인서비스	192.40	100	103	104	106	108	110
신선식품	40.70	100	106	113	111	101	103
신선어개	8.80	100	109	111	110	112	114
신선채소	14.50	100	95	100	102	84	92
신선과실	15.90	100	114	126	121	112	106
기타신선	1.50	100	117	109	103	90	110
신선식품제외	959.30	100	104	106	108	109	110
농산물및석유류제외지수	887.20	100	103	105	107	109	111
식료품 및 에너지제외 지수	760.80	100	103	104	106	108	110
생활물가지수	555.70	100	104	106	107	108	108

자료: 한국은행, 한국은행 경제통계시스템(Ecos), 통계검색
〈http://ecos.bok.or.kr/〉

제5장 승수효과(Multiplier Effect)

1. 세계대공황과 승수효과

1929년-1931년 사이의 세계 대공황 시기에 미국을 비롯한 서구의 경제는 깊은 불황의 늪에 빠졌다. 국민소득이 줄어들기 시작하자 [그림]에서 소비가 줄어들고 이는 기업의 입장에서 보면 소비수요가 감소하는 것이어서 다시 기업으로부터 나가는 소득은 더욱 줄어들게 된다. 또한 투자는 미래를 보고서 하는 것인데 기업가들은 현재의 소비가 줄어들고 있어 재고가 쌓이고 있기 때문에 미래를 낙관하지 않는다. 따라서 기업으로 들어가는 또 하나의 경로인 I(투자) 도 줄어들게 된다. 그러니까 기업으로부터 나오는 소득은 더욱 감소하게 된다. 이런 과정은 다시 진행되면서 다음 기에는 소비가 더욱 줄어들게 되고 이는 다시 기업에 대한 수요 부족이 되고 또한 기업의 미래 전망은 더욱 불투명해져 투자는 더욱 줄어든다. 이런 과정이 계속 되풀이되면 국민소득은 급격히 줄어들게 된다. 가령 GM 자동차회사나 U.S. Steel 같은 철강회사는 재고가 쌓이면서 조업을 줄이게 된다. 조업을 줄이는 가장 손쉽고 단기적인 방법은 고용(employment)을 줄이는 것이다. 고용이 줄면 해고된 사람들은 당장 소득이 없어지므로 소비를 예전처럼 할 수 없다. 그리고 소비가 줄어든 만큼 기업의 입장에서 보면 다시 수요가 감소한 것이다. 자동차회사에서 해고된 근로자는 자동차나 가구 같은 내구재를 살 능력이 없어지는 것이고 이는 다시 자동차회사의 추가 해고를 가져오거나 가구 공장에 근무하는 근로자의 일자리도 빼앗게 된다. 다시 해고된 가구공장의 근로자들은 소득이 없으므로 전에는 새로 사 입던 옷을 사 입지 못하게 되고 이는 다시 옷가게 근로자들의 일자리를 없애며 해고된 옷가게 근로자들은 다시 근처의 음식점 이용을 하지 못하게 된다. 음식점이 더 이상 영업을 하지 않게 되면 음식점에서 일하던 근로자들 역시 일자리를 잃게 된다. 이와 같이 경제의 한 부문에서 발생한 실업과 소득의 감소는 다른 부문으로 계속 확산되어 나가게 된다. 바로 대공황의 진행 상황이다.

자료에 의하면 1929년 미국의 명목GDP는 1,040억 달러이었는데 1933년에는 560억 달러로 감소하였다. 또한 실업률은 25%에 달하였다. 이것을 세계대공황

(The Great Depression)이라고 한다.

극심한 불황을 어떻게 타개할 것인가? 국민소득 순환 그림을 다시 한 번 보면서 생각해 보자. 국민소득의 흐름을 수도 파이프에 흐르는 물처럼 생각하자고 했다. 이제 그림의 왼쪽에 있는 Y=C+S에서 S는 국민경제에서 볼 때 파이프 라인 밖으로 빠져 나가는 것이다. 이를 국민소득 흐름에서 누출(leakage)이라고 부른다. 그리고 C(소비)는 파이프로 연결되어 기업의 수요가 된다. 국민소득이 줄어든 것은 첫째 국민소득이 줄어들어서 C(소비)가 감소했기 때문이다. 이를 해결하기 위해 그림 상에서 볼 때 가능한 처방은 소비를 늘리든지 투자를 늘리는 것이다. 한 가지씩 생각해 보자.

소비를 늘리려면 소득이 있어야 하는데 앞서 설명한 바와 같이 소득이 늘지 않고 계속 소득이 감소하고만 있다. 그러면 급한 처방으로 화폐를 발행하여 소비수요를 늘리려고 한다고 하자. 이를 경제학에서는 화폐 비(rainfall)를 뿌린다고 하는데 밤새 조폐공사에서 화폐를 발행해서 다음 날 전국에 비행기로 골고루 뿌린다고 가정해 보자. 과연 어떠한 효과가 발생할 것인가? 경제이론이 가르치는 바에 따르면 일정시간이 경과 후 화폐가 뿌려진 만큼 인플레이션이 발생한다. 만약 통화량이 2배 증가했다면 물가는 2배로 뛸 것이고 통화량이 3배 증가하였다면 물가는 3배 상승할 것이다. 말하자면 실물생산은 없이 돈의 유통량만 늘어났기 때문에 실질 수요는 늘어나지 못하는 것이다. 이는 경제 상태를 더욱 혼란스럽게 하는 것일 뿐이다. 따라서 소비를 억지로 늘리려는 처방은 아무런 효과가 없을 뿐더러 상태를 더욱 나쁘게 만들 것이다.

그러면 투자를 늘리려는 처방은 가능할 것인가? 정부가 앞장서서 경제를 살리기 위해서는 투자를 늘려야 한다고 주장할 수 있다. 그러나 투자의 주체는 기업인이다. 기업인은 자신들의 기업이 이익을 낼 수 있도록 의사결정을 한다. 그래야 기업이 존속할 수 있다. 그런데 위와 같은 상황에서는 소비수요가 계속 줄어들고 있고 재고는 증가하고 있기 때문에 현명한 기업가는 투자를 하지 않을 것이다. 따라서 위와 같은 심각한 공황 상태 하에서 투자를 현실적으로 증가시킬 수 없다.

이제는 다른 처방을 생각해 보아야겠다. 이를 위해 [그림 6-2]를 보자.

이번에는 3부문 모델(3-sector model)을 살펴보자. [그림 6-2]는 정부부문을 도입한 것이다. 정부는 조세(T)를 거두어서 정부지출(G)로 사용한다. 정부는 비록 조세수입이 부족하더라도 화폐를 발행해서라도 정부지출로 사용할 수 있다. 총수요를 늘리는 방안으로 정부지출을 늘려서 총수요의 일부를 구성하는 정부수요를 늘리는 것이다.

[그림 6-2] 국민소득의 순환구조(3부문 모형)

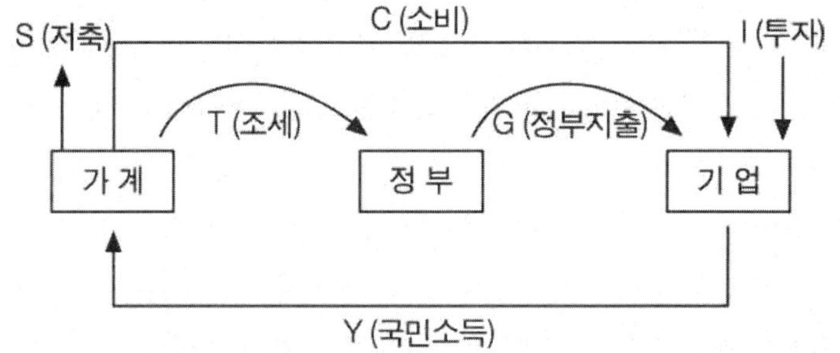

정부지출을 늘리면 기업 제품이나 서비스에 대한 수요가 증가한다. 이는 바로 국민소득의 증가로 나타난다. 가령 정부가 지출을 20조원 만큼 증가시킨다고 하면 이는 국민소득의 흐름이 20조원 만큼 증가하는 것으로 나타난다. 여기서 유의할 것은 만약 정부의 지출이 생산을 수반하지 않는 지출로 이루어진다면 이는 국민소득의 흐름에 부정적 효과를 나타낸다는 것이다. 일시적으로 국민소득이 증가하겠지만 잠시 후에 물가가 그만큼 상승하여 실질국민소득의 증가는 없고 장래의 물가상승 기대치만 높이게 된다.

정부의 지출이 기업의 생산을 수반하게 이루어진다면 국민소득의 흐름이 증가하는 것은 1회에 그치지 않고 계속하여 순환 증가할 것이다. 이것이 승수효과이다. 그리고 승수효과의 크기는 바로 증가한 소득부분 중 얼마만큼이 다시 소비수요로 가게 되는가에 달려있다. 위 그림에서 보면 20조원이 증가했으면 이 중 얼마나 소비수요로 가는가 하는데 승수의 크기가 달려 있는 것이다. 바로 늘어난 소득 20조원 중 소비에 충당되는 부분은 한계소비성향이 얼마인가에 따라 결정된다. 한계소비성향을 0.75라고 하면 소비에 추가 투입되는 부분은 20조원*0.75=15조원 이다. 그리고 다시 늘어난 소비수요 15조원 중 다음 순환에서 소비에 충당되는 부분은 다시 20조원*0.75 *0.75이고, 그 다음 순환에서 소비에 충당되는 부분은 또 다시 20조원*0.75*0.75 *0.75이다. 이를 계속적으로 더 하면 바로 정부지출 20조원에 의해 증가하는 국민소득의 총액분이 계산된다.

$$\begin{aligned}\triangle Y &= 20\text{조원} + 20\text{조원} \times \frac{3}{4} + 20\text{조원} \times (\frac{3}{4})^2 + 20\text{조원} \times (\frac{3}{4})^3 + \cdots\cdots \\ &= 20\text{조원} \times (1 + (\frac{3}{4})^1 + (\frac{3}{4})^2 + (\frac{3}{4})^3 + \cdots\cdots) \\ &= 20\text{조원} \times (\frac{1}{1-\frac{3}{4}}) = 20\text{조원} \times (\frac{1}{\frac{1}{4}}) \\ &= 20\text{조원} \times 4 = 80\text{조원}\end{aligned}$$

승수효과란 Y=C+I+G+(X-M) 의 국민소득 항등식에서 투자수요(△I) 혹은 정부수요(△G)가 변하여 국민소득(△Y)이 변화할 경우 $\frac{\triangle Y}{\triangle G}$ 혹은 $\frac{\triangle Y}{\triangle I}$가 얼마인가 하는 것이다. 간단하게 말하여 가령 정부지출(△G)이 20조원 증가하여 국민소득이 80조원 증가하였다면 $\frac{\triangle Y}{\triangle G}$의 값은 4가 되는 것이다 마찬가지로 투자가 10조원 증가하여 국민소득이 50조원 증가하였다면 $\frac{\triangle Y}{\triangle I}$=5가 된다.

정부지출이 증가하였을 경우에 국민소득 증가분은 △Y = 20조원 * 4 = 80조원이다. 여기서 4배라는 숫자는 바로 정부지출 증가분(△G)의 4배라는 의미이다. 그래서 4를 승수(multiplier)라고 부른다. 마찬가지로 투자가 증가하였을 경우에 국민소득 증가분은 △Y = 10조원 * 5 = 50조원이다. 여기서 5배라는 숫자는 바로 투자지출 증가분(△I)의 5배라는 의미이다. 여기서 5를 승수(multiplier)라고 부른다.

물론 수출(X)이 증가할 때 총소득이 얼마나 증가하는가도 계산해 볼 수 있고 수입(M)증가할 때 국민소득이 얼마나 증가할지로 계산해 볼 수 있다. 수출이 증가할 때 국민소득이 얼마나 증가하나를 나타내는 $\frac{\triangle Y}{\triangle X}$를 수출승수라 하고 수입이 증가할 때 국민소득의 변동을 나타내는 $\frac{\triangle Y}{\triangle m}$를 수입승수라 한다. 수입승수는 국민소득이 감소함을 나타낸다.

2. 그래프를 이용한 승수효과 이해

앞에서는 이론과 수식을 이용하여 승수효과를 설명하였는데 이제는 그래프를 이용하여 승수효과를 다시 살펴보자.

[그림 6-3] 승수의 크기

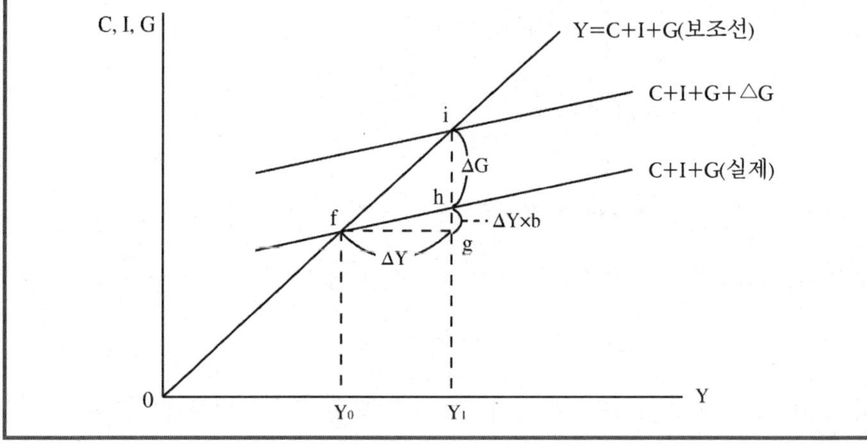

[그림 6-3]의 그래프에서 $Y = C + I + G$는 보조선으로 총수요가 국민소득과 동일하게 되는 균형점을 나타내 준다. 그리고 $C + I + G$는 실제의 총수요 수준을 나타낸다. 이제 정부의 재정지출이 $\triangle G$만큼 증가했다고 하면 실제 총수요선은 상방으로 이동하여 $C + I + G + \triangle G$로 나타난다. 이제 재정승수를 그래프 상에서 표시하면 $\frac{\triangle Y}{\triangle G} = \frac{fg}{hi}$가 된다. 그리고 $C = a + bY, I = I_0, G = G_0$라고 하자. 그러면 $C + I + G = a + bY + I_0 + G_0$로 표기된다.

그래프 상에서 보면 $\frac{fg}{hi} = \frac{fg}{gi - gh}$이다. 여기서 45^0선인 보조선을 중심으로 살펴보면 $fg = \triangle Y = gi$이고 $gh = \triangle Y \times b$이다.

$$\Delta Y = \Delta G + gh = \Delta G + \Delta Y \times b$$
$$\Delta Y(1-b) = \Delta G$$
$$\therefore \frac{\Delta Y}{\Delta G} = \frac{1}{1-b}$$

즉 재정승수의 크기는 $\frac{1}{1-b} = \frac{1}{1-mpc} = \frac{1}{1-\text{한계소비성향}}$ 이다.

제 Ⅶ부 화폐의 공급과 수요

제 VII 부
화폐의 공급과 수요

제1장 화폐의 발생과 종류 및 그 기능

1. 화폐의 발생

화폐가 발생하기 이전 물물경제 시대에는 사람들은 필요한 재화가 있을 때 자신이 갖고 있는 물건을 다른 사람의 물건과 교환하여 생활했을 것이다. 가령 닭 5마리와 돼지 1마리가 동등한 가치를 갖는다고 생각된다면 이를 교환하였을 것이다. 그런데 닭 2마리만 교환하고 싶은 경우에는 살아있는 돼지를 다섯으로 나누어 2/5만 교환하기는 곤란했을 것이다. 또 갑이 공급하려는 물건과 을이 수요하려는 물건이 맞아떨어지기도 어려웠을 것이다. 물물교환경제(barter economy)가 성립하려면 공급하려는 사람과 수요하려는 사람 사이에 필요성의 일치(coincidence of needs)가 있어야만 했다. 화가는 그림을 팔아야 가족을 위한 쌀을 살 수 있다. 그런데 쌀을 파는 농부가 그림을 원할지는 미지수이다. 그림을 원하는 농부를 만나야만 물물교환이 성립될 수 있는 것이다. 이렇게 서로의 필요성을 일치시켜 교환을 성사시키는 것은 매우 불편하고 어려운 일이다. 그러므로 물물교환 방식으로는 경제적 거래가 원활하게 이루어 질 수 없는 것이다.

화폐를 사용하면 거래 단위가 맞지 않아서 발생하는 어려움도 필요성의 일치가 이루어져야 하는 곤란함도 사라지게 된다. 그래서 교환을 용이하게 하기 위한 필요에서 화폐가 생겨나게 되었다.

2. 화폐의 종류

초기의 자연물 화폐는 조개껍질, 나무열매, 깃털, 돌 등이었다. 그러나 이 화폐들은 크기나 모양이 일정하지 않아서 측정상의 문제가 발생하였고 작은 단위로 나눌 때도 어려움이 발생하였다. 다음으로 등장한 것은 물품화폐(commodity money)이었다. 물품화폐는 금이나 은처럼 가치를 지니고 있는 물품을 화폐의 소재로 이용한다. 금이나 은을 이용해 주조한 화폐는 정교하게 제작되었고 그 자체가 무게에 따라 가치가 인정되었다. 영국의 화폐단위 파운드는 원래는 무게의 단위였던 것이다. 1파운드 동전은 1파운드 만큼의 금으로 제작되었다. 시간이 가면서 발생한 문제는 1파운드의 화폐가 불량주조를 통해서 1파운드가 못되는 금으로 제조되어 나오게 된 것이다. 이렇게 되면 화폐가 가치 척도로서의 구실을 제대로 할 수 없다. 시중에 이런 악화(惡貨)와 양화(良貨)가 함께 돌아다니면 사람들은 양화는 자신들의 금고에 집어넣고 악화만 시장에 내놓을 것이다. 그래서 "악화가 양화를 구축(驅逐)한다"는 말이 나온 것이다.

이런 문제를 해결하고 통화량의 관리를 위해서 생겨난 것이 법정통화(fiat money)이다. 법정통화는 법화(法貨)라고도 하는데 이는 정부가 통화로 인정하는 것을 의미한다. 현대 정부들의 통화는 법화인데 보통 지폐와 동전으로 구성된다. 1만 원 짜리 지폐가 1만원어치의 재료를 갖고 만들어 지는 것은 아니다. 100원 짜리 동전 역시 100원 미만의 소재로 만들어진다. 그러나 1원 짜리 동전은 그 것을 만들기 위한 소재 값이 1원 이상인 경우도 있다. 이렇게 법화는 물품화폐와는 다르게 화폐 자체가 가지고 있는 내재 가치와는 무관하다. 종이에 인쇄하거나 금속 재료를 이용해 동전을 만들어서 정부가 통화로 선포하면 화폐로 통용되는 것이다.

3. 화폐의 기능

첫째, 화폐의 가장 중요한 기능은 교환의 매개수단(means of exchange)이라는 기능이다. 물물교환 경제에서 탈피할 수 있었던 것은 화폐가 교환의 매개수단기능을 갖고 있기 때문이다. 물물교환 경제에서는 정확히 요구하는 물품들이 같은 수요자와 공급자가 만나야만 거래가 성사될 수 있다. 그러나 화폐경제가 도입되면 그럴 필요가 없다. 앞의 물물교환의 예에서처럼 화가가 농부를 만나야만 거래가 이루어지는 것이 아니다. 비료를 판매하는 기업인이 농부에게 비료를 판매하고 얻은 판매대금으로 화가의 그림을 구입하면 되는 것이다. 이런 판매를 통한 교환이 가능하게 해 주는 것이 화폐이다.

둘째, 화폐는 가치척도(measure of value)의 구실을 한다. 쌀과 구두가 적절한 비율로 교환되기 위해서는 두 물품의 가격이 화폐로 표시되어야 한다. 쌀 20Kg이 4만5천원이고 구두 한 켤레가 1만원이다 라는 식으로 두 재화가 화폐로 표시될 때 적절한 교환비율을 알게 된다.

셋째, 돈을 빌려면 이자를 주게 된다. 이는 화폐가 가치저장의 기능이 있기 때문이다. 고대의 경제사상가들은 이자를 받는 것은 죄라고 했다. 왜냐하면 화폐 자체는 아무런 증식을 하지 않기 때문이다.(Money is barren) 100만원을 책상 서랍 속에 1년간 넣어두어 보라. 1년 후에 그 돈이 불어나 있는가? 100만원은 그대로 100만원일 뿐이다. 그래서 이자를 받는 것은 죄(Usury is sin)라고 했다.

그러나 화폐가 가치를 저장하는 기능을 갖고 있다고 인정하면 화폐를 빌리는 것은 가치를 빌리는 것이고 빌린 가치를 이용하여 다른 경제활동을 하고 이를 통해서 이익을 만들 수 있기 때문에 이자를 지불하는 것이 타당하다. 사람들이 가치를 저장하는 수단으로 이용하는 것은 화폐이외에 증권, 채권, 금, 부동산 등이 있다.

제2장 화폐의 공급

화폐의 공급은 중앙은행을 통하여 이루어진다. 중앙은행을 통하여 이루어진 화폐를 통화공급이라고 한다. 통화란 조폐공사에서 돈이 인쇄되었을 때를 말하는 것이 아니고 한국은행의 창구를 떠났을 때를 말한다. 통화(通貨)는 유통되는 화폐라는 의미인데 중앙은행은 통화량의 크기와 변동을 파악하기 위해 다양한 정의를 내리고 있다.

한국은행은 협의(狹義)의 통화(M1), 광의(廣義)의 통화(M2), 최광의(最廣義)의 통화(L)를 발표하고 있는데 이는 금융기관의 제도적 형태[1]보다는 금융기관이 취급하는 금융상품의 유동성 정도를 기준으로 구분하고 있다.

1. 통화지표의 정의

(1) 협의(狹義)의 통화(M_1)

좁은 의미의 통화는 현금과 통화금융기관의 요구불 예금을 합한 것이다. 이는 화폐의 기능 중 교환수단으로서의 기능에 중점을 두고 정의할 경우이다. 화폐를 얼마나 가지고 있는가는 소득수준과 거래량에 의한다.

M_1 = 현금 + 통화금융기관의 요구불 예금

M_1은 유동성이 큰 단기금융상품으로 구성되어 있으며 단기 금융시장의 통화량을 파악하는데 유용하다.

M_1을 한국은행의 현행 분류에 따르면 다음과 같다.

① 현금 : 지폐와 동전

② 예금취급기관의 결제성예금 : 당좌예금, 보통예금 등 요구불예금과 저축예금, 단기금융펀드(Money Market Fund), 시장 금리부(金利附) 수시 입출금식 예금(Money Market Deposit Account) 등 수시 입출식 예금으로 이루어져 있다. 저축예금, MMF, MMDA 등의 수시 입출식 예금이 포함되는 것은 이들 예금도 각종 자동이체서비스 및 결제기능을 갖고 있어 입출금이 자유롭기 때문에 요구불 예금에 포함시키고 있다.

(2) 광의(廣義)의 통화(M_2)

M1의 통화 정의에 더하여 통화금융기관의 저축성예금까지 포함한다. 정기 예·적금 및 부금 등 단기 저축성예금과 시장형 금융상품, 실적 배당형 금융상품 등을

1 한국은행에서는 1951년부터 M1, M2를 발표한 이래 M3, MCT 등의 지표를 발표해 왔다. 이들 통화지표는 금융기관의 제도적 형태를 기준으로 편성하였다.

포함한다. 저축성예금은 일정기간 동안 금융기간에 유치되는 것이지만 이자를 포기할 경우에는 요구불예금과 마찬가지로 언제든지 인출이 가능하여 유동성이 꽤 큰 것이다. 또한 거주자외화예금도 언제든지 원화로 바뀌어 인출될 수 있기 때문에 유동성 면에서 큰 차이가 없어 M_2에 포함시킨다.

M_2 = M_1 + 통화금융기관의 저축성예금

한국은행의 통화지표 정의에 따라 살펴보면 다음과 같다.

① 협의의 통화(M_1): 현금(지폐와 동전)과 예금취급기관의 결제성예금 으로 당좌예금, 보통예금 등 요구불예금과 저축예금, 단기금융펀드(Money Market Fund), 시장 금리부(金利附) 수시 입출금식 예금(Money Market Deposit Account) 등 수시 입출식 예금을 포함한다.

② 광의의 통화(M_2): 통화금융기관의 정기예금, 정기적금 및 부금, 거주자 외화예금, 시장형 금융상품(양도성예금증서, 환매조건부채권), 실적 배당형 금융상품(금전신탁, 수익증권), 금융채, 발행어음, 신탁형 증권저축 등을 포함한다.

③ M_3: 비금융기관까지 포함하는 전체 금융기관의 유동성 수준을 파악하는 지표이다.

M_3 = M_2 + 만기 2년 이상의 정기 예 · 적금, 금융채, 유가증권 + 생명보험회사, 증권금융회사 등의 보험계약금, 장단기 금융채, 고객예탁금

④ L(최광의(最廣義) 통화): 가장 넓은 의미의 통화로 다음과 같이 정의된다.

L = M_3 + 정부 기업 등이 발행한 국공채, 회사채

우리나라의 1995년부터 2007년 사이의 본원통화, M_1, M_2, L 등의 주요 통화지표를 살펴보면 다음과 같다.

[표 7-1] 한국의 주요 통화지표

	주요 통화금융지표			
	본원통화(평잔)	M_1(협의통화, 말잔)	M_2(광의통화, 말잔)	L(말잔)
단위	십억원	십억원	십억원	십억원
1995	24,322.7	101,665.9	370,600.4	572,594
1996	24,832.1	114,774.8	432,315.6	672,883
1997	21,116	128,931	517,306.9	766,508.7
1998	19,593	121,731.1	639,664.3	852,286.3
1999	21,961.7	170,659.4	672,544.4	931,655.4
2000	26,357	196,714.5	707,698.9	1,043,886.2
2001	29,375.9	246,720.5	764,979.3	1,190,544
2002	33,579.3	283,580.8	872,075.6	1,352,977
2003	35,754.7	298,952.9	898,069.4	1,415,832.6
2004	37,272.4	321,727.7	954,722.5	1,518,885
2005	38,785.2	332,344.9	1,021,448.7	1,653,184.1
2006	41,664	371,087.6	1,149,262.1	1,838,965.1
2007	48,543.7	316,382.7	1,273,611.9	2,051,122.1

자료: 한국은행, 한국은행 경제통계시스템(Ecos), 통계검색
〈http://ecos.bok.or.kr/〉

2. 은행과 예금창조

예금창조를 알아보기 위해 시중은행과 중앙은행의 대차대조표를 살펴보자. 시중은행의 대차대조표는 다음과 같은 전형적 모습을 갖는다.

시중예금은행

자산	부채
지불준비금 시중 대출 각종 채권	요구불 예금

예금창조를 살펴보기 위해서 자산항목 중 각종채권은 없는 것으로 하고 A, B, C 은행의 대차대조표를 작성하였다.

통화(M1)는 현금(cash) + 요구불예금(demand deposit)이다. 중앙은행이 시중에 1000억원을 공급했다고 하자. 그리고 지불준비율이 10%로 정해져 있다. 그러면 A 시중은행 대차대조표는 다음과 같이 된다.

A 은행

자산		부채	
지불준비금	100억원	예금	1000억원
대출	900억원		

고객으로부터 예탁받은 1000억원은 A 은행의 입장에서 보면 고객들에게 돌려주어야 할 돈이기 때문에 부채이다. 이 예금 중 10%인 100억원은 지불준비금으로 유보해 두고 나머지 900억원은 시중에 대출할 수 있다. 대출금은 A 은행 입장에서 보면 자금을 빌려간 사람들에게서 받을 돈이기 때문에 자산이다. 또 지불준비금 역시 A은행 입장에서 자산이다.

A은행이 900억원을 대출하면 시중에 통화량이 900억원 증가한다. 그래서 총통화량은 1900억원이 된다.

B 은행

자산		부채	
지불준비금	90억원	예금	900억원
대출	810억원		

직전에 증가한 통화는 거래에 이용되어 유통되다가 다시 B은행에 예금된다고 하자. 역시 지불준비율은 10%이므로 지불준비금 90억원은 유보되고 예금 900억

원의 90%인 810억원이 대출된다. B은행은 810억원의 통화를 창출하는 셈이다.

다시 C은행에 810억원이 예금되고 C은행 역시 810억원의 10%인 81억원은 지불준비금으로 유보해 두고 나머지 729억원을 대출한다. 역시 C은행은 729억원의 통화창출을 한 것이다.

이와 같은 화폐창출 과정은 무한히 계속된다고 가정할 수 있으므로 총예금창출액은 다음과 같이 된다.

C 은행

자산		부채	
지불준비금	81억원	예금	810억원
대출	729억원		

즉 1000억원+900억원+810억원+729억원+(729억원*0.9)+ ...... 으로 무한히 계속된 예금창출 총액을 계산하면:

$$1000억원*(1+0.9+0.9^2+0.9^3+0.9^4+\ldots\ldots)=1000억원*\frac{1}{1-0.9}=1000억원*10 이다.$$

그리고 예금통화승수는 $\frac{1}{1-0.9}=10$ 이다.

3. 본원통화

본원통화(moneytary base) 혹은 고성능 화폐(high-powered money)는 현금+지불준비금이다.

중앙은행

자산	부채
채권을 보유한다 국내여신 순외화자산	본원통화=지불준비금+현금

① 현금에 대한 수요 =현금보유비율(c) * 화폐수요(Md)

② 요구불 예금에 대한 수요 =(1-c) * 화폐수요(Md)

예금 중 일정부분은 지불준비금으로 보유해야 한다. 이를 법정 지불준비율 (Reserve requirement: θ)이라고 한다.

③ 지불준비금 수요= [(1-c)] * [화폐수요(Md)] * [지불준비율(θ)]이다.

중앙은행의 화폐 공급(H) =현금에 대한 수요 + 지불준비금 수요 = ①+③ = [c+(1-c)θ] * Md 이다. 여기서 중앙은행의 화폐 공급은 본원통화(moneytary base) 혹은 고성능 화폐(high-powered money)라고 한다.

다시 식을 정리하면 H = [c+(1-c)θ] * Md 이다.

Md(화폐수요) = $H\frac{1}{[c+(1-c)\theta]}$ = 화폐공급 이다.

여기서 화폐의 공급량은 (중앙은행의 본원통화량)*통화승수 임을 알 수 있다.

0 <[c+(1-c)θ] <1 이므로 통화승수 값 $\frac{1}{[c+(1-c)\theta]}$ 는 1보다 크다. 통화승수 값이 5이면 총화폐공급량은 중앙은행 본원통화공급량의 5배가 된다.

4. 중앙은행의 통화량 조절 방법

앞서 본원통화는 현금+지불준비금으로 정의됨을 보았다. 본원통화를 중앙은행이 정책적 의도대로 결정한다면 우리는 이를 외생변수라고 할 수 있다.

본원통화 = 민간보유 현금 + 은행지불준비금

(1) 공개시장조작(open market operations)

중앙은행이 시중은행에 채권을 팔거나 사는 거래를 통해서 본원통화량을 의도적으로 변동시키려는 시장 개입적 정책이다.

가령 한국은행이 시중의 상업은행으로부터 채권을 매입하면 한국은행으로부터 현금 또는 한은이 보유하고 있는 지불준비금이 시중은행으로 공급된다. 이는 본원통화의 공급이 되며 여기에 통화승수를 곱한 만큼 통화량이 증가하게 된다.

반대로 한국은행이 보유하고 있는 채권을 매각하면 사람들은 자신들이 갖고 있는 현금이나 예금을 인출하여 채권을 구입하게 된다. 시중은행으로부터 예금이 인출됨에 따라 시중은행의 지급준비금이 줄어들게 되고 자연히 시중은행들은 민간에 대한 대출을 줄인다. 결국 화폐의 공급이 줄어들게 된다.

◎ 한국의 콜금리 결정

○ 금융통화위원회가 합의제로 결정한다.

○ 구성: 한국은행총재, 부총재, 및 위원 5명을 합하여 총 7명임.
위원은 재경부장관, 한은총재, 금감위원당, 상의회장, 은행연합회장 추천.

○ 대통령이 임명하며 임기는 4년(부총재는 3년임).

○ 5인 이상 출석하여 출석위원 과반수 찬성으로 의결한다.

◎ 미국의 연방준비제도

○ 중앙은행인 연방준비제도(Federal Reserve; Fed)를 1914년 창립.

○ 연방준비이사회(Board of Governors)에 의해 운영되는데 대통령이 지명하고 상원이 인준하는 7명의 이사로 구성된다.

○ 의장은 임기 4년이며 대통령이 임명한다. 2006년 2월 이후 버냉키(Ben S. Bernanke)가 의장직을 수행하고 있다.

○ 연방공개시장위원회(FOMC; Federal Open Market Committee)는 연방준비제도이사회 이사 7명과 12개 지역연방준비위원회 총재 중 5명으로 구성되며(12명이 모두 회의에 참석하기는 하지만 투표권을 갖는 사람은 뉴욕 연방준비은행 총재를 포함하여 5명이다) FOMC는 6주에 한 번씩 워싱턴 D.C.에 모임.

○ FOMC는 공개시장조작 등을 통해서 통화량 조정, 연방기준금리 결정 등을 한다.

현재 한국은행은 공개시장조작을 통한 콜금리 조정을 하고 있는데 다음과 같은 체제를 보이고 있다.[2]

---

2 한국은행 정책기획국, *한국은행의 통화정책*, 2007 한국은행 통화정책 Workshop, 한국은행, 2007. 4

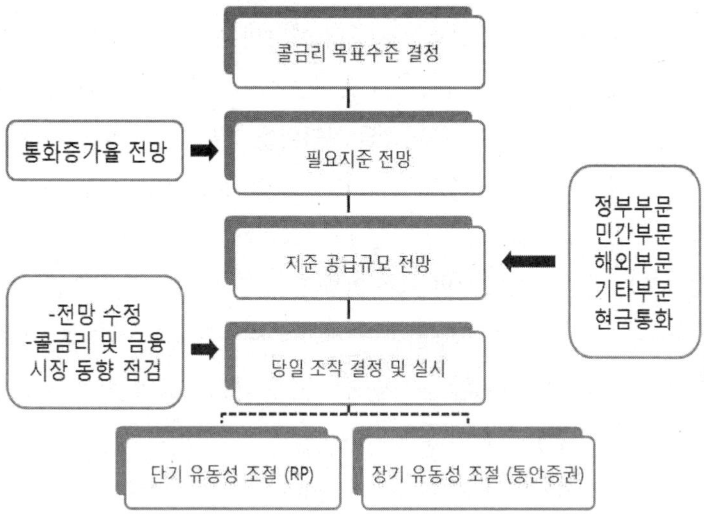

콜금리목표가 정해지면 공개시장 조작을 통해 콜금리 수준을 조정

(2) 재할인율(discount rate)정책

시중의 상업은행은 고객의 어음에 대하여 일정한 이자율로 할인을 하여 자금을 공급해 준다. 받은 어음들을 중앙은행에 다시 제시하여 자금을 차입할 경우 중앙은행이 시중 상업은행에 적용하는 이자율을 재할인율이라고 한다. 시중은행이 자금부족을 겪게 되는 것은 과도한 대출이나 급격한 예금 감소 때문일 수 있으며, 이 때 시중은행은 자금부족을 메우기 위해 보유하고 있던 어음을 중앙은행에 제시한다. 중앙은행이 제시받은 어음에 대해서 재할인하여 자금을 공급하면 시중은행은 지급준비금이 다시 증가해서 자금 여력이 생기고 이를 이용해 예금창출을 통해 통화량을 증가시킨다.

재할인율이 높으면 시중은행들은 중앙은행으로부터의 자금차입을 덜 하게 되며 재할인율이 낮으면 자금차입을 늘리게 된다. 따라서 재할인율이 높으면 통화공급량이 줄어들고 재할인율이 낮으면 통화공급량이 늘어난다. 여기서 유의할 것은 시중은행들은 중앙은행으로부터 자금을 차입하여서라도 법정 지불준비금을 지켜야한다는 것이다.

(3) 법정지불준비율(reserve requirements)정책

지불준비금은 시중은행이 고객으로부터 예탁받은 예금액 중에서 언제라도 고객이 요구하면 인출될 수 있도록 보유해야 하는 돈이다. 법정지불준비율은 은행예금액 중 반드시 유지해야 하는 지불준비금의 최저비율이다. 지불준비율정책은 중앙은행에 의무적으로 예치해야 하는 지불준비금을 조절하여 통화량 공급에 영향을 주는 정책이다.

법정지불준비율을 인상시키면 시중은행은 의무적으로 보유해야 하는 지불준비금이 많아져야 하기 때문에 대출이나 채권보유량를 줄이게 된다. 은행들의 지불준비금이 높아짐에 따라 예금창조가 줄어들게 되고 이로 인해 주어진 본원통화 수준 하에서 통화공급량이 줄어들게 된다.

공개시장조작과 재할인율정책은 시중은행을 통한 거래에 기반을 두고 있다. 따라서 공개시장조작이나 재할인율정책은 시중은행에 대한 직접적 규제로 작동하지는 않는다. 이에 비하여 법정지불준비율을 조정하는 정책은 대출이나 채권보유 등에 영향을 미쳐서 시중은행의 포트폴리오(portfolio)에 직접 영향을 미치는 정책이다.

실례로 2006년 12월에 한국은행은 시중 금융기관 여신의 급속한 확대를 억제하기 위해 원화 및 외화예금에 대한 지불준비율을 인상하였다.

지불준비율 인상 내역은 다음과 같다.

5. 통화공급의 내생성과 외생성

본원통화(本源通貨)의 공급경로

중앙은행의 자산 항목으로는 ① 시중은행에 대한 대출과 상업어음 재할인, ② 정부에 대한 대출, ③ 외환보유액 등이 있다. 이들 자산항목에 대응하여 부채항목인 본원통화(Base Money)도 변동한다. 이럴 경우 본원통화 공급은 외생변수가 아니라 내생변수이다. 중앙은행의 의도대로 본원통화량을 결정할 수 있는 것이 아니고 시중은행의 영업상황, 정부의 지출계획, 국제수지 동향 등에 의해 결정되는 내생변수적 성격을 갖는다. 통화승수$\left\{\frac{1}{[c+(1-c)\theta]}\right\}$는 현금예금비율과 지불준비율에 의해 결정됨을 앞서 살펴 보았다. 통화승수에 의하여 통화공급량이 결정되므로 통화공급량 역시 현금예금비율과 지불준비율에 의해 결정된다. 그런데 이자율이 상승하면 사람들은 이자소득을 예상하고 저축을 늘리려고 할 것이다. 즉 현금예금비율이 감소한다. 또한 시중은행의 입장에서 보면 이자율이 상승하면 지불준비금을 유지하는데 따르는 기회비용이 높아진다. 이런 것을 고려하면 현금예금비율과 법정지불준비율은 이자율과 반대로 움직임을 알 수 있다. 다시 말하면 현금예금비율(c)과 법정지불준비율(θ)은 이자율의 감소함수이고 통화공급량 역시 현금예금비율(c)과 법정지불준비율(θ)에 반비례하므로 통화공급량은 이자율의 증가함수이다. 이는 중앙은행이 아무리 통화공급량을 의도적으로 변경시키려 해도 이자율에 의하여 영향을 받음을 의미한다. 이를 통화공급의 내생성(內生性)이라 한다.

그러나 단순하게 분석하기 위해서는 현금예금비율은 한 사회 내에서 비교적 안정적인 모습을 보여서 일정기간 고정되어 있고 지불준비율은 중앙은행이 결정하여 주어진 것으로 본다면 통화공급량 역시 일정기간 동안 주어진 것으로 볼 수 있다. 이렇게 보면 통화공급량은 중앙은행에 의해 주어지는 것으로 볼 수 있으며 이를 통화공급의 외생성(外生性)이라 한다.

[그림 7-1] 한국의 금융기관

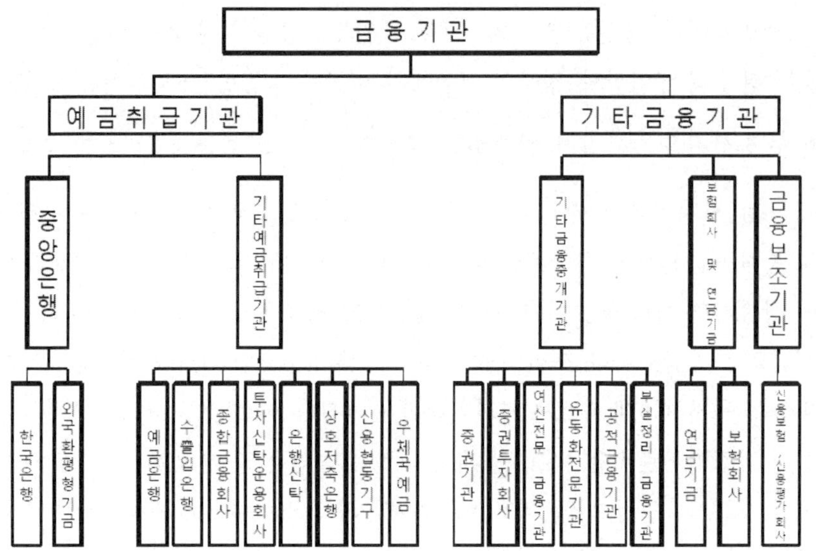

자료: 한국은행, 알기쉬운 경제지표해설, 2004, p. 19.

[그림 7-1]은 우리나라의 금융기관을 분류한 것이다. 크게 중앙은행, 예금취급기관, 금융중개기관, 보험회사 및 연금기금 그리고 금융보조기관으로 나눌수 있다.

금융정책의 최종적 목표는 다른 거시경제 정책과 마찬가지로 경제성장, 물가안정, 적정한 외환관리 등이다. 이 중에서 한국은행은 기본적 목표로 물가안정을 꼽고 있다. 1997년 한국은행법 개정을 계기로 물가안정목표제(Inflation Targeting)를 도입하고 있다. 이는 일정기간 유지해야 할 물가상승률(소비자물가) 상한을 제시하고 이를 달성하기 위해 통화량이나 이자율 조절을 통해 달성하려고 한다. 2007년-2009년의 물가안정 목표는 3.0% ± 0.5%로 정하여 운용하고 있다.

제3장 화폐의 수요

1. 화폐수량설

피셔(I. Fisher)가 설명한 화폐수량설에 의하면 물가는 화폐량에 의존한다.

화폐공급량 * 화폐의 유통속도 = 물가 * 국민소득이다.

MV=PY에서

유통속도(V)가 단기에 있어 일정하다고 가정하고, 물가 역시 단기에 있어 일정하다고 가정하면 소득은 화폐공급량에 의해 결정된다. $M\overline{V} = \overline{P}Y$ 이므로 $M \Rightarrow Y$ 화폐공급량이 소득수준 Y를 결정한다. 이 경우 Y는 이자율 수준에 무관하게 결정되는 것이므로 LM선의 모습은 수직선이 된다.

유통속도가 일정하다는 것은 real money balance에 대한 수요가 오직 소득수준에 의한다는 의미이다.

화폐수량 방정식이 이자율에 의해서도 변하는 모습을 보여주기 위해 식을 다음과 같이 표기하자.

MV(r) = PY 이 식은 화폐유통속도가 이자율의 함수라고 표현했다.

여기서 V(r)과 Y사이의 관계를 나타내기 위해 M과 P를 일정하다고 가정하자. 즉 통화공급과 물가가 일정하다고 하면 $V(r) \propto Y$이다. 이제 통화공급량은 일정한데 이자율이 높아져서 사람들이 보유하는 화폐의 양이 감소하면 일정한 거래를 유지시키기 위해서 유통속도는 빨라져야 한다. 즉 이자율 상승에 따라 화폐유통속도가 빨라지고 이는 총통화공급을 증가시키는 효과가 있다. 따라서 국민소득(Y)이 증가한다.

유통속도함수 V(r)에서 보면 유통속도와 이자율은 비례관계이다.

통화공급이 일정하고 물가수준 역시 일정하다면 V(r)과 Y는 비례관계이다. 따라서 r과 Y는 비례관계이다. 즉 이자율이 상승하면 국민소득은 증가한다.

r 상승 → 유통속도가 빨라지고 이에 따라 총통화유통량(MV)은 증가하는 효과가 있다. → 따라서 Y 증가한다.

2. 명목이자율의 도입

화폐수량설에 따르면 실질화폐잔고수요는 소득에 비례한다. 여기에 명목이자율을 통화수요의 또 다른 결정요인으로 추가하자.

화폐를 보유하는 기회비용은 $(r+\pi^e)$이다. 실질화폐잔고 수요는 소득수준(Y)과 명목이자율(i)에 의한다.

따라서 통화수요함수 $(\frac{M}{P})^d = L(Y,i)$이 된다.

$$\frac{\sigma(\frac{M}{P})^d}{\sigma Y} > 0$$ (실질화폐잔고는 소득수준에 비례한다)

$$\frac{\sigma(\frac{M}{P})^d}{\sigma i} < 0$$ (명목이자율이 높을수록 실질화폐잔고는 감소한다)

피셔 방정식을 대입하면 $(\frac{M}{P}) = L(r+\pi^e, Y)$ 이 된다.

실질화폐 공급 = 실질화폐잔고 수요라는 식이다.

명목이자율과 GDP 생산수준이 일정할 경우에는 화폐수량이론이 전적으로 맞는다. 즉 현재의 통화공급이 현재의 물가수준을 결정한다.

그러나 명목이자율이 기대인플레이션에 의해 영향을 받으며 기대인플레이션은 통화공급에 따라 변한다. 그리고 위의 화폐수요함수에서 살펴 본 바와 같이 명목이자율은 통화수요에 영향을 미친다.

3. 케인즈의 유동성 선호설

화폐시장의 균형을 나타내는 선이 LM선이다. L은 Liquidity(유동성)를 나타내고 M은 Money supply를 나타낸다. 즉 화폐수요 = 화폐공급을 뜻한다.

케인즈에 의하면 화폐의 수요는 거래적 동기, 예비적 동기, 투기적 동기의 세 가지 동기에 의하여 결정된다.

(1) 거래적 동기(transaction motives)의 화폐수요

사람들이 화폐를 보유하는 이유로 가장 보편적인 동기는 바로 거래를 하기 위해서 이다. 사람들은 일상적 거래를 할 때 화폐가 필요하다. 즉 버스나 택시를 타거나 시장에서 소량의 생필품을 사면서 다른 형태의 자산을 거래의 수단으로 이용하기 어렵다. 가령 택시요금으로 증권이나 채권을 받아달라고 할 수는 없다. 따라서 우리는 일상적 거래를 하기 위해 지갑 속에 어느 정도의 화폐를 지니고 다닌다. 이것이 바로 거래적 동기의 화폐 수요이다.

거래적 동기의 화폐 수요는 무엇에 의하여 결정될까? 이자율이나 환율이 결정해 줄까? 아마도 소득이 높은 사람일수록 지갑 속에 많은 화폐를 지니고 다닐 것이다. 즉 거래적 동기의 화폐수요를 결정해 주는 가장 주요한 요인은 소득수준이다. 그래서 거래적 동기의 화폐수요는 다음과 같다.

$$\text{거래적 동기의 화폐수요} \propto \text{소득수준}$$

거래적 동기의 화폐수요(L_t)를 식으로 $L_t = L_t(Y)$로 표현하자.

(2) 예비적 동기(precautionary motives)의 화폐수요

우리는 살아가면서 언제 어떤 불확실한 사태에 직면할 지 알 수 없다. 바로 그런 경우에 대비하여 화폐를 보유한다는 것이다. 가령 급작스런 병이나 사고로 병원에서 수술을 하여야 한다고 하자. 이 경우에도 증권이나 채권 혹은 각종 재산관련 문서를 이용하여 병원에 지불할 수 없다. 따라서 우리는 자신의 부(富)중에서 일정 부분은 화폐형태로 지니고 있는 것이 미래에 대비하는 길이다.

만약 모든 자산을 수익이 있는 채권으로 가지고 있다고 하면 갑자기 지출하여야 할 돈이 필요할 때 우리는 채권을 보유하는 동안 기대하였던 이익보다 훨씬 큰 손실을 감수하며 급작스럽게 그 채권을 처분하여 화폐로 바꾸어야만 한다. 바로 이런 손실에 직면하지 않으려면 자산 중에서 일정 부분은 미리 화폐 형태로 보유하고 있는 것이 합리적이다. 이것이 바로 예비적 동기(precautionary motives)의 화폐수요이다.

이와 같이 미래에 닥칠 일을 대비하여 보유하는 예비적 동기의 화폐의 크기도 소득수준에 비례한다. 그래서 예비적 동기의 화폐수요(L_t)도 다음과 같이 표현하자.

$$L_t = L_t(Y)$$

(3) 투기적 동기(speculative motives)의 화폐수요

투기적 동기의 화폐수요는 거래의 편의나 미래에 대한 예비책으로 유동성을 확보하는 것이 아니고 투기 혹은 투자를 통해서 수익을 얻기 위해 화폐를 수요한다는 것이다. 케인즈의 공헌이 바로 투기적 동기(speculative motives)의 화폐수요를 분석하고 있는 것인데 이는 이자율에 반비례한다.

사람들은 자산을 보유할 때 여러 형태로 나누어서 소유한다. 각 형태의 자산들은 유동성과 수익성에 있어서 상대적인 차이를 지니고 있다. 수익성이 높으면 유동성이 작고, 수익성이 낮으면 유동성이 큰 것이 일반적이다. 자산을 구성함에 있어서 누구나 수익성을 바라면서도 적절한 유동성을 확보하려고 한다. 그런데 각종 형태의 자산가격은 현실경제에 있어서는 불확실하게 변동한다. 그리고 채권을 보유하고 있다가 증권으로 바꾸는데 비용이 들며 A회사의 증권을 B회사의 증권으로 바꾸는데도 비용이 든다. 물론 보유하고 있던 채권이나 증권을 화폐형태로 바꾸는데도 비용이 수반된다. 그래서 사람들에게 있어서 자신의 자산을 어떤 형태로 보유할 것인가 하는 것은 중요한 문제가 된다.

논의의 단순화를 위해 케인즈는 두 개의 자산만이 존재하는 경우를 설명하였다. 즉 화폐를 보유하든지 증권을 보유하든지 두 개의 자산을 선택하는 문제를 갖고 투기적 동기의 화폐수요를 설명하였다. 화폐를 보유하면 유동성은 확보하지만 수익성을 포기하는 것이고, 증권을 보유하면 유동성 대신에 수익을 얻게 되는 것이다. 화폐를 보유할 때는 증권으로부터 얻을 수 있는 수익을 얻지 못하게 되므로 화폐보유로 인한 기회비용은 증권으로부터의 수익이다. 반면에 증권을 보유할 때 얻는 수익은 배당소득과 증권시장에서 증권가격의 등락에 의한 거래이득의 두 가지가 있다.

투기적 동기의 화폐수요는 증권의 가격이 높은 경우에 많을 것이다. 증권의 가격이 높으면 사람들은 증권을 매입하지 않고 증권의 가격이 하락할 때까지 기다린다. 말하자면 증권이 쌀 때 사서 비쌀 때 팔기를 기대하는 것이다. 증권의 가격이 높으면 증권을 사지 않고 화폐의 형태로 보유한다. 반면에 증권의 가격이 낮다면 사람들은 화폐를 투입하여 증권을 사려고 한다. 낮은 가격의 증권을 사서 증권 가격이 높아지면 되팔려고 할 것이다.

이를 정리하면 증권의 가격이 높으면 투기적 동기의 화폐수요는 많고, 증권의 가격이 낮으면 투기적 동기의 화폐수요은 작아진다고 할 수 있다.

그런데 증권의 가격은 이자율과 어떤 관계가 있을까?

매해 년도 말에 500원의 배당금(dividend)을 주는 증권이 있다고 하자. 이자율이 10%이고 배당금은 무한히 계속된다고 할 때 이 증권의 현재 가격은 얼마가 될까. 증권의 현재가치를 다음과 같이 계산할 수 있다. 첫해 말의 500원의 현재가치를 계산하면 $\frac{500\text{원}}{(1+10\%)}$ 이고, 2년후 년도 말의 500원의 현재가치는 $\frac{500\text{원}}{(1+10\%)^2}$ 이며, 3년후 년도 말의 500원의 현재가치는 $\frac{500\text{원}}{(1+10\%)^3}$ 가 된다. 이와 같이 무한히 계속된다면 그 합은 다음과 같이 무한등비급수의 합이 된다.

$$\text{증권의 현재가치}(PV_{stock}) = \frac{500}{(1+0.1)^1} + \frac{500}{(1+0.1)^2} + \frac{500}{(1+0.1)^3} + \frac{500}{(1+0.1)^4} + \cdots\cdots$$

$$= 500[(\frac{1}{1.1})^1 + (\frac{1}{1.1})^2 + (\frac{1}{1.1})^3 + (\frac{1}{1.1})^4 + \cdots\cdots]$$

$$= 500[\frac{\frac{1}{1.1}}{1-\frac{1}{1.1}}] = 500[\frac{\frac{1}{1.1}}{\frac{1.1-1}{1.1}}] = 500[\frac{1}{0.1}] = 5000$$

이와 같이 증권의 현재가치 즉 증권의 가격은 $PV_s = \text{배당금} \times \frac{1}{\text{이자율}} = \frac{dvd}{r}$ 이 된다. 따라서 증권의 가격은 이자율과 반대 방향으로 움직이는 것을 알 수 있다.

그렇다면 이자율이 낮으면 증권의 가격은 높게 되고 증권의 가격이 높으면 증권을 구매하지 않게 되고 투기적 동기의 화폐수요는 커진다. 반대로 이자율이 높으면 증권의 가격은 낮게 되고 증권의 가격이 낮으면 증권을 구매하게 된다. 따라서 투기적 동기의 화폐수요는 줄어들거나 소진된다. 이를 정리하면 이자율이 낮으면 투기적 동기의 화폐수요는 크고, 이자율이 높으면 투기적 동기의 화폐수요는 작다. 이자율과 투기적 동기의 화폐수요는 반비례하는 관계가 있다.

투기적 동기의 화폐수요를 다음과 같이 쓰자.

$$L_t = L_t(r)$$

케인즈의 유동성 선호설에 의하면 화폐의 수요함수는 다음과 같이 된다.

$L_t(Y) + L_s(r) = L(Y, r)$: 화폐수요는 소득(Y)과 이자율(r)의 함수이다.

$$\frac{\sigma L}{\sigma Y} > 0, \frac{\sigma L}{\sigma r} < 0$$

소득이 증가하면 화폐수요는 증가하고, 이자율이 상승하면 화폐수요는 감소한다.

후에 살펴보겠지만 화폐시장에서는 화폐의 공급과 수요가 일치한다.

$$\text{화폐의 수요} = \text{화폐의 공급}$$
$$L(Y, r) = M_s$$

케인즈는 화폐의 수요와 공급이 일치되도록 이자율이 결정된다고 보았다.

제Ⅷ부

IS=LM 분석과 총수요선의 도출

제 VIII 부

IS=LM 분석과 총수요선의 도출

제1장 재화시장의 균형

케인즈의 설명에 의하면 소비는 사람들의 절대소득수준에 따라 결정된다는 것이다. 이를 소비함수로 표기하면 C = C(Y-tY) 이다.

여기서 (Y - tY)는 가처분소득이다. tY = (세율*소득)으로 정율세이다.

따라서 소비는 가처분 소득(Y_d)의 함수이다. C = C(Y_d)로 표기하자.

그리고 투자는 I = $\bar{I} - \beta r$로 이자율의 함수($\beta > 0$)이다. β는 이자율이 투자에 미치는 영향을 나타내 준다.

정부지출은 대체로 예산에 의해 규정되는데 현실적으로는 정부가 결정한다고 가정하면 G = $\overline{G}$ 이다.

그러면 균형 국민소득식은 다음과 같이 쓸 수 있다.

$$Y = C(Y\text{-}tY) + (\bar{I} - \beta r) + \overline{G}$$

$$I = \bar{I} - \beta r \ \ (\beta > 0)$$

$$Y = C + I + G$$

$$Y[1 - C(1-t)] = \bar{I} + \overline{G} - \beta r$$

$$Y = \frac{\bar{I} + \overline{G} - \beta r}{1 - C(1-t)}$$

1. IS선의 기울기

$$Y = C + I + G = C[Y\text{-}t(Y)] + I(r) + G$$

양변을 전미분하면

$dY = C'(dY\text{-}t'dY) + I'dr + dG$ 가 된다.

이를 다시 정리하면 $dY[1\text{-}C'(1\text{-}t')]=I'dr+dG$ 이다. 여기서 정부지출의 변화가 없다($dG=0$)고 가정하고 IS곡선의 기울기를 구하면 $\frac{dr}{dY}=\frac{1-C'(1-t')}{I'}$ 이 된다.

분자에서 C'는 한계소비성향으로 $1< C' <0$ 의 값을 가진다. 그리고 t'는 세율로 그 값은 $1< t' <0$ 이므로 $(1\text{-}t')<1$이다. 또한 $0< C'(1\text{-}t') <1$ 이다. 따라서 분자>0이다.

분모는 투자함수의 기울기로 음의 값이다. 이자율이 상승하면 투자가 줄어들고 이자율이 하락하면 투자가 늘어난다 ($I'=dI/dr$).

IS선의 기울기는 음의 값을 가지고 우하향한다.

$$Y - C - G = I$$

$$S = I$$

$$Y - C(Y\text{-}T) - G = I(r)$$

소득증가 → 저축증가(통화공급증가) → 이자율 하락

소득이 증가하면 소비가 증가하기는 하지만 한계소비성향이 1보다 작으므로 소득증가분 보다 소비증가분은 적다. 따라서 소득이 증가하면 저축이 증가한다.

[그림 8-1]의 그래프는 소득이 감소할 경우를 보여주고 있다.

소득이 감소하면 소비와 저축이 모두 감소한다. 그리고 저축이 감소하면 이자율이 상승한다.

[그림 8-1] 소득이 감소할 경우의 변화

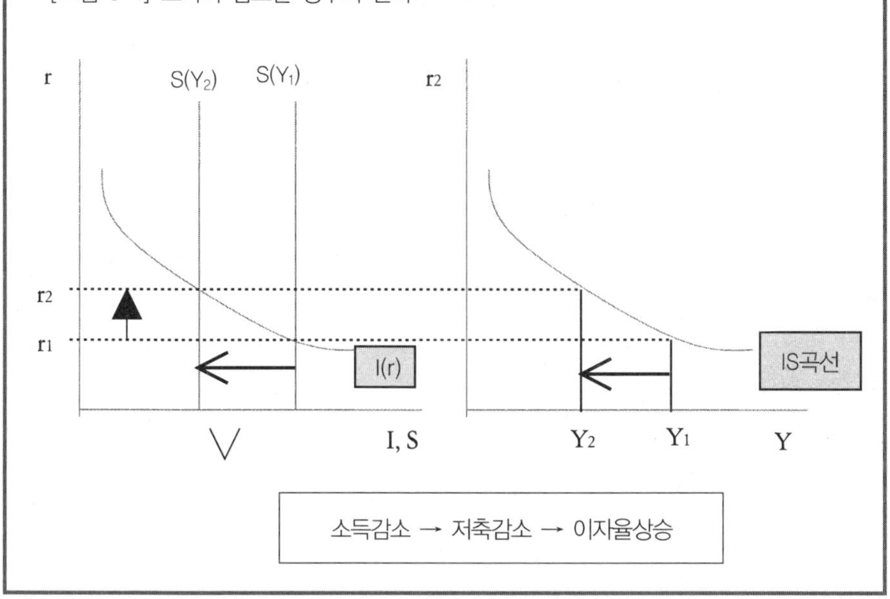

이자율 변화에 투자가 얼마나 민감하게 반응하는가에 따라 IS선의 기울기가 결정된다. 즉 투자의 이자율탄력성이 큰지 작은지에 따라서 IS선의 기울기가 정해진다.

[그림 8-2]에서 보면 이자율이 상승하면 투자가 많이 변하는 경우 즉 투자의 이자율탄력도 값이 크면 국민소득은 많이 감소한다. 왜냐하면 투자는 국민소득의 구성부분이므로 투자가 많이 감소한다는 것은 총수요 Y가 줄어든다는 것이기 때문이다.

반대로 이자율이 하락하면 투자가 많이 변하는 경우 즉 투자의 이자율탄력도 값이 크면 국민소득은 많이 증가한다. 왜냐하면 투자는 국민소득의 구성부분이므로 투자가 많이 증가한다는 것은 총수요 Y가 늘어난다는 것이기 때문이다. 물론 이때 총수요를 구성하는 Y=C+I+G가 증가하면 총공급은 언제라도 가능하다는 것을 전제로 하고 있다.

반면 이자율이 상승해도 투자가 많이 변하지 않으면 즉 투자의 이자율 탄력도 값이 작으면 국민소득은 적게 감소한다. 이는 [그림 8-2]에서 IS_2의 경우이다.

[그림 8-2] 상이한 투자의 이자율 탄력도 값을 갖는 IS선

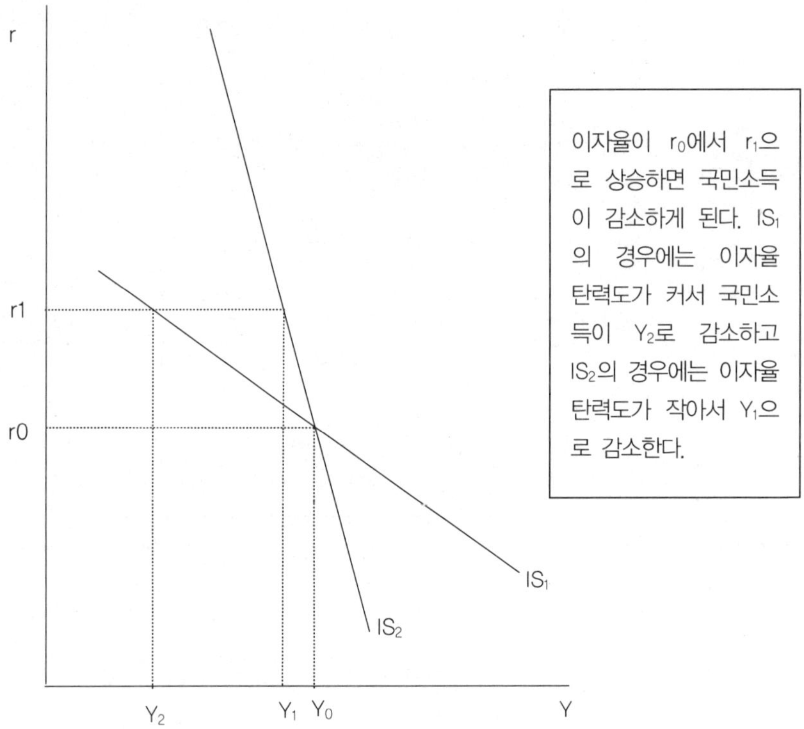

2. IS선 자체의 이동

정부지출이 ΔG만큼 증가하면 총수요선(C+I+G)은 ΔG만큼 상방 이동한다. 균형국민소득 수준은 Y_1에서 Y_2 로 증가한다. 이 때 이자율 수준은 여전히 r_1임을 유의하라.

이자율은 변하지 않았으므로 투자도 변하지 않았다. 정부지출만이 증가하여 C+I+G 선이 상방으로 이동하고 이에 따라 이자율은 그대로 유지하면서 생산물시장이 균형을 이루려면 국민소득 수준이 Y1에서 Y2로 증가해야 한다. 이런 상황을 도시한 것이 [그림 8-3]이다.

따라서 IS선이 우측 이동한다. 즉 정부지출이 ΔG만큼 증가하면 IS선이 우측으로 이동함을 알 수 있다. 확장적 재정정책을 실시하면 IS선은 우측으로 이동한다.

[그림 8-3] IS선 자체의 이동

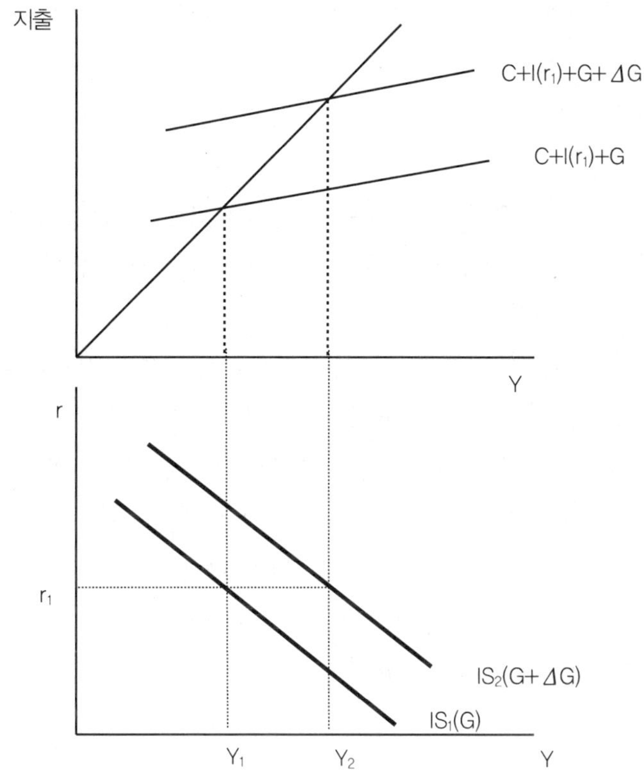

정부지출이 ΔG만큼 감소하면 IS선이 좌측으로 이동한다. 긴축적 재정정책을 실시하면 IS선은 좌측으로 이동한다.

제2장 화폐시장의 균형

화폐시장의 균형을 나타내는 선이 LM선이다. L은 Liquidity(유동성)를 나타내고 M은 화폐공급(Money supply)을 나타낸다. 즉 화폐수요 = 화폐공급을 뜻한다.

케인즈에 의하면 화폐의 수요는 제VII부, 제3장의 3. 케인즈의 유동성 선호설에서 살펴 보았듯이 다음과 같다.

- 거래적 동기: 소득이 많을수록 매일 매일의 거래를 위해 보유하는 화폐의 량은 많다.
- 예비적 동기: 미래에 닥칠 일을 대비하여 보유하는 화폐의 량도 소득 수준에 비례한다.
- 투기적 동기: 이자율이 낮으면 투기적 동기의 화폐수요는 크고, 이자율이 높으면 투기적 동기의 화폐수요는 작다. 이자율과 투기적 동기의 화폐수요는 반비례하는 관계를 보인다.

케인즈는 이상과 같은 화폐의 수요와 중앙은행에 의해 결정되는 화폐의 공급이 일치되도록 화폐시장에서 이자율이 결정된다고 보았다. 케인즈의 유동성 선호설에 의하면 화폐를 보유하는데 드는 기회비용은 이자율인데, 이자율이 높으면 기회비용이 크므로 화폐의 수요가 줄어드는 것이고 이자율이 낮으면 화폐보유의 기회비용이 작으므로 화폐의 수요가 증가한다. 따라서 화폐의 수요선은 이자율에 대하여 반비례의 관계를 갖게 되어 우하향하는 곡선이 되고, 화폐의 공급선은 중앙은행에 의하여 결정되므로 이자율에 무관한 수직인 선이 된다.

[그림 8-4] 화폐의 수급과 이자율의 변동

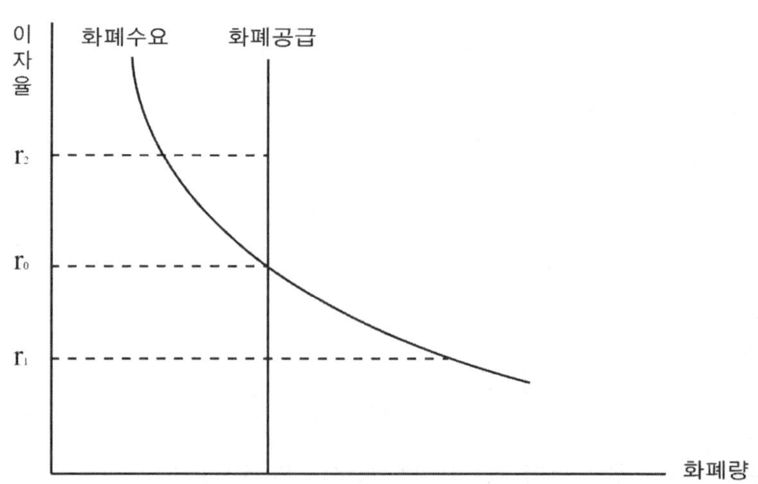

[그림 8-4]에서 시장이자율(r_1)이 균형이자율(r_0)보다 낮으면 화폐수요량이 화폐공급량 보다 많게 되어 이자율이 상승하고, 시장이자율(r_2)이 균형이자율(r_0)보다 높으면 화폐수요량이 화폐공급량 보다 적게 되어 이자율이 하락하게 된다.

통화공급량은 중앙은행이 결정하는 주요한 금융정책 변수이다. 중앙은행이 통화량(M)을 결정하고 단기에 있어서 물가수준(P)은 고정되어 있다고 가정하면 실질통화(real money balance) 공급량은 일정하게 된다. 이제 통화공급량이 증가하면 화폐시장에서 통화공급선이 우측이동한다. 그러면 이자율은 r_1에서 r_2로 하락한다. 이런 관계를 보여주는 것이 [그림 8-5]이다. 실질통화공급량이 $\frac{M_1}{P} \rightarrow \frac{M_2}{P}$로 증가함에 따라서 이자율은 $r_1 \rightarrow r_2$로 하락한다.

[그림 8-5] 실질통화공급 증가에 따른 이자율 하락

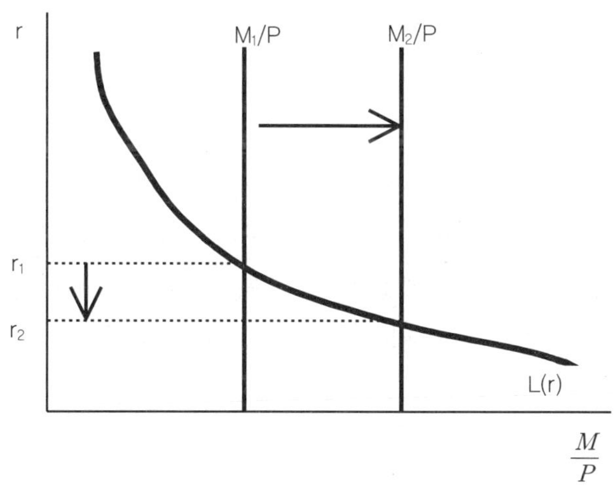

반면 통화공급량이 감소하면 화폐시장에서 통화공급선이 좌측이동한다. 그러면 이자율은 r_2에서 r_1으로 상승한다. 이를 보여주는 것이 [그림 8-6]이다. 실질통화공급량이 $\frac{M_2}{P} \to \frac{M_1}{P}$ 로 감소함에 따라서 이자율은 $r_2 \to r_1$ 로 상승한다.

[그림 8-6] 실질통화공급 증가에 따른 이자율 하락

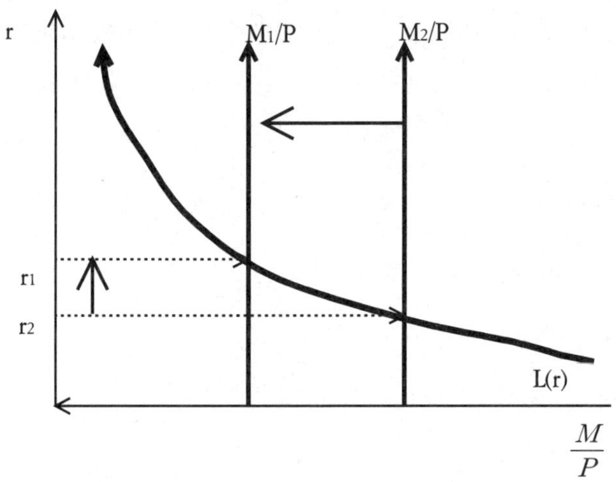

통화공급 = 통화수요 = (거래적 동기의 화폐수요 + 예비적 동기의 화폐수요 + 투기적 동기의 화폐수요)인데 거래적 동기와 예비적 동기의 화폐수요는 소득수준에 비례하고 투기적 동기의 화폐수요는 이자율에 대하여 반비례한다. 따라서 화폐공급 = 화폐수요를 표기하면 다음이 된다. 화폐 총수요를 (Lt + Ls)로 표기하자.

$$\frac{\overline{M}}{P} = L_t(Y) + L_s(r)$$

거래적 동기의 화폐수요와 예비적 동기의 화폐수요는 하나로 합하여 $L_t(Y) = \tau Y, (\tau > 0)$, 로 표현한다. 여기서 τ는 소득에 일정비율을 화폐로 보유함을 나타낸다.

투기적 동기의 화폐수요는 이자율의 감소함수로 $L_s(r) = -sr$ $(s > 0)$로 표현한다. 여기서 s는 투기적 동기 화폐수요의 이자율탄력성을 나타낸다.

화폐총공급량이 중앙은행에 의해 외생적으로 주어지는 것으로 가정하고 물가 수준을 P로 표시하면 실질화폐 총공급량은 $\frac{\overline{M}}{P}$ 이다.

화폐 총공급=화폐 총수요를 나타내면

$$\frac{\overline{M}}{P} = L_t(Y) + L_s(r) = \tau Y - sr$$ 이 된다.

정리하면 $sr = \tau Y - \frac{\overline{M}}{P}$ 이 되고

$$r = \frac{\tau}{s}Y - \frac{1}{s}\left(\frac{\overline{M}}{P}\right)$$

이 식에서 t값은 0< t <1이고, s>0이다. 따라서 기울기 $\frac{\tau}{s}$가 양수이므로 r과 Y 평면상에서 화폐시장의 균형을 나타내는 LM선은 우상향함을 알 수 있다.

[그림 8-7] LM선의 도출

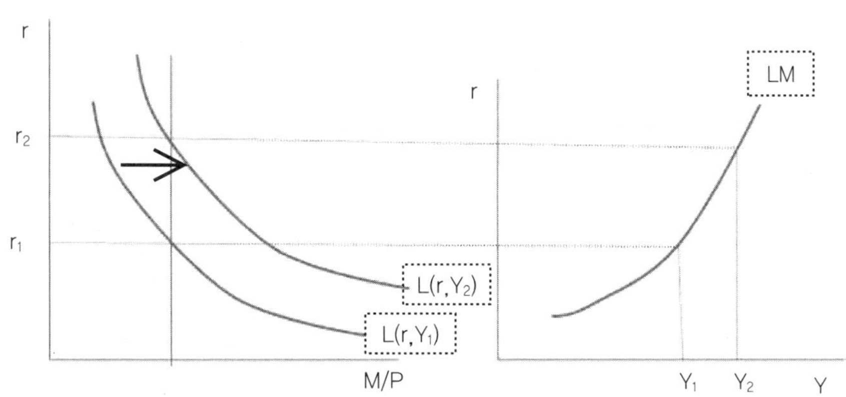

소득이 증가하면 화폐수요가 증가한다. 이에 따라 이자율이 상승한다.

소득이 감소하면 화폐수요는 감소한다. 따라서 이자율이 하락한다.

바로 이러한 관계를 그린 것이 [그림 8-7]에서 도출한 LM선이다.
화폐시장과 재화시장의 균형에 관한 설명을 정리하면 다음과 같다.

> 소득증가 → 통화수요증가 → 이자율 상승 : LM선
> 소득증가 → 저축증가(통화공급증가) → 이자율 하락: IS선

1. LM선의 기울기

다른 방법으로 LM선의 기울기를 구해보자.
이를 위해 화폐시장의 균형식을 다시 전미분하자.

$$\frac{\overline{M}}{P} = L_t(Y) + L_s(r)$$

화폐공급량에 변화가 없다고 가정하면 dM=0이다. 따라서 다음과 같이 된다.

$$\frac{dM}{P} = 0 = L_t^{'} dY + L_s^{'} dr$$

LM선의 기울기 $\frac{dr}{dY} = -\frac{L_t^{'}}{L_s^{'}}$ 가 된다.

이제까지 살펴본 IS선과 LM선에 관하여 정리하면 다음과 같다.

IS선:

국민소득 감소 → 저축 감소(통화공급 감소) → 이자율 상승

국민소득 증가 → 저축 증가(통화공급 증가) → 이자율 하락

LM선 :

국민소득 감소 → 통화수요 감소 → 이자율 하락

국민소득 증대 → 통화수요 증가 → 이자율 상승

➢ 인플레이션과 이자율의 관계

실질이자율(r) = 명목이자율(i) – 인플레이션율(π)

위 식을 피셔(Irving Fisher, 1867-1947)는 명목이자율을 나타내는 식으로 바꿔 표현했다.

Fisher equation : $i = r + \pi$; 명목이자율=실질이자율 + 인플레이션율

피셔효과는 인플레이션율이 높으면 명목이자율이 높고, 인플레이션율이 낮으면 명목이자율이 낮다는 것이다.

➢ 사전적 실질이자율($i-\pi^e$)과 사후적 실질이자율($i-\pi$)의 관계

명목이자율(i)은 기대인플레이션율(π^e)의 변화에 따라 움직인다. → 피셔효과의 초점은 명목이자율과 기대인플레이션과의 관계이다.

- 19C에는 : 금본위제 하였기 때문에 높은 인플레이션이 매년 연달아 진행되지는 않았다.
- 20C에는 : 한해 높은 인플레이션을 경험하였으면 다음해에도 높은 인플레이션이 발생하리라고 기대하였고 실제로 높은 인플레이션이 몇 해씩 지속되었다.

➢ 통화긴축의 경험[1]

통화긴축이 이자율에 미치는 영향이 어떠하였는지 알아보자.

미국 1979년 소비자 물가상승률 11.3%에 달하여 인플레이션을 진정시키는 것이 중요한 문제였다. 1979년 10월 미국 연방준비제도 이사회 의장인 폴 볼커(Paul Volcker)가 인플레이션을 낮추기 위해 긴축정책을 실시한다고 발표하였다. 1983년까지 물가상승률이 3% 수준으로 낮아졌다. 문제는 이자율은 어떻게 되었는가?

앞서 본 케인즈의 유동성 선호설에 의하면 통화공급이 감소하여 이자율이 상승할 것으로 기대된다. 실제로 3년 만기 미국 재무성 증권의 명목이자율이 1979년 10월 10%에서 1980년 12%로 1981년 14%로 상승하였다. 그러나 이는 일시적 현상이었다. 긴축기조가 확인되자 기대 인플레이션이 낮아져서 명목이자율도 점차 낮아졌다. 즉 장기적으로는 피셔효과가 작용하여 명목이자율이 하락하였다. 이는 단기에 있어서는 유동성 선호이론에 의하여 그리고 장기에 있어서는 피셔효과에 의하여 살펴보아야 함을 의미한다. (Theory of liquidty preference in short run and Fisher effect in long run)

인플레이션을 진정시키려고 금융긴축을 단행하면 단기에 있어서는 명목이자율이 상승한다. 이는 실질화폐잔고(real money balance)가 감소하기 때문이다.(Theory of liquidty preference) 그러나 금융긴축기조가 계속 유지되면 점차 인플레이션율이 하락하고 사람들의 기대인플레이션율도 진정되기 때문에 장기적으로는 명목이자율이 다시 하락(Fisher effect) 함을 경험하였다.

2. 화폐수량 방정식에 의한 설명

피셔(I. Fisher)의 화폐수량에 관한 항등식은 원래 $PT \equiv MV$의 형태였다. 여기서 P는 거래 단위당 평균가격, T는 거래량, M은 화폐공급량, V는 화폐의 유통속도이다. 거래 평균가격 × 거래량 = 화폐공급량 × 화폐의 유통속도이므로 이 식은 항상 성립할 수 밖에 없는 항등관계이다. 고전학파의 견해에 의하면 경제는 완전고용상태에서 운영되므로 단기에 있어 거래량은 일정하고, 지불관행 거래제도 등에 의해 결정되는 화폐의 유통속도도 단기간 일정하다고 할 수 있다. 따라서

---

1 N. Gregory Mankiw, Macroeconomics, 6th ed. Worth Publisher, 2007, Ch. 10, Case Study 참조.

$P\overline{T} = M\overline{V}$가 되어 $P \propto M$이 된다. 즉 화폐공급량이 증가하면 물가가 상승하고 화폐공급량이 감소하면 물가가 하락한다. 이 것이 고전적 화폐수량 방정식이다. 이 식은 화폐가 오직 거래수단으로 쓰인다는데 주목하고 있을 뿐이다.

화폐의 기능을 거래수단에만 한정하지 않고 자산으로서의 기능을 함께 고려한 케임브리지 학파의 현금잔고수량설은 사람들은 화폐를 보유할 것인가? 혹은 다른 형태의 자산으로 보유할 것인가를 비교하여 결정한다고 보았다. 케임브리지 학파의 대표적 학자들인 마샬(Alfred Marshll)과 피구(A. C. Pigou)는 피셔의 화폐수량항등식을 발전시켰다. 이를 이해하기 위해 거래량 T를 국민소득 Y로 바꾸어 $PY = MV$로 다시 쓰자. 마샬은 화폐수요는 $M^d = kPY$로 결정된다고 했다. 여기서 k는 마샬의 k(marshallian k)라고 불리는 것으로 사람들이 소득 중에서 화폐형태로 보유하려고 하는 비율을 말한다. 그리고 P는 물가수준이다.

케임브리지 학파의 현금잔고수량설을 다음과 같이 구하기 위해서 V를 좌측 항으로 보내면 $M = \frac{1}{V}PY$, $\frac{1}{V} = k$라고 쓰면 $M = kPY$가 된다. 이와 같이 현금잔고수량설식의 모습은 피셔의 화폐수량항등식과 같지만 케임브리지 학파의 현금잔고수량설 $PY = MV$에서의 V는 피셔의 화폐유통속도와 구별하기 위해서 화폐의 소득유통속도(income velocity of money)라고 한다.

케인즈의 유동성 선호이론에 의하면 소득이 높아지면 통화수요가 커져서 이자율이 상승한다. 그런데 이자율은 통화공급에 의해서도 결정된다. 중앙은행이 통화공급을 증가시킨다면 실질화폐잔고(real money balance)가 증가하여 이자율은 하락한다.

유통속도(V)가 단기에 있어 일정하다고 가정하고, 물가 역시 단기에 있어 일정하다고 가정하면 국민소득은 화폐공급량에 의해 결정된다. $\overline{P}Y = M\overline{V}$ 이므로 $Y \propto M$ 이다. 즉 $M \Rightarrow Y$ 화폐공급량이 국민소득수준 Y를 결정한다는 것이다. 여기서 유의할 것은 화폐유통속도가 일정할 경우에는 단순히 M의 크기가 국민소득수준을 결정하지만 화폐유통속도가 변동할 경우에는 총화폐공급량은 MV가 된다는 점이다.

이 경우 Y는 이자율 수준에 무관하게 결정되는 것이므로 LM선의 모습은 [그림 8-8]에서 보는 것처럼 수직선이 된다.

[그림 8-8] 이자율에 무관하게 국민소득수준이 일정하게 결정되는 수직인 LM선

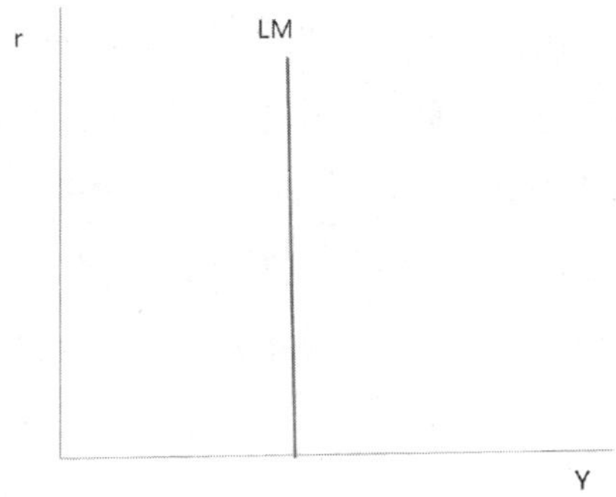

위의 LM선에 의하면 이자율에 무관하게 국민소득수준이 결정되는 것을 볼 수 있다.

유통속도가 일정하다는 것은 실질화폐잔고(real money balance)에 대한 수요가 오직 소득수준에 의한다는 의미이다. 케인즈의 화폐수요함수론에서 살펴 보았듯이 화폐수요는 거래적 동기와 예비적 동기의 화폐수요는 소득수준에 비례하지만 투기적 동기의 화폐수요는 이자율에 반비례한다. 즉 실질화폐잔고에 대한 수요는 소득수준과 이자율에 의해 결정된다. 케임브리지 학파의 화폐수량식을 이용하여 화폐수요가 화폐공급과 일치한다고 쓰면 $M^d = kPY = \frac{1}{V}PY = M^s$ 이고 $MV(r) = PY$가 된다.

화폐의 유통속도가 일정하다고 가정하는 것은 화폐수요는 오직 소득수준에만 의하여 결정되고 이자율은 영향을 미치지 않는다는 의미였으므로 이제 화폐의 유통속도가 일정하지 않고 변동한다고 가정하면 이자율이 상승함에 따라서 어떤 변화가 있는지 살펴보아야 한다. 이자율이 상승하면 화폐를 보유하는데 드는 기회비용이 커지는 것이다. 따라서 화폐수요는 감소하고 화폐수요가 감소한다는 것은 거래규모가 일정한 한에 있어서는 화폐의 유통속도가 증가한다는 의미이다. 즉 이자율이 상승하면 화폐의 유통속도가 증가하는 비례 관계가 있다. 앞서 지적한 화폐유통속도가 변동할 경우에는 총화폐공급량은 MV가 된다는 점 까지를 함께 고려하여 살펴보면 다음과 같은 관계를 파악할 수 있다. 이자율이 상승하면 화폐

의 유통속도가 커지고 이에 따라 $MV(r) = \overline{P}Y$이 커지고 우측항인 $\overline{P}Y$에서 물가가 일정하므로 국민소득이 증가해야 한다. 결국 LM선상의 관계로 살펴보면 이자율이 상승하면 국민소득이 증가해야 하는 관계가 성립하는 것이다.

$MV(r) = PY$의 화폐수량식을 이용하면 LM선은 우상향하게 된다.

이상의 내용을 다시 정리하면, 화폐의 유통속도가 지불관행 등에 의해 결정되므로 단기간 고정적이지만 우리가 일반적으로 아는 우상향하는 LM선을 얻기 위해서 유통속도가 변한다고 가정하자.

$$M\overline{V} = \overline{P}Y$$

그러면 실질화폐잔고(real money balance)에 대한 수요는 이자율에 의해서도 변한다. 이자율이 상승하면 화폐보유의 기회비용이 커지기 때문에 사람들은 통화에 대한 수요를 감소시킨다. 이제 화폐수량 방정식이 이자율에 의해서도 변하는 모습을 보여주기 위해 식을 다음과 같이 표기하자.

MV(r)=PY 이 식은 화폐유통속도가 이자율의 함수라고 표현했다.

여기서 V(r)과 Y사이의 관계를 나타내기 위해 M과 P를 일정하다고 가정하자. 즉 통화공급과 물가가 일정하다고 하면 $V(r) \propto Y$이다. 이제 통화공급량은 일정한데 이자율이 높아져서 사람들이 보유하는 화폐의 양이 감소하면 일정한 거래를 유지시키기 위해서 유통속도는 빨라져야 한다. 즉 이자율 상승에 따라 화폐유통속도가 빨라지고 이는 총통화공급을 증가시키는 효과가 있다. 따라서 국민소득(Y)이 증가한다.

유통속도함수 V(r)에서 보면 유통속도와 이자율은 비례관계이다. 이자율이 상승하면 $MV(r)$항이 증가하고 $MV(r) = \overline{P}Y$에서 물가가 일정하므로 국민소득이 증가해야 한다. LM선 상의 관계로 살펴보면 이자율이 상승하면 국민소득이 증가해야 하는 관계가 성립하는 것이다. 이를 나타낸 것이 [그림 8-9]이다.

[그림 8-9] 화폐수량방정식을 이용한 LM선 도출

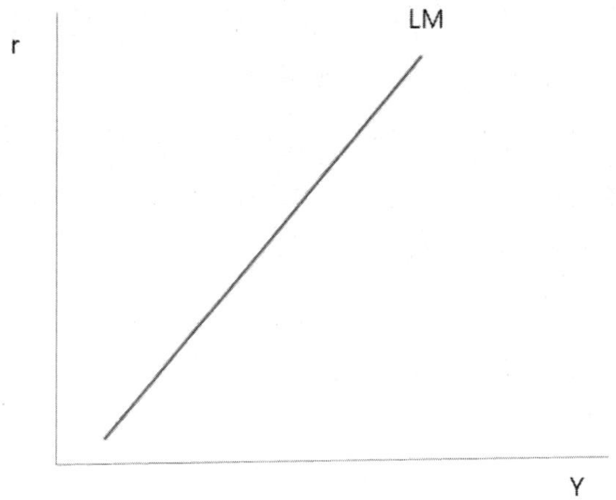

이자율이 상승하면 화폐유통속도가 빨라지고 화폐공급량이 일정하더라도 화폐유통속도가 빨라지면 총통화공급량이 증가하여 Y가 증가한다. 화폐유통함수와 국민소득이 비례관계에 있고 [$V(r) \propto Y$], 화폐유통속도도 이자율과 비례관계($r \propto Y$)에 있다는 사실로부터 LM선을 도출할 수 있다.

통화공급이 일정하고 물가수준 역시 일정하다면 V(r)과 Y는 비례관계이다. 따라서 r과 Y는 비례관계이다. 즉 이자율이 상승하면 국민소득은 증가한다.(LM선 의미)

r 상승 → 유통속도가 빨라지고 이에 따라 총통화유통량(MV)은 증가하는 효과가 있다. → 따라서 Y 증가한다.

3. LM선 자체의 이동

화폐수량방정식을 이용하여 LM선 자체가 이동하는 것을 도출해 보자.

r과 P가 주어진 경우 M은 Y와 비례관계이다.

MV(r)=PY에서 r과 P가 주어져 있으면 $MV(\overline{r})= \overline{P}Y$ 이므로 $M\overline{V}= \overline{P}Y$이 된다. 결국 일정한 이자율 수준에서 통화공급량이 국민소득수준을 결정한다. 통화공급이 증가하면 LM선은 우측이동하고 통화공급이 감소하면 LM선은 좌측 이동한다.

[그림 8-10] LM선 자체가 이동한 경우

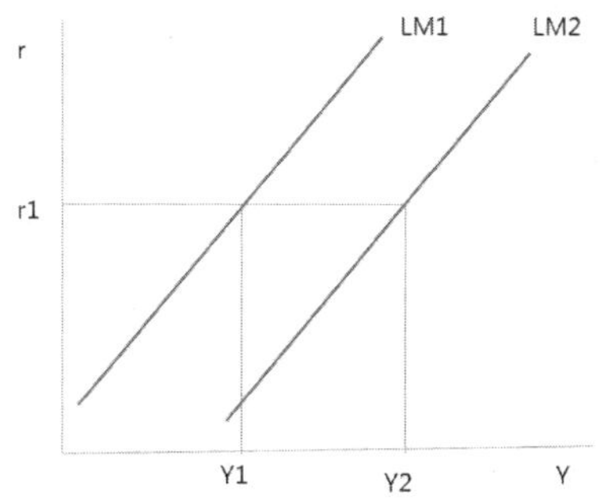

물가수준이 주어져 있는 경우 이자율이 일정한 수준에서 $M\bar{V}=\bar{P}Y$이다. 여기서 $M \propto Y$ 임을 이용하여 LM선이 이동함을 도시할 수 있다. 통화량이 증가하면 국민소득이 증가하여 LM선은 우측 이동한다.
일정한 이자율 r_1 수준에서 통화공급량이 증가하면 LM선은 우측이동하고 통화공급이 감소하면 LM선은 좌측이동한다..

화폐공급 증가 → $\frac{M}{P}$(real money balance) 증가 → 기존 이자율 수준 하에서 사람들은 과다한 화폐를 보유하게 되어 이를 예금하거나 채권을 구입한다. → 이자율 하락 → 투자 증가 → 국민소득 증가한다.

제3장 재정정책과 금융정책

1. 단순승수

확장적 재정정책을 시행하여 정부지출이 △G만큼 증가할 경우 IS선은 우측 이동한다. 즉 IS_1에서 IS_2로 이동한다.

금융시장을 고려치 않을 경우의 단순승수를 먼저 살펴보자. 금융시장을 고려치 않는다는 것은 이자율이 변동하지 않는 것을 의미한다. 그러면 국민소득은 Y_1에서 Y_3로 증가한다.

$$Y = C(Y) + I(r) + G$$

$$dY = C' dY + I' dr + dG$$

$$(1 - C')dY = I' dr + dG$$

에서 금융시장에서의 변화를 없다고 가정하면 $I' dr = 0$ 이므로 $(1 - C')dY = dG$가 된다. 따라서 재정승수 $\frac{dY}{dG} = \frac{1}{1 - C'} = \frac{1}{1 - MPC}$ 이다.

[그림 8-11]에서 보면 그래프 상에서 단순승수에 의한 국민소득의 증가분은 $Y_3 \sim Y_1$이다. $Y_1 \sim Y_3$는 단순재정승수 $\frac{dY}{dG} = \frac{1}{1 - C'} = \frac{1}{1 - MPC}$에 재정지출 증가분 ΔG를 곱한 것과 동일하다.

[그림 8-11] 재정승수 크기의 비교

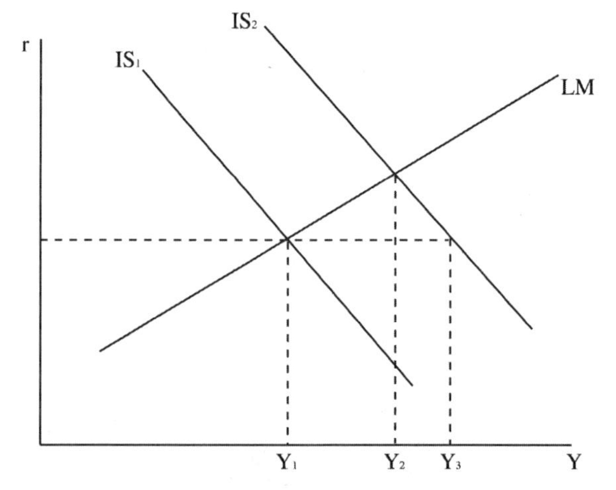

2. 금융시장을 고려할 경우의 재정승수

현실에서는 정부가 △G만큼 지출을 늘리면 금융시장에서는 자금의 수요가 늘어나서 이자율이 상승하게 된다. 투자함수에 의하면 투자는 이자율에 반비례한다. 따라서 이자율 상승은 민간부문의 투자를 위축시켜 국민소득은 줄어들게 되어 [그림 8-11]에서 보듯이 Y_2 수준이 된다.

이자율이 변하지 않는다고 가정하고 국민소득의 변화를 살펴보는 단순승수에 의하면 국민소득은 Y_3 수준까지 상승한다. 이 경우의 단순승수는 $\frac{1}{1-MPC}$이다. 그러나 이자율이 상승하는 금융시장의 변화를 고려하면 단순승수는 변하게 된다.

$$\frac{\overline{M}}{P} = L_t(Y) + L_s(r)$$

$$\frac{d\overline{M}}{P} = 0 = L_t' dY + L_s' dr$$

$$dr = -\frac{Lt'}{L_s'} dY$$

위에서 구한 dr을 재화시장 균형식을 전미분한 식에 대입하면

$$(1-C')dY = I'dr + dG = I'(-\frac{L_t'}{L_s'})dY + dG$$

이를 dY에 대하여 정리하면

$$dY[1-C'+I'\frac{L_t'}{L_s'}] = dG \text{ 가 된다.}$$

여기서 재정승수를 구하면

$\frac{dY}{dG} = \frac{1}{[1-C'+I'\frac{L_t'}{L_s'}]}$ 이다. 이것이 금융시장에서의 이자율 변화를 고려한 재

정승수이다. 재화시장에서의 균형과 금융시장에서의 균형을 함께 고려할 경우의 승수로서 단순승수와 비교해 보면 분모에 $I' \frac{L_t'}{L_s'}$ 부분이 첨가되어 있음을 알 수 있다.

I = I(r)은 투자함수이므로 I'<0,

Lt = Lt(Y)는 거래적 동기의 화폐수요이므로 L_t'>0,

Ls = Ls(r)은 투기적 동기의 화폐수요이므로 L_s'<0 이므로

$I' \frac{L_t'}{L_s'}$ >0이다. 따라서 재화시장과 금융시장에서의 균형을 동시에 고려한 승수는 단순승수 값보다 작음을 알 수 있다.

단순승수 = $\frac{1}{1-C'} > \frac{1}{[1-C'+I'\frac{L_t'}{L_s'}]}$ =금융시장까지 고려할 경우의 승수

금융시장에서 이자율이 상승하면 투자함수에 영향을 미치고 투자가 감소한다. 정부가 재정지출을 늘리기 위해 자금을 모으면 금융시장에서 자금경색이 발생하게 되고 이로 인해 이자율이 상승하고 민간의 투자활동이 위축된다. 이를 구축(驅逐)효과(crowding-out effect)라고 부르는데 [그림 8-11]의 그래프 상에서는 (Y_3~Y_2)부분이 된다.

구축효과의 크기는 IS선과 LM선의 기울기에 따라서 크기가 다르게 된다. 이는 여러분들의 연습문제로 남겨둔다.

➢ 조세승수 :

조세감소 → 가처분 소득 증가 → 소비지출 증가

조세승수는 $\Delta T \times \frac{MPC}{1-MPC}$ 이다. 이 경우에도 금융시장을 고려하면 이자율이 상승하여 소득증가분이 줄어 들게 된다.

정부가 조세(ΔT)를 증가시키면 사람들의 가처분 소득이 감소하여 소비지출이 감소하고 이에 따라 IS선 좌측 이동한다. 이에 대한 중앙은행의 반응을 검토해 보자.

(1) 통화공급 일정하게 유지하는 경우 → LM선은 불변이다. → IS선만 왼쪽으로 이동하였으므로 Y감소하고 → LM선을 따라서 이자율 하락 (I(r) 투자가 증가함을 유의하라) → Y 감소를 다소 완화시킨다. 결론적으로 (Y감소, r하락)

(2) 통화공급을 감소시키는 경우 (인플레이션 우려가 있을 경우에는 이자율이 하락하는 것을 허용하지 않으려고 한다. 이자율을 처음 수준으로 유지하려는 경우) → LM선 좌측 이동 → 이자율이 높게 유지되므로 Y 감소 폭이 크다.

(3) 통화공급을 증가시키는 경우 (Y 감소를 막기 위해 통화공급을 늘린다) → 통화공급을 늘리면 소득 증대 효과가 있음 → IS 선 좌측 이동에 의한 소득 감소를 보정할 만큼의 LM선 우측이동을 통해서 소득 증대를 꾀한다. → 소득수준은 그대로 유지되나 Y의 구성부분에 변화가 초래된다. 즉 조세 증가에 의해 소비는 감소된 반면 이자율 하락에 의하여 그 만큼 투자가 증가하여 전체적인 Y 수준은 그대로 유지된다.

case

주식시장 침체: 1990년대 dot com 기업 호황이 지나고
2000년 8월부터 2001년 8월까지 주식가격은 평균 25% 하락하였다.
주식시장 침체 → 가계지출 감소 → Y 감소
기업전망 악화 → 투자지출 감소 → Y 감소
엔론사와 월드컴사에서 발생한 회계 부정사건으로 회계부정에 연루된 기업들이 파산하였으며 주식가격은 하락하고 민간투자는 위축되었다. 이 사건을 계기로 기업의 투명성이 중요하게 부각되었다.

이런 일련의 경제상황에 대한 대응책으로 tax refund를 포함하는 조세삭감이 2001년과 2003년 두 차례 이루어졌다. 또한 이는 좌측으로 이동한 IS선을 우측으로 옮기는 효과를 바라고 한 조치였다.

LM선을 우측으로 이동시키기 위해 화폐공급량을 증가시켰다. 이로 인해 이자율이 하락하고 투자가 증가하여 2003년 후반기부터 경기회복이 이루어 졌다.

[표 8-1] U.S. Government Securities Treasury Bills Rate (3month)

U.S. Government Securities Treasury Bills 3month	이자율(%)
1988	6.67
1989	8.11
1990	7.5
1991	5.38
1992	3.43
1993	3
1994	4.25
1995	5.49
1996	5.01
1997	5.06
1998	4.78
1999	4.64
2000	5.82
2001	3.4
2002	1.61
2003	1.01
2004	1.37
2005	3.15
2006	4.73
2007	4.36

FOMC가 매 6주마다 회합을 열어 call 금리를 투표로 결정한다. 금리가 결정되면 이를 달성하기 위해 공개시장조작을 통해 화폐공급량을 조절한다. 이에 의하여 LM선이 우측 혹은 좌측으로 이동하게 된다. 따라서 call 금리는 단기정책변수가 된다.

이자율을 정책수단으로 하여 조절하는 것이 통화공급자체를 변동시키는 것보다 경제안정에 도움을 준다.

통화공급량을 측정하여 정책수단으로 이용하기 보다는 정책당국으로서는 이자율이 파악하기 쉬운 지표이기 때문에 이자율을 단기 정책 수단으로 이용한다.

고전학파:

$$Y = C(Y-T)+I(r)+G$$

$$M/P = L(r, Y)$$

$$Y = \overline{Y}(\text{완전고용을 가정})$$

Keynesian:

$$Y = C(Y-T)+I(r)+G$$

$$M/P = L(r, Y)$$

$$P = \overline{P}(\text{물가가 경직적임을 가정})$$

3. 세계대공황(The Great Depression)의 원인

(1) 지출가설(The Spending Hypothesis)

IS선이 좌측이동 → Y와 r이 동시에 하락하였다.

(가) 1929년 주식폭락 → 소비지출 감소

(나) 1920년대 주택투자 과잉 → 주택 가격하락 우려 → 주택수요 격감

(다) 1930년대 이민 감소 → 주택 수요 감소

[표 8-2] 1929-1940년 사이의 GNP구성과 실업률

연도	RealGNP (1958년기준 가격, 10억$)	소비지출	투자지출	정부지출	실업률
1929	203.6	139.6	40.4	22.0	3.2
1930	183.5	130.4	27.4	24.3	8.9
1931	169.5	126.1	16.8	25.4	16.3
1932	144.2	114.8	4.7	24.2	24.1
1933	141.5	112.8	5.3	23.3	25.2
1934	154.3	118.1	9.4	26.6	22.0
1935	169.5	125.5	18.0	27.0	20.3
1936	193.2	138.4	24.0	31.8	17.0
1937	203.2	143.1	29.9	30.8	14.3
1938	192.9	140.2	17.0	33.9	19.1
1939	209.4	148.2	24.7	35.2	17.2
1940	227.2	155.7	33.0	36.4	14.6

자료: N. Gregory Mankiw, Macroeconomics, 6th ed. Worth Publisher, 2007, Ch. 11, 표 11-2에서 발췌

1930년대 다수의 은행 closed → 기업들 자금 조달 불가능 → 투자 위축[2]

또한 다수의 조세 증가 법안들이 통과되어 중간 소득 이하 계층의 세금 부담을 증가시켰다. → 당시 실업률은 최고 25.2%에 달하였음에도 불구하고 민주당 정부는 조세를 증가시키고 균형예산을 위하여 정부지출을 삭감하였다. 이는 IS선을 더욱 좌측으로 이동시켰다.

(2) 통화가설(The Money Hypothesis)

이 가설은 밀튼 프리드만(Milton Friedman)과 안나 슈바르쯔(Anna Schwartz)에 의해 설명되고 있는 것이다. 세계대공황 기간 중(1929년~1933년) 통화공급량 266억$에서 199억$로 감소(약 25%)하였다. 그러나 inflation rate가 훨씬 많이 감소한 1930년~1931년 시기에는 Real Money Balances는 오히려 증가했다. 조금 넓게 보아서 1929년~1931년 시기에는 Real Money Balances가 다소 증가하였고 이 시기에 명목 화폐공급량 감소가 경기위축을 가져왔다고 볼 수는 없다. 다만 1931년~1933년 사이에 실업률이 증가한 것은 통화공급량 감소에 기인한다고 볼 수 있다.

2 Ben Bernanke, "Non-Monetary Effects of the Financial Crisis in the Propagation of the Great Depression", AER 73 (June 1983): pp. 257~276

명목이자율(Nominal Interest rate)이 1929년부터 1933년까지 계속 하락하여 낮은 수준이었다. → LM선이 우측 이동 했음을 암시한다. 이에 대해서는 실질이자율과 비교하여 살펴 보아야 한다.

> Pigou Effect : deflation으로 인한 소득 증가효과가 IS선을 우측 이동시킨다.
> 물가하락 → real money balance 증가 → 소비지출 증대 → IS 우측 이동 → Y 증가

이런 Pigou 효과가 작용하기 위해서는 물가가 하락하면 경제가 자동적으로 완전고용수준으로 회복되는 자기회복능력이 전제되어야 한다. 만약 그렇지 못하다면 물가하락이 소득증대를 통한 소비지출증가를 가져오지 못하고, 또한 명목이자율이 하락했을지라도 물가하락이 더욱 클 경우 실질이자율 상승으로 인한 투자의 위축을 초래할 수 있다.

① 부채-디플레이션이론(Debt-Deflation theory) : 기대치 못한 가격변화(Unanticipated price level change)에 의한 채무자와 채권자 사이의 부의 재분배 효과에 주목한다. 기대치 못한 가격변화(Unanticipated price level change)가 채무자와 채권자 사이의 부를 재분배한다. 물가가 하락하면 채무자의 부채는 무거워진다. 즉 채권자의 부는 증가하게 된다. 그런데 채권자의 MPC가 채무자의 MPC보다 크다고 생각되므로 국민경제 전체적으로 보면 소비지출이 감소하여 Y가 감소하게 된다.(따라서 IS는 좌측으로 이동)

② 기대한 가격변화(Expected price level change):

IS선: $Y = C(Y\text{-}T) + I(i - \pi^e) + G$

LM선: $L(i, Y)$

π^e 는 expected inflation이므로 $i - \pi^e$ 는 사전적 (*ex ante*) 실질이자율이다.

장래 물가하락을 예상한다고 가정하자. 그러면 $(i - \pi^e)$ 는 명목이자율보다 커진다. 즉 기대 실질이자율이 상승하게 되어 투자가 감소하게 된다. 이는 Y를 감소시키고 IS선은 좌측 이동한다. 따라서 국민소득(Y)은 감소하고, 명목이자율(i)은 하락한다. 중요한 것은 기대 실질이자율은 상승 한다는 것이다.

기업가들이 물가하락을 예상할 경우 미래의 대출 부담이 증가할 것이므로 대출을 통한 투자를 감소시킨다. 이는 Y 감소로 이어지고 다시 이에 따라 화폐수요가 감소한다. 따라서 명목이자율(i)가 하락한다. 그런데 물가하락이 더 크면 실질이자율은 상승한 셈이 된다.

[표 8-3] 1929–1940년 사이의 화폐공급, 물가상승률, 이자율 및 실업률

연도	Money Supply (10억$)	Real Money Balances (M/P 10억$)	Inflation rate	Nominal Interest rate	실업률	Real Interest rate
1929	26.6	52.6		5.9	3.2	
1930	25.8	52.3	−2.6	3.6	8.9	6.2
1931	24.1	54.5	−10.1	2.6	16.3	12.7
1932	21.1	52.5	−9.3	2.7	24.1	12
1933	19.9	50.7	−2.2	1.7	25.2	3.9
1934	21.9	51.8	7.4	1.0	22.0	−6.4
1935	25.9	60.8	0.9	0.8	20.3	−0.1
1936	29.6	62.9	0.2	0.8	17.0	0.6
1937	30.9	69.5	4.2	0.9	14.3	−3.3
1938	30.5	69.5	−1.3	0.8	19.1	2.1
1939	34.2	79.1	−1.6	0.6	17.2	2.2
1940	39.7	90.3	1.6	0.6	14.6	−1

자료: N. Gregory Mankiw, Macroeconomics, 6th ed. Worth Publisher, 2007, Ch. 11, Table 11–2에서 발췌 작성

① 1930년~1932년 사이에 실질화폐잔고(Real money balance)는 증가했으나 예측치 못한 물가변화(unanticipated price level change)에 의한 채무자와 채권자 사이의 부의 재분배 효과로 인해 IS선이 좌측 이동했다.

② 역시 1930년~1932년 사이에 명목이자율이 하락하였으나 실질이자율은 높았으므로 투자가 감소하고 IS선은 좌측 이동했다.

①, ② 모두 물가가 하락하고 있는 가운데 화폐공급이 현저하게 줄어들면 Y가 대폭 감소하는 공황이 발생할 수 있음을 알려준다.

4. 금융정책

금융정책의 최종적 목표는 다른 거시경제 정책과 마찬가지로 경제성장, 물가안정, 적정한 외환관리 등이다. 이 중에서 한국은행은 기본적 목표로 물가안정을 꼽고 있다. 1997년 한국은행법 개정을 계기로 물가안정목표제(Inflation Targeting)를 도입하고 있다. 이는 일정기간 유지해야 할 물가상승률(소비자물가) 상한을 제시하고 이를 달성하기 위해 통화량이나 이자율 조절을 통해 달성하려고 한다. 2007년-2009년의 물가안정 목표는 3.0% ± 0.5%로 정하여 운용하고 있다.

유동성 함정(Liqidity Trap)이 현실적으로 존재하였던 예를 1930년대 미국과 1990년대 일본에서 찾아 볼 수 있다. 미국의 명목이자율은 [표 8-4]에서 보는 바와 같이 1934년부터 1.0% 이하의 수준에 머물렀다. 일본의 1999년 명목이자율은 0.1% 수준이었다. 이런 경우 확장적 금융정책이 시행되더라도 명목이자율이 더 이상 하락할 여지가 없어서 정책적 효과가 거의 없게 된다.

[표 8-4] 1934–1940년 사이의 명목, 실질이자율 그리고 인플레이션율과 실업률

연도	Nominal Interest rate	Inflation rate	Real Interest rate	실업률
1934	1.0	7.4	−6.4	22.0
1935	0.8	0.9	−0.1	20.3
1936	0.8	0.2	0.6	17.0
1937	0.9	4.2	−3.3	14.3
1938	0.8	−1.3	2.1	19.1
1939	0.6	−1.6	2.2	17.2
1940	0.6	1.6	−1.0	14.6

자료: N. Gregory Mankiw, Macroeconomics, 6th ed. Worth Publisher, 2007, Ch. 11, Table 11–2에서 발췌 작성.

명목이자율이 마이너스라는 말은 사람들이 은행에 돈을 맡기려면 이자를 물어야 한다는 의미이다. 따라서 명목이자율은 마이너스 값을 가질 수 없다. 다시 말하면 확장적 금융정책에 의해 추가로 유동성이 공급되면 사람들은 이를 은행에 예금하기보다는 그냥 현금으로 보유하려 할 것이다. 바로 추가 공급된 화폐가 유통되지 않고 사람들의 주머니나 개인금고에서 사장(死藏)된다. 이를 두고 화폐가 유동성 함정에 걸렸다고 표현한다. 말하자면 돈이 덫에 걸렸다는 의미이다.

확장적 금융정책을 시행하는 이유는 화폐공급량을 증대시켜서 이자율을 하락

시키고 이를 통해 투자를 활성화하여 국민소득 증대를 꾀하려는 것이다. 그런데 유동성 함정에 걸리면 명목이자율이 더 이상 하락하지 않게 되고 국민소득은 낮은 수준에서 벗어나지 못하고 실업률은 높게 된다.

그러면 유동성 함정에서 빠져나오는 길은 없는 것인가? 확장적 금융정책에 의해 화폐공급이 증대하면 인플레이션이 높아지고 이에 따라 실질이자율이 더욱 낮아질 수 있으며 이에 의해 투자가 증대할 수 있다. [표 8-4]에서 보면 1934년의 실질이자율은 -6.4%이고 1937년의 실질이자율은 -3.3%이었다.

또 하나의 유동성 함정 탈출 경로는 수출이 증대하여 총수요가 증대하는 것이다. 즉 확장적 금융정책에 의해 자국통화의 가치가 하락하고 이는 수출을 촉진할 수 있다.

중앙은행이 금융정책을 유용한 정책도구로 사용하기 위해서는 실질이자율을 낮출 수 있는 여지가 있어야 한다. 그래서 중앙은행에 인플레이션을 0보다는 높게 유지하는 것이 바람직하다는 것을 권고한다.

제 Ⅸ 부
총수요선과 총공급선

제 IX 부

총수요선과 총공급선

제1장 총수요선의 도출

국민경제의 총수요선은 재화시장과 화폐시장의 균형점의 궤적으로부터 구할 수 있다. 즉 앞서 살펴보았던 재화시장에 있어서의 균형국민소득수준과 균형이자율의 궤적인 IS선과 화폐시장에 있어서의 균형국민소득수준과 균형이자율의 궤적인 LM선을 동시에 이용하여 총수요측면을 찾을 수 있다. 간단히 표현하면 재화시장의 균형과 화폐시장의 균형을 이용하여 총수요선을 도출할 수 있다는 것이다.

[그림 9-1] 총수요선의 도출

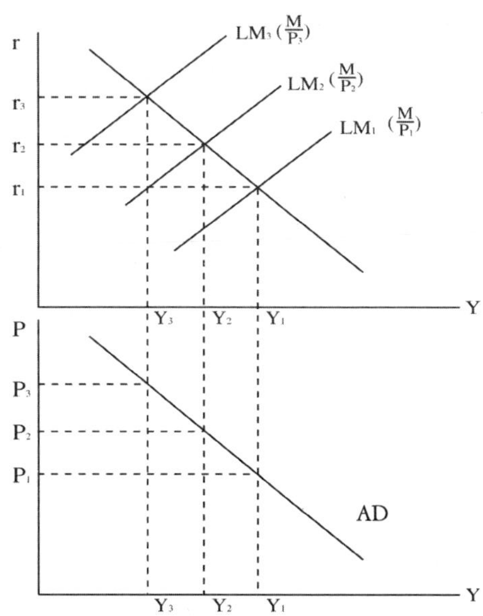

총수요선은 IS선과 LM선으로부터 쉽게 도출할 수 있다. [그림 9-1]에서 보는 바와 같이 위쪽에는 r과 Y 평면상에 IS선과 LM선을 그린다. LM선이 이동하는 것을 이용하여 아래쪽에 총수요선을 도출한다. 이미 아는 바와 같이 LM선은 실질화폐공급 ($\frac{M}{P}$)이 증가하면 우측으로 이동하고 실질화폐공급이 감소하면 좌측으로 이동한다.

물가가 $P_1 \rightarrow P_2 \rightarrow P_3$로 상승한다면 실질화폐공급은 $\frac{M}{P_1} \rightarrow \frac{M}{P_2} \rightarrow \frac{M}{P_3}$ 로 감소한다. 이에 따라 [그림 9-1]의 위쪽 그래프에서 보는 것처럼 LM선이 좌측으로 이동한다. 즉 $LM_1(\frac{M}{P_1}) \rightarrow LM_2(\frac{M}{P_2}) \rightarrow LM_3(\frac{M}{P_3})$로 이동한다. 그러면 LM선의 좌측이동으로 국민소득은 $Y_1 \rightarrow Y_2 \rightarrow Y_3$로 변한다. 이제 변화한 국민소득 수준을 각각의 물가수준에 대응하도록 도시하면 된다. 즉 [그림 9-1]의 아래쪽에 Y와 P 평면상에 $(Y_1, P_1), (Y_2, P_2), (Y_3, P_3)$를 표시하여 연결하면 바로 총수요선이 도출된다.

제2장 총공급선의 도출

국민경제의 총체적인 균형점을 알기 위해서는 앞서 도출한 총수요선과 함께 총공급선이 필요하다. 총공급선은 생산함수와 노동시장의 균형으로부터 도출할 수 있다. 생산함수는 [그림 9-2]의 맨 위에서 보는 것과 같은 모습만을 그린다. 그 이유는 우리가 제 IV 부에서 이미 살펴보았듯이 전형적인 생산함수의 S자 모습 중에서 수확이 체증하는 구간은 경제적으로 의미가 없는 구간이므로 제외시킨 것이다. 그래서 [그림 4-2]나 [그림 4-3]과 같은 전형적인 S자 모습에서 일부만을 도시한 것이다.

1. 노동시장의 균형

노동시장의 균형도 여타 시장에서의 균형과 마찬가지로 노동의 수요와 노동의 공급에 의해 결정된다.

(1) 노동의 수요

노동의 수요는 노동의 한계생산물가치에 의해 결정된다. 노동의 한계생산물가치(Value of Marginal Products of Labor: VMP_L)란 다음의 식에 의해 결정된다.

$$VMP_L = MP_L \times \text{Price}$$

이는 노동의 한계생산물에 해당 재화나 서비스의 시장에서의 가격을 곱해 주면 그 노동력의 가치를 계산할 수 있다는 식이다. 쉽게 설명하면 제 IV 부에서 예를 들었던 우동가게 근로자의 한계생산물이 우동 20그릇이라고 하고, 우동 한 그릇 가격이 4,000원이라면 이 근로자의 한계생산물가치는 80,000원이 된다.

노동을 수요하는 입장에서는 이 근로자의 일당이 80,000원이 넘지 않을 경우에만 고용하려고 할 것이다. 즉 일당이 80,000원 이상일 경우 근로자를 고용하면 손해가 나기 때문이다. 따라서 노동의 수요선은 VMP_L선이 된다. 그리고 한계생산력은 하락하기 때문에 시장에서의 재화나 서비스 가격이 일정하다고 가정할 경우에 VMP_L선은 우하향하게 된다. 즉 노동의 수요선은 우하향한다.

(2) 노동의 공급

노동의 공급은 근로자들이 취업상태에 있는가 혹은 실업상태에 있는가에 따라 결정될 뿐 아니라 임금 변동에 대해 개별 근로자들이 노동시간을 얼마로 결정하는가에도 달려있다.

현실적으로는 한 나라의 노동공급은 총인구의 크기와 개별 노동자들의 노동시간에 의해 결정된다. 노동공급을 하는 실제 노동력을 알아보면 다음과 같다.

2016년 6월 현재의 추계인구는 50,801,405명이며 15세 미만 인구를 제외한 노동가능인구수는 43,421천명이다. 노동가능인구 중에서 비경제활동인구(학생, 주부 등)를 제외한 경제활동인구수는 27,563천명이며 경제활동참가율은 63.5%이다. 경제활동인구는 취업자와 실업자로 구성되는데 2016년 6월 현재 취업자 수는 26,559천명이고 실업자 수는 1,004천명이며 실업률은 3.6%이다.[1]

취업자 수를 15세 이상 인구로 나눈 비율인 고용률은 61.2%이다. 최근에는 실

1 2016년 6월 청년층(15세~29세)의 실업자 수는 467천명으로 실업률은 15~19세는 9.6%이고 20~29세는 10.3%이다. 더욱이 통계청의 자료에 의하면 15세~24세의 실업률은 11.5%에 달하고 있다. 이는 우리나라의 청년 실업의 심각함을 보여주고 있다. 자료: 통계청, 국가통계포털, <http://www.kosis.kr/> 참조할 것.

업률보다는 고용률을 통해서 노동시장의 현황을 파악하려고 한다. 실업률 통계에는 오랜 기간 동안 취업 노력을 하여도 취업하지 못하는 사람들, 대학졸업 여자들 경우처럼 예상하는 임금 수준보다 현실임금이 너무 낮아서 취업을 보류하고 있는 사람들, 현재 노동시장의 여건이 나쁘다고 여기거나 더 좋은 직장을 얻기 위하여 고시원 등에서 계속 취업공부를 하고 있는 사람들 경우 등이 통계상 비경제활동인구로 잡혀 아예 실업자로 파악되지 않는다. 이런 경우 발표되는 공식적 실업률이 노동시장의 현실을 제대로 반영하지 못한다.

취업자를 근로형태별로 살펴보면 임금근로자 중 정규직의 평균근속기간은 89개월이고, 비정규직의 평균근속기간은 29개월이다. 평균취업시간은 정규직은 46.0시간이고 비정규직은 36.7시간이며 월평균임금은 정규직은 283.6만원이고 비정규직은 151.1만원이다.

2. 고전학파(Classical School)의 총공급선

이제 총공급선을 도출하기 위해 생산함수, 노동의 수요와 공급선을 도시하여 노동시장에서 결정된 노동수급량에 해당하는 총산출량(Y)을 알아보자. 그리고 물가수준에 따른 총산출량을 표시함으로써 총공급선을 도출하자.

고전학파는 노동시장에서 노동의 수요자나 공급자 모두 물가가 상승하는 것을 정확히 파악한다고 가정한다. 그래서 노동시장에서 항상 균형이 성립한다고 본다.

[그림 9-2] 고전학파의 총공급선

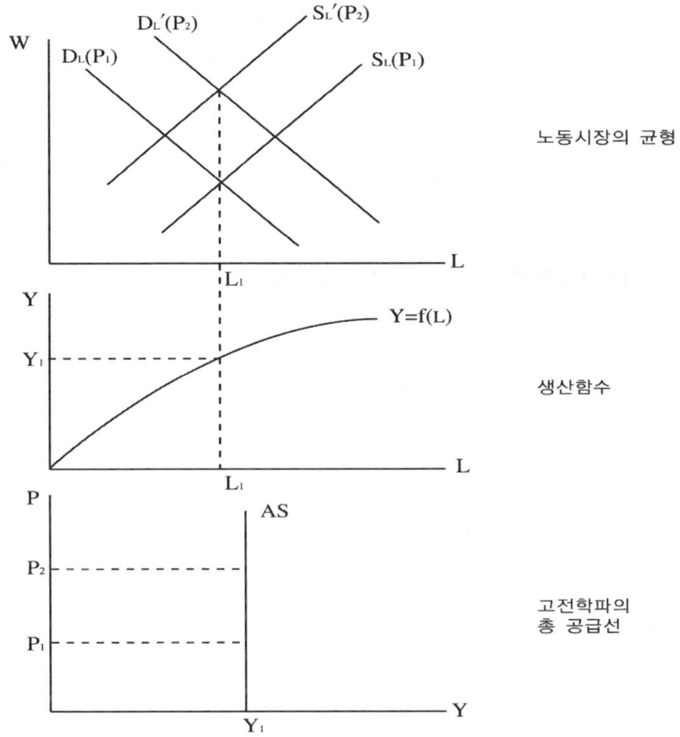

명목임금과 물가가 상승하였을 경우 [그림 9-2]에서 노동시장의 균형을 보면 노동의 공급자인 근로자나 노동의 수요자인 기업 모두 물가상승폭을 정확히 예측한다고 고전학파는 가정한다. 이런 가정에 의하면 물가가 $P_1 \rightarrow P_2$로 상승하였을 경우 기업이나 근로자 모두 물가상승폭을 정확히 예측하므로 노동의 수요선과 공급선이 똑같은 폭만큼 상방으로 이동한다. [그림 9-2]에서 노동시장의 균형을 보면 노동의 수요선은 $D_L(P_1)$에서 $D'_L(P_2)$로 이동하고, 노동의 공급선은 $S_L(P_1)$에서 $S'_L(P_2)$로 이동한다. 노동의 수요선과 공급선이 같은 폭 만큼 이동하였으므로 노동의 수급량(L_1)에는 변화가 없게 되고 그에 상응하는 생산함수상의 총산출량(Y_1)도 동일하다.

명목임금이 상승한 만큼 물가가 따라 오르고 물가상승폭을 노동의 수요자와 공급자 모두 정확히 예측하면 노동의 수급량은 종전과 마찬가지가 되며 또한 명목임금의 상승폭만큼 물가가 상승한다면 실질임금도 변화가 없게 된다. 이런 경우의 총공급선은 [그림 9-2]의 하단에 있는 것처럼 수직선이 된다. 즉 물가가 상승하여도 노동시장에서의 노동수급량은 변동이 없으며 그에 따라 총산출량(Y) 혹은 국민소득은 일정하다.

3. 케인즈학파(Keynesian School)의 총공급선

케인즈학파는 노동시장에서 노동의 수요자인 기업은 물가상승에 대해 정확히 예측하는 반면 노동의 공급자인 근로자들은 정보부족으로 인하여 물가상승에 대해 예측을 하지 못한다고 가정한다.

물가가 상승하면 노동의 수요자인 기업들은 자신들의 노동수요선을 물가상승을 정확히 예측하기 때문에 물가상승폭 만큼 상방으로 이동시킨다. 그러나 노동의 공급자인 근로자들은 물가상승을 전혀 예측하지 못하기 때문에 노동의 공급선이 그대로 있다. 이를 도시한 것이 [그림 9-3]의 노동시장의 균형을 나타내는 그래프이다. 고전학파의 경우와는 달리 노동의 수요선은 $D_L(P_1)$에서 $D_L'(P_2)$로 상방으로 이동하지만 노동의 공급선은 $S_L(P_1)$로 변동이 없다. 따라서 노동의 수급량은 L_1에서 L_2로 증가하게 된다. 이에 따라 생산함수상에서 총산출량은 Y_1에서 Y_2로 증가한다. 물가가 $P_1 \rightarrow P_2$로 상승할 경우에 총산출량이 Y_1에서 Y_2로 증가한 것을 Y와 P 평면상에 도출하면 [그림 9-3]의 하단에 있는 케인즈학파의 총공급선이 된다. 고전학파의 총공급선은 수직인 반면 케인즈학파의 총공급선은 우상향한다.

[그림 9-3] 케인즈학파의 총공급선

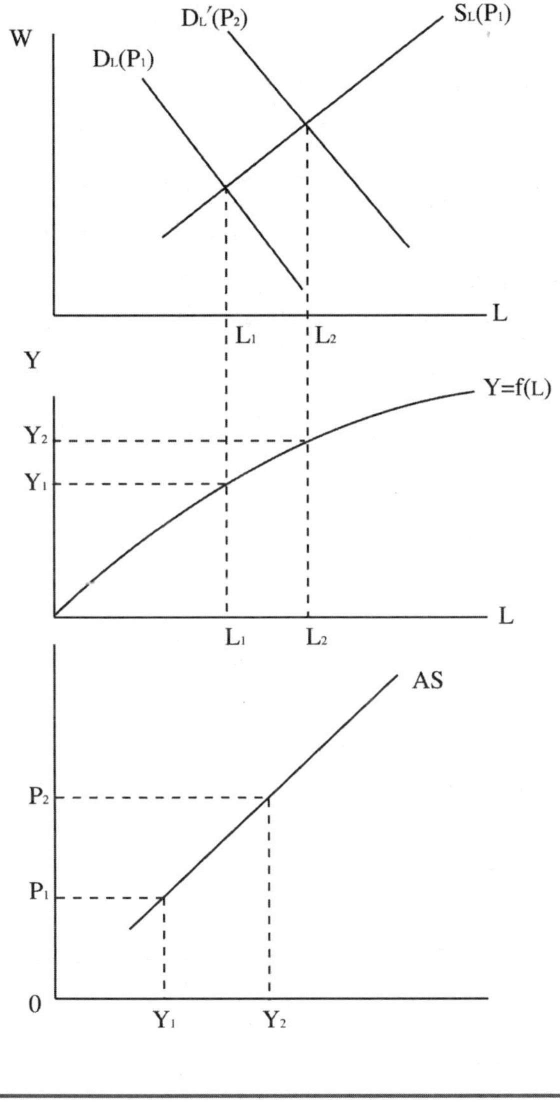

극단적인 고전학파의 가정이나 극단적인 케인즈학파의 가정을 완화하면 우리는 [그림 9-3]에서 얻은 케인즈학파의 총공급선 보다는 기울기가 가파른 총공급선

을 얻게 된다.

현실을 생각하면 노동의 공급자인 근로자들이 전혀 물가상승을 예측하지 못한다는 케인즈학파의 극단적인 가정을 완화할 수 있다. 이는 근로자들도 경제기사나 뉴스 등을 통하여 물가상승에 대하여 어느 정도 예측을 한다고 보는 것이 보다 현실적이기 때문이다. 이렇게 근로자들이 물가상승을 어느 정도 예측한다고 가정하면 노동의 수요선이 케인즈학파의 경우처럼 그대로 있는 것이 아니고 상방으로 이동할 것이다. 물론 고전학파의 경우에 이동한 노동공급선의 이동 폭보다는 작게 이동할 것이다. 따라서 이에 의해서 얻어지는 총공급선은 고전학파의 수직선과 우상향하는 케인즈학파의 총공급선 기울기 사이에서 그 중간 정도의 기울기를 가질 것이다. 이에 대한 총공급선 도출은 여러분이 직접 해 보기 바란다.

제3장 총수요선과 총공급선

총수요선과 총공급선을 하나의 평면상에 도시하여 국민경제의 균형점을 살펴보자.

1. 고전학파와 케인즈학파의 차이

(1) 고전학파의 경우

재정정책과 금융정책은 총수요관리정책이다. 따라서 총수요선은 재정정책이나 금융정책에 의해서 이동시킬 수 있다. 확장적 재정정책이나 금융정책이 실시되면 총수요곡선이 우측으로 이동하고, 긴축적 재정정책이나 금융정책이 실시되면 총수요선은 좌측으로 이동한다.

[그림 9-4] 고전학파의 경우

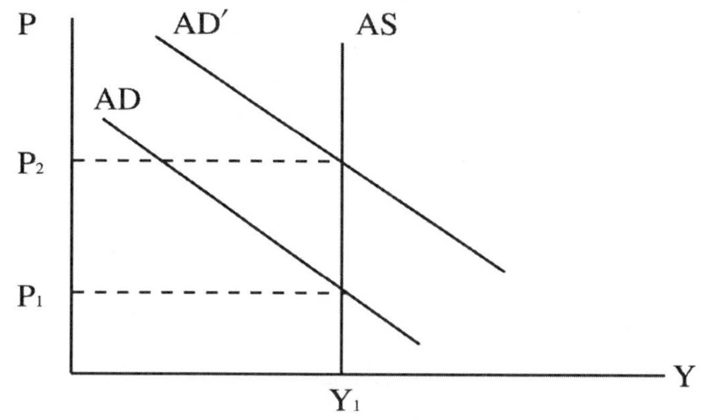

[그림 9-4]를 보면 총수요선이 우측으로 이동하였다. 이는 확장적 재정정책이나 금융정책이 실시되었을 경우이다. 그리고 고전학파의 총공급선은 앞서 살펴보았듯이 수직선이다. 총수요선이 $AD \rightarrow AD'$로 이동하더라도 국민소득(Y_1)은 변하지 않고 다만 물가만 $P_1 \rightarrow P_2$으로 상승한다. 그래서 고전학파 학자들은 정부가 재정정책이나 금융정책 같은 총수요관리정책을 실시하는데 반대한다. [그림 9-4]에서 보는 바와 같이 총수요관리정책은 국민소득을 늘리지는 못하고 물가만 상승시킬 것이기 때문이다.

(2) 케인즈학파의 경우

케인즈학파의 경우에는 총공급선이 우상향한다. 따라서 총수요관리정책을 실시하여 총수요선이 이동하면 물가와 국민소득이 동시에 변한다. 가령 확장적인 재정정책이나 금융정책을 실시하였다고 하자. 그러면 [그림 9-5]에서 보는 바와 같이 국민소득은 $Y_1 \rightarrow Y_2$으로 증가하고 물가는 $P_1 \rightarrow P_2$으로 상승한다. 경제성장은 달성해서 실업률은 감소시켰는데 반해 물가는 상승시키는 경우이다. 이는 정부의 대내적 경제목표인 경제성장과 물가안정 가운데 어느 하나의 목표는 희생되는 것을 보여준다.

[그림 9-5] 케인즈 학파의 경우

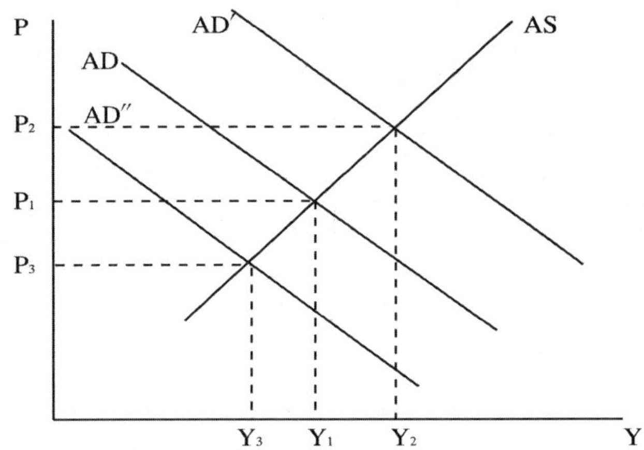

긴축적인 재정정책이나 금융정책을 실시하면 [그림 9-5]에서 보는 바와 같이 총수요선이 AD''로 이동한다. 국민소득은 Y_3로 감소하는 대신 물가는 P_3로 하락하여 물가안정 목표를 이룰 수 있다. 이 경우에는 경제성장을 포기하는 대신 물가안정을 달성하게 됨을 보여준다.

이와 같이 총공급선이 우상향하는 케인즈학파의 경우에 총수요관리정책을 통해 총수요선을 이동시키면 경제성장 혹은 물가안정 중 어느 하나의 목표는 희생하는 선택을 하여야 함을 의미한다.

2. 총수요관리정책과 공급중시(重視)정책

재정정책과 금융정책은 총수요관리정책이다. 재정정책이나 금융정책을 실시하면 총수요선이 우측이나 좌측으로 이동하게 된다. 이에 따라 정책효과가 다르게 나타난다.

고전학파가 주장하는 바와 같이 총공급선이 수직인 경우에는 총수요관리정책을 실시해도 국민소득에는 아무런 영향을 미치지 못하며 다만 물가만 변동할 뿐이다.

케인즈학파의 우상향하는 총공급선 하에서의 총수요관리정책은 물가안정 혹은 경제성장(실업률 감소)이라는 대내적 경제정책 목표 중 어느 하나는 달성할 수 없음을 앞에서 확인하였다.

이제는 총공급선이 우측이나 좌측으로 이동하는 경우를 생각해 보자. 해외 원자재 가격이 상승하거나 국내의 노동생산성이 떨어지거나 하면 총공급선이 좌측으로 이동한다. [그림 9-6]에서 총공급선이 $AS \rightarrow AS'$로 이동하였다고 하면 국민소득은 $Y_1 \rightarrow Y_2$로 감소하고 물가는 $P_1 \rightarrow P_2$로 상승한다. 이런 경우에는 국민소득이 감소함과 동시에 물가도 상승한다. 말하자면 대내적 거시경제목표인 경제성장과 물가안정을 모두 달성할 수 없는 것이다.

반면에 총공급선을 $AS \rightarrow AS''$로 이동시킬 수 있다면 국민소득은 증대시키고 물가도 안정시킬 수 있을 것이다. 여기에 착안하여 스태그플레이션이 발생할 경우에 대처하는 방법으로 제시된 것이 바로 공급중시정책이었다. 이는 총수요선을 우측으로 이동시키자는 제안이다. 총공급선이 $AS \rightarrow AS''$로 우측 이동하면 국민소득은 $Y_1 \rightarrow Y_3$로 증대하고 물가도 $P_1 \rightarrow P_3$로 하락시킬 수 있다. 총공급선을 우측으로 이동시키는 공급중시정책으로 제안된 것으로는 개인소득세율인하, 법인세율인하, 노동생산성 제고를 위한 각종 보조금 정책 등이 있다.

[그림 9-6] 공급중시정책을 실시할 경우

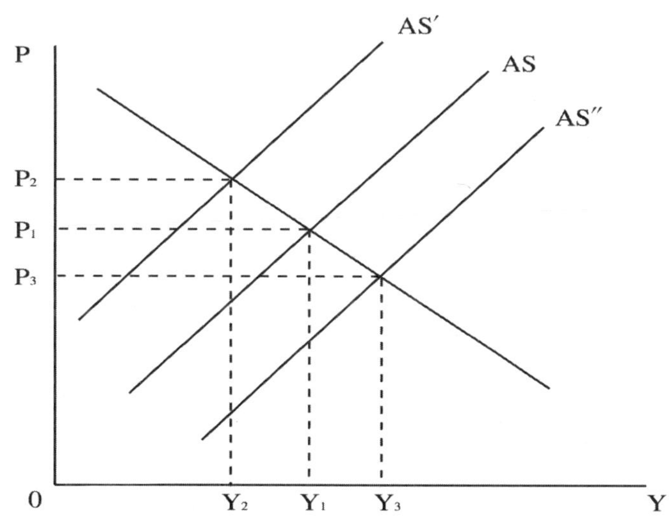

제 Ⅹ 부
소비이론

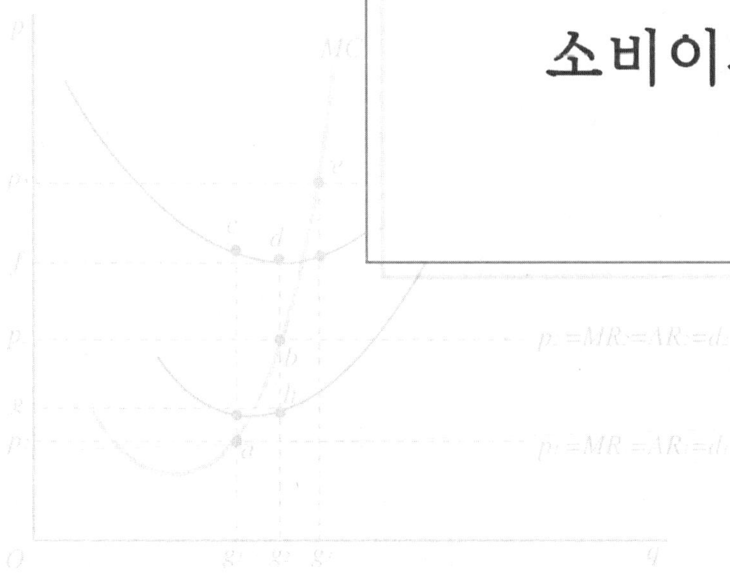

제 X 부
소비이론

소비를 결정하는 요인은 무엇인가? 사람들은 자신의 절대적 소득크기에 의해 소비수준을 결정하는지 혹은 당장의 소득은 없더라도 재산 규모에 의해 결정하는지 혹은 저축하고 남은 부분을 소비한다고 보아야 하는가 아니면 현재의 소비와 미래의 소비수준을 함께 고려하여 현재의 소비량를 결정하는지 등의 의문을 우리는 갖는다. 이에 대하여 연구해 보자.

제1장 고전학파의 소비이론

고전학파 학자들은 소비자들이 이자율 수준에 의거하여 먼저 저축수준을 결정하고 저축을 제외한 나머지 부분을 소비에 사용한다고 생각했다. 앞서 보았던 국민소득 항등식에 의하면

$Y = C + I$이다.

그러면 $C = Y - I$인데 투자가 먼저 이자율에 의해서 결정된다고 보았으므로

$I = I(r)$이다. $\frac{dI}{dr} < 0$ 즉 투자는 이자율의 감소 함수이다.

소비는 (소득 - 투자)이므로 $C = Y - I(r)$이고 소득은 주어졌다고 가정하고

이를 다시 쓰면 $C = Y - I(r) = C(r)$이라고 표현할 수 있다.

고전학파 학자들은 소비가 이자율의 함수라고 보았다. 이들의 소비함수론은 고전학파의 균형이론의 밑바탕으로 작용하고 있다. 왜냐하면 앞 장에서 보았던 국민소득 균형식에 의하면 $Y = C+I = C+S$에서 $I = S$인데 우리가 잘 알듯이 저축도 이자율의 함수이다. 즉 $S = S(r)$이다. 결국 $I(r) = S(r)$이 되어 식이 하나에 미지수도 한 개이므로 항상 방정식의 해(solution)를 구할 수 있게 된다. 이는 고전학파의 방정식 체계에서는 균형 이자율을 항상 구할 수 있고 그에 따라 소비수준도 균형에서 결정된다는 것이다. 바로 이것이 경제가 항상 균형상태에서 운영된다는 믿음을 가지고 있게 된 고전학파 학자들의 밑바탕이 된 것이다.

제2장 케인즈의 절대소득가설(Absolute Income Hypothesis)

고전학파와는 달리 케인즈는 소비를 결정하는 요인은 이자율이 아니고 절대소득수준이라고 생각했다. 즉 $C = C(Y)$라는 것이다. 여기서 고전학파와 케인즈학파의 균형에 대한 다른 시각을 파악할 수 있다. 역시 국민소득 균형식 $Y = C+I = C+S$에 의하면 $I = S$인데 투자는 이자율의 함수이므로 $I = I(r)$이고 $S = Y - C$에서 소비 C가 소득의 함수이므로 $C = C(Y)$가 된다. 따라서 $S = Y - C(Y)$라고 쓸 수 있다. 역시 소득은 주어졌다고 가정하므로 $S = S(Y)$이 된다. 이에 의해서 저축도 역시 소득의 함수라고 할 수 있다. 다시 국민소득 균형식 $Y = C+I = C+S$에 의해 $I(r) = S(Y)$이라고 표기된다. 이는 케인즈학파의 방정식 체계에서는 방정식이 하나인데 미지수는 이자율과 소득의 두개이다. 따라서 유일한 균형해(equlibrium solution)를 항상 구할 수는 없다. 그래서 케인즈학파들은 경제가 항상 균형상태에서 운영되지는 않는다는 믿음을 갖게 되었다.

케인즈는 소비에 있어 기본 심리법칙을 설명하고 있다. 즉 소득이 증가하면 소비도 증가하기는 하는데 소득 증가분 모두 다 소비에 충당되지는 않는다는 것이다. 즉 증가된 소득은 일부는 소비에 충당되고 또 일부는 저축에 충당된다는 것이다. 이에 의해서 한계소비성향의 값은 0보다는 크고 1보다는 작게 된다.

$$\text{MPC(Marginal Propensity to Consume)} = \frac{\triangle C}{\triangle Y}$$

그리고 $0 < MPC = \frac{\triangle C}{\triangle Y} < 1$의 값을 갖는다.

한계저축성향은 증가한 소득 부분 중에서 저축에 충당되는 부분의 크기에 의해 결정된다.

$$\text{MPS(Marginal Propensity to Save)} = \frac{\triangle S}{\triangle Y}$$ 이다.

마찬가지로 $0 < MPS = \frac{\triangle S}{\triangle Y} < 1$의 값을 갖는다.

또한 소득의 증가분 = 소비의 증가분 + 저축의 증가분이다.

$\triangle Y = \triangle C + \triangle S$ 양변을 ΔY로 나누어 주면

$$\frac{\triangle Y}{\triangle Y} = \frac{\triangle C}{\triangle Y} + \frac{\triangle S}{\triangle Y}$$

$$1 = MPC + MPS$$

다음과 같은 소비함수를 생각해 보자.

$$C = 50 + 0.75Y$$

이 소비함수의 한계소비성향(MPC) 값은 $\frac{dC}{dY} = 0.75$이다.

그러면 저축함수는 $S = Y - C = Y - (50 + 0.75Y) = -50 + 0.25Y$이다.

이 저축함수의 한계저축성향(MPS) 값은 $\frac{dS}{dY} = 0.25$이다.

케인즈의 절대소득가설의 핵심은 현재 소비는 현재의 소득수준에만 의해 결정

된다는 것이다. 그리고 소득이 증가하면 소비도 증가하지만 소득증가분 모두가 소비에 충당되지는 않는다. 또한 소득수준이 감소하면 소비수준 역시 감소한다는 것이다. 말하자면 소득이 증가할 때 소비가 증가하는 현상이나, 소득이 감소할 때 소비가 감소하는 현상이 동일하게 같은 정도로 발생한다고 생각했다.

그러나 국민소득의 구성부분에 대한 설명을 할 때 소비의 변동성은 비교적 작다고 함을 지적하였다. 이러한 사실은 쿠즈네츠(Simon Kuznets)가 1869년-1929년의 미국 소비에 관한 자료를 분석한 연구에서 지적한 바 있다. 쿠즈네츠는 횡단면 분석자료(Cross-section data)와 단기의 시계열 분석 자료(Time-series data)에 의하면 케인즈의 절대소득가설이 잘 부합되지만, 장기의 Time-series data는 평균소비성향(APC; Average Propensity to Consume)이 일정함을 보여 준다고 지적하였다. 평균소비성향이 일정하다는 것은 MPC = APC라는 것을 말한다.

쿠즈네츠의 이런 지적에 의해 소비이론에 관한 연구들이 다음과 같은 사실에 초점을 맞추게 된다.

① 횡단면 분석자료(Cross-section data)에 의하면 평균소비성향보다 한계소비성향이 작다. (즉 MPC<APC)

② 단기적인 시계열 분석 자료(Time-series data)는 다음을 보여 준다.
즉 경기호황기에는 : APC가 장기 평균치 보다 작다.
경기불황기에는 : APC가 장기 평균치 보다 크다.
이는 단기의 소비함수는 MPC < APC임을 보여준다.

③ 장기의 소비함수는 MPC = APC임을 보여준다.
즉 장기의 시계열 분석 자료(Time-series data)에 의하면 평균소비성향이 일정하다.

이와 같이 쿠즈네츠가 제기한 케인즈의 절대소득 가설 상의 문제점을 보완하기 위한 다양한 소득 가설이 발전하였다.

제3장 상대소득가설(Relative Income Hypothesis)

현재의 소비와 미래의 소비를 연결해 주는 것은 무엇일까. 사람들은 현재의 소비수준을 결정할 때 미래의 소비를 얼마로 할 것인가를 함께 고려한다. 이는 현재 소비와 미래소비의 상대가격을 가늠해 결정함을 의미한다. 바로 이 상대가격에 영향을 미치는 것이 이자율이다. 이자율이 상승하면 현재 소비가 상대적으로 높은 가격을 갖게 된다. 이는 현재 소비의 감소로 이어진다. 말하자면 이자율이 높으면 현재 소비가 비싸게 되어 현재 소비수준을 낮춘다는 것이다. 반대로 이자율이 낮으면 소비자들은 이자비용이 얼마되지 않으므로 차용해서라도 현재 소비를 늘릴 수 있다. 다시 말하면 현재 소비가 낮은 가격을 가지게 되어 현재 소비가 증가한다. 이렇게 되면 소비에 영향을 주는 요인으로 이자율을 고려할 필요가 있다.

이와 같이 소비자의 현재 소비수준이 현재의 소득수준에만 의해서 결정되는 것이 아니고 현재 보유하고 있는 자산의 크기와 미래의 소득수준에 의해서도 영향을 받는다. 이런 생각을 발전시켜 피셔(I. Fisher)는 현재와 미래 시점 간 소비자 소비행태(intertemporal consumer behavior)를 설명하고 있다.

A_0 : 현재 보유하고 있는 자산
S : (+)이면 저축하는 경우이고, (-)이면 대출을 받는 경우이다.
r : 현재 소비에 부족한 돈을 차입할 경우 적용하는 이자율 혹은 남은 돈이 있을 경우 저축하거나 대출할 경우의 이자율

소비자의 평생에 걸친 소비로부터의 효용수준(Utility)은 현재의 소비수준(C_p)과 미래의 소비수준(C_f)에 의해 결정된다.

그래서 소비자의 평생효용함수는 $Utility(C_p, C_f) = U(C_P) + U(C_f)$로 나타낼 수 있다.

현재와 미래에 걸친 소비자의 예산선(Budget line)은

현재의 예산 : $Y_p + A_0 = C_p + S$ 미래의 예산 : $Y_f = C_f - (1+r)S$이다.

이를 정리하면 $C_p + \frac{C_f}{(1+r)} = Y_p + \frac{Y_f}{(1+r)} + A_0 = \mathrm{Present}\ Value(PV)$가 된다.

다시 표현하면 생애(life-time) 전체의 소비 = 생애 전체 부(富)의 현재가치(Present Value)이다. 현재소득과 자산(Assets) 그리고 미래의 소득 전체를 고려하는 소비자는 현재와 미래 간에 있어서 소비를 고르게 함으로써 생애 전체 소비로 부터의 효용을 극대화한다고 할 수 있다.

이를 그래프를 통해 살펴보자. 예산선은 현재시점의 PV와 미래시점의 PV*(1+r)을 잇는 직선이다. 현재 소비자는 P점에 있다고 하자. 이 점에서 소비자는 Y_p+A_0의 현재소득 및 자산과 Y_f만큼의 미래소득이 있음을 보여주고 있다. 앞서 설명한 바와 같이 소비자는 생애 전체 소비로 부터의 효용을 극대화하기 위해 자신의 효용곡선과 예산선이 접하는 A점으로 이동하면 된다. A점에서 소비자는 현재소비는 $0C_p$만큼 하고 미래소비는 $0C_f$만큼 한다. 이 소비자는 현재에는 소비에 충당할 돈이 부족하므로 $C_p - (Y_p + A_0)$만큼을 빌리고, 대신 미래에는 $Y_f - C_f = (1+r)[C_p - (Y_p + A_0)]$ 부분은 되갚아야 함을 보여준다.

이상의 논의를 이용하여 듀젠베리(Duesenberry)의 상대소득가설을 살펴보자. 케인즈가 절대소득가설에서 한 사람의 소비수준은 그 사람의 소득수준에 의해서만 영향을 받는다는 주장을 한 것을 비판하면서 등장하는 것이 듀젠베리의 상대소득가설이다. 상대소득가설에 의하면 한 사람의 소비수준은 단지 그의 소득의 크기에 의해서만 영향을 받는 것이 아니고 사회적(수평적), 시간적(수직적)으로 영향을 받는다는 것이다.

1. 사회적 상대성이 소비에 주는 영향

케인즈는 각 사람의 소비수준은 각 개인의 소득의 크기에 의해서만 좌우되지

타인의 소비와는 무관하다고 생각하였다. 그러나 실생활을 살펴보면 그렇지 아니하고 우리의 소비수준은 다른 사람의 소비수준에 의해서 많은 영향을 알게 모르게 받고 있음을 깨달을 수 있다.

$$C_p = C(Y_p, C_{peer})$$

C_p : 현재소비, Y_p : 현재 소득수준, C_{peer} : 동류집단의 소비수준

우리가 농어촌에 살고 있는 경우 가지게 되는 소비수준과 중소도시에 살 경우 혹은 대도시에 살 경우 지출하게 되는 소비수준은 상당히 다르다. 어느 곳에 사는지에 따라 소비가 차이나는 것은 소비수준이 한 개인의 소비성향에 의해서만 결정될 듯 보이지만 실은 주위의 여건이나 이웃의 소비수준에 의해 영향을 받기 때문이다. 또한 같은 도시에 살더라도 단독주택이 모여 있는 동네에 주거할 경우와 아파트에 주거할 경우, 혹은 고급 빌라촌에 주거할 경우 각기 다른 소비수준을 보인다. 이는 자기가 주거하는 지역에 사는 이웃의 소비수준에 많은 영향을 받기 때문이다. 이와 같은 것을 소비에 있어서의 사회적 상대성이 한 개인의 소비수준에 영향을 끼치는 것으로 이해할 수 있다.

$$C_p = aY_p + bNC_p$$

Y_p : 현재 소득수준, NC_p : 현재 이웃사람들의 소비수준 평균값

이 식의 양변을 Y_p로 나누면

$$\frac{C_p}{Y_p} = a + b\left(\frac{NC_p}{Y_p}\right) \text{--- (1)}$$

현재 이웃사람들 소비수준의 평균값이 일정하다면 현재소득(Y_p)이 증가하면 평균소비성향(APC = $\frac{C_p}{Y_p}$)은 감소한다. 즉 현재의 횡단면 분석자료(Cross-section data)에서 현재소득이 증가하는 추세를 따라서 파악하면 평균소비성향은 감소하

는 것으로 나타날 것이며 이는 APC > MPC임을 뜻한다.

이의 경제적 의미는 소득이 높을수록 소비를 적게 하는 경향이 있다는 것이다. 신규 취업자의 연봉이 3600만원이라고 하고 중년인 최이사 연봉이 3억6000만원이라고 하자. 신규 취업자의 평균소비성향이 0.8이면 그의 소비는 3,600만원*0.8=2,880만원이다. 최이사의 소비가 3억6.000만원*0.8=2억8,800만원이 될 것으로 예상되지는 않는다. 소득이 높다고 해서 소비지출이 그에 비례적으로 증가하지는 않는다. 즉 최이사의 한계소비성향은 0.8보다는 작을 것이다.

또한 소득수준이 높은 사람들의 평균소비성향이 낮은 이유를 (1)식을 통해서 유추해 볼 수 있다. (1)식에 의하면 평균소비성향의 크기는 소비자의 현재소득수준과 이웃사람들의 현재소비수준의 비례 값에 의하며, 또한 소비자의 현재소득수준이 소득분포상 어느 정도의 위치에 놓이는가에 따라서 결정된다. 즉 소득수준이 높은 사람들은 자기보다 소비수준이 낮은 이웃으로부터 영향을 많이 받게 되고, 그럴수록 자기의 소득수준에 비해서는 덜 소비하게 되어 평균소비성향이 작게 된다. 반대로 소득수준이 낮은 사람들은 자기보다 소비수준이 높은 이웃들로부터 영향을 많이 받게 되어 자기의 소득수준에 비해서는 더 소비하게 되어 평균소비성향이 크게 된다. 이는 다시 한 번 횡단면 분석자료(Cross-section data)에 의하면 소득이 증가함에 따라서 평균소비성향이 감소함을 설명해 준다.

2. 시간적 상대성이 소비에 주는 영향

가끔 이런 말을 들을 수 있다. '나도 왕년에는 어떠 어떠 했는데 말이야 ......' 이 말은 과거에는 높은 수준의 소비생활을 하였는데...... 라면서 소비에 있어서 과거 소비 생활 중 높았던 시절을 회고하는 것을 느낄 수 있다. 사람들은 소득이 증가하면 소비도 증가시킨다, 반대 방향으로 소득이 감소하면 소비도 동일한 정도로 감소시키는 것이 당연하다고 생각이 든다. 그러나 실제에 있어서는 사람들은 소득이 줄어들었을 경우 소비도 즉각적으로 줄이지는 않는 것으로 관찰된다. 바로 이 점에 있어 케인즈는 오류를 범했다. 케인즈는 소득이 늘면 소비가 증가하듯이 소득이 줄면 소비가 같은 정도로 감소한다고 생각했다. 그러나 사람들에게는 소위 왕년효과라는 것이 있다. 과거의 최고소득 수준 시(時) 소비생활을 잊지 못하는 것이다. 이것이 바로 소비의 비가역성(比可逆性)이다. 이를 적용하면 소비가 다음과 같이 결정됨을 알 수 있다.

$$C = C(Y_p, Y_{peak})$$

Y_p : 현재 소득수준, Y_{peak} : 과거 최고의 소득수준

시간적 상대성이 소비에 미치는 영향을 도입하여 소비함수를 표현하면 다음과 같이 나타낼 수 있다.

$$\frac{C_p}{Y_p} = a - b\frac{Y_p}{Y_{peak}} \text{ --- (2)}$$

이와 같이 듀젠베리는 평균소비성향(APC)이 현재소득(Y_p)과 과거 최고의 소득수준(Y_{peak})에 의해 결정된다고 했다. 듀젠베리의 설명에 따르면 다음과 같다.

단기: 과거의 최고 소득수준(Y_{peak})이 일정한 단기에는 식(2)에서 보면 현재소득(Y_p)가 증가할수록 평균소비성향(APC)은 감소한다. 즉 MPC < APC이다.

장기: 장기적으로 보면 시간이 흐름에 따라 과거의 최고 소득수준(Y_{peak})도 상승한다. 그리고 과거의 최고 소득수준(Y_{peak})과 현재소득(Y_p)수준의 상승률이 동일하다면 식(2)의 $\frac{Y_p}{Y_{peak}}$ 부분이 상수가 된다. 이에 따라 평균소비성향(APC)은 일정한 값이 된다. 즉 MPC=APC이다.

이로써 쿠즈네츠가 제기했던 케인즈의 절대소득 가설상의 의문점들이 해결되었다.

다음 [그림 10-1]에는 장기의 소비함수선($C_{장기}$)과 단기의 소비함수선($C_{단기}$)이 그려져 있다. 앞서 설명한 바를 이 그래프를 이용하여 살펴보자.

[그림 10-1] 단기의 소비함수선과 장기의 소비함수선

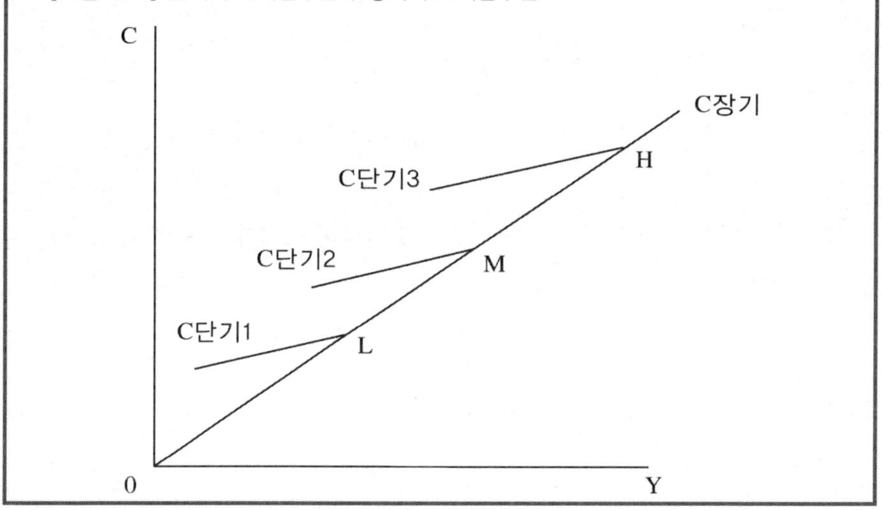

장기적인 추세로 소득이 증가할 때는 장기의 소비함수선($C_{\text{장기}}$)을 따라서 소비가 움직이며, 경기가 나빠져서 소득이 일시적으로 줄어들 경우에는 단기의 소비함수선($C_{\text{단기}}$)을 따라서 소비가 변동한다. 소득이 장기적인 추세를 따라서 L점까지 상승하다가 불경기가 닥쳐서 소득이 감소하면 소비는 줄어드는데 이때 장기의 소비함수선($C_{\text{장기}}$)을 따라서 하락하는 것이 아니고 L점에서 단기의 소비함수선($C_{\text{단기1}}$)을 따라서 소비가 감소한다. 이는 앞서 설명한 바와 같이 소비자들이 과거의 최고 소득수준(Y_{peak})을 고려하여 소비의 비가역성이 존재하기 때문이다. 그러다 다시 경기가 좋아져서 소득이 증가하면 L점에 이르기까지 다시 단기의 소비함수선($C_{\text{단기1}}$)을 따라서 소비가 증가한다. 그러다가 과거의 최고 소득수준(Y_{peak1})에 도달하고 나면 이제는 다시 장기의 소비함수선($C_{\text{장기}}$)을 따라서 소비가 증가하게 된다. 다시 M점에 도달하였을 때 불황이 닥쳐 소득이 감소하게 된다면 소비의 감소는 다시 한번 단기의 소비함수선($C_{\text{단기2}}$)을 따라서 감소하게 된다. 이후 다시 소득이 증가하면 소비는 단기의 소비함수선($C_{\text{단기2}}$)을 따라서 증가하며, 과거의 최고 소득수준(Y_{peak2})에 도달하고 난 이후에는 장기의 소비함수선($C_{\text{장기}}$)을 따라서 장기적 추세로 소비가 증가하게 된다. 동일한 설명을 H점 이후에도 적용할 수 있다. 이렇게 움직인 궤적은 마치 톱날모양이 된다. 이를 듀젠베리는 톱날효과(ratchet effect)라고

했다. 이런 모양이 나타나는 것은 소득이 증가할 때의 장기추세선과 소득이 감소할 때의 단기추세선이 다르기 때문이다. 이는 소비의 비가역성으로 과거의 최고 소득수준(Y_{peak})에 의해 소비가 영향을 받기 때문이다.

제4장 항상소득가설(Permanent Income Hypothesis)

프리드먼(Milton Friedman)은 소득(Y)을 항상소득(permanent income)과 임시소득(transitory income)으로 구분하고 소비(C)도 항상소비(permanent consumption)과 임시소비(transitory income)로 나누었다. 우리가 현실에서 관찰할 수 있는 것은 관찰된 소득(measured income)과 관찰된 소비(measured consumption)인데 이것이 바로 실생활에의 실제소득(Y)과 실제소비(C)이다.

항상소득은 한 개인이 보유자산과 평생 기대 되는 소득으로부터 항상 얻게 되는 소득을 말한다. 보유자산을 A_0, 매기(每期)에 얻게 되는 소득의 흐름을 Y_1, Y_2, Y_3 등으로 표시하면 이 사람이 갖고 있는 생애 전체 부(富)의 현재가치는 다음과 같다.

$$Present\ Value\,(PV) = A_0 + \frac{Y_1}{(1+r)^0} + \frac{Y_2}{(1+r)^1} + \frac{Y_3}{(1+r)^2} + \cdots\cdots$$

항상소득(Y_p)은 바로 생애 전체 부의 현재가치로부터 매기 얻게 되는 수입을 말한다.

그래서 항상소득은 $Y_p = PV \times r$으로 표현할 수 있다.

이에 비해 임시소득(Y_t)은 복권당첨 등과 같이 우연치 않게 생긴 수입으로 소비자의 평생 부의 흐름에 영향을 주지는 못하는 일시적인 소득을 말한다.

$$Y = Y_p + Y_t$$
$$C = C_p + C_t$$

그리고 임시소득과 항상소득 사이에는 아무런 관계가 없다고 가정했다. 우연히 발생하는 수입이 항상적으로 생기는 수입과 관계가 없는 것은 당연하다.

$$Cov(Y_p, Y_t) = 0$$

또한 임시소득(Y_t)은 임시소비(C_t)에 아무런 영향을 주지 않는다고 가정했다. 임시적으로 소득이 늘어났다고 해서 소비자들이 임시소비를 늘리지 않는다는 것이다.

그리고 항상소비(C_p)와 임시소비(C_t) 사이의 관계도 없다고 가정했다.

$$Cov(C_t, Y_t) = 0$$
$$Cov(C_p, C_t) = 0$$

프리드먼은 항상소비(C_p)는 항상소득(Y_p)의 크기에 의해서만 결정된다고 했다.

$C_p = \rho \times Y_p = \rho \times PV \times r$이 된다.

이제 항상소득 가설을 [그림 10-2]를 이용하여 설명해 보자.

[그림 10-2] 항상소득가설의 소비함수선

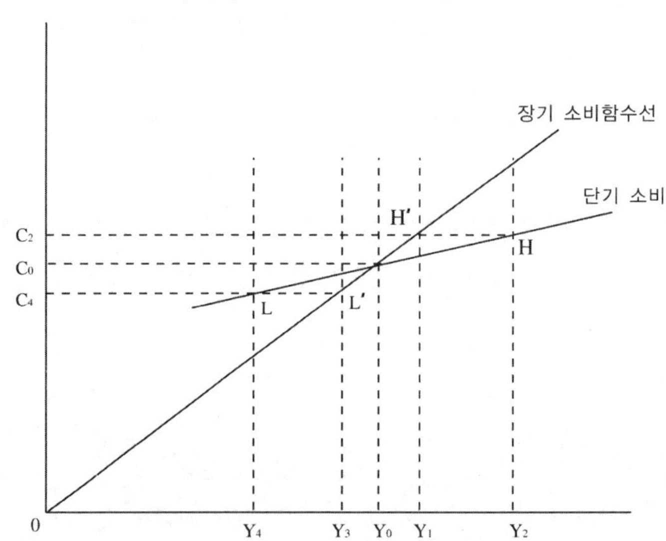

소비자의 소득이 일시적으로 Y_0에서 Y_2로 증가한 경우를 살펴보자.

$(Y_1 \sim Y_0)$: 항상소득 증가분
$(Y_2 \sim Y_1)$: 임시소득 증가분

소비는 항상소득 증가분 $(Y_1 \sim Y_0)$에 대응하는 만큼만 $C_p = \rho Y_p$ 소비함수선을 따라서 H'점으로 증가한다. $(Y_2 \sim Y_1)$만큼의 임시소득 증가분은 소비의 증가에 쓰이지 않는다. 이는 임시소득의 증가는 소비자들이 항상소득의 증가로 인식하지 않기 때문이다. 임시소득의 증가분은 소비의 증가로 나타나지 않는다는 항상소득가설을 적용한 결과이다. 따라서 소득이 일시적으로 Y_2로 증가하면 소비는 C_2으로 증가한다.

반대 방향으로 소득이 일시적으로 Y_0에서 Y_4로 감소한 경우를 살펴보자.

$(Y_3 \sim Y_0)$: 항상소득 감소분
$(Y_4 \sim Y_3)$: 임시소득 감소분

소비는 항상소득 증가분 $(Y_3 \sim Y_0)$에 대응하는 만큼만 $C_p = \rho Y_p$ 소비함수선을 따라서 L'점으로 감소한다. $(Y_4 \sim Y_3)$만큼의 임시소득 감소분은 소비에 영향을 주지 않는다. 이는 임시소득의 감소는 소비자들이 항상소득의 감소로 인식하지 않기 때문이다. 항상소득가설에 의하면 임시소득의 감소분은 소비의 감소로 나타나지 않는다. 따라서 소득이 일시적으로 Y_4로 감소하면 소비는 C_4로 감소한다.

결국 $(Y_2, C_2) = H$점, $(Y_4, C_4) = L$점 이 되므로 실제적인 단기 소비함수선은 LH선이 된다. 그리고 장기의 소비함수선은 $C_p = \rho \times Y_p$이다.

프리드먼의 항상소득가설에 의하면 장기의 소비함수선에서는 MPC = APC이고 단기의 소비함수선에서는 MPC < APC가 된다.

제5장 Life-Cycle 가설

모딜리아니(Franco Modigliani), 브룸버그(R.. E. Brumberg), 안도(Albert K. Ando) 세 사람(MBA)에 의한 소득가설로 소비자들의 생애 전체의 소득과 소비를 대상으로 파악하고 있다. 사람들은 살아가면서 소득이 적거나 전혀 없는 시절이 있는가 하면 상당히 높은 소득을 얻게 되는 시기도 있다. 이런 소득과 소비의 차이를 파악하면서 전 생애에 걸쳐 소비를 비슷하게 유지하려고 한다고 본다. 즉 소득이 적은 시기에는 대출(마이너스의 저축)을 받고, 소득이 큰 시기에는 저축을 한다고 본다. 매기(每期)의 소비를 C라고 하고 일생동안 일하는 연수을 W라고 하며, 소비자의 생애기간을 L이라고 하면 매년의 소비는 다음과 같이 표현할 수 있다.

$$
\begin{aligned}
C &= \frac{A_0 + WY}{L} = (\frac{1}{L})A_0 + (\frac{W}{L})Y \\
&= MPC_{A_0} \times A_0 + MPC_Y \times Y \\
&= [MPC_{A_0} \times (\frac{A_0}{Y}) + MPC_Y] \times Y
\end{aligned}
$$

위식에서 $\frac{1}{L}$는 자산으로부터의 한계소비성향이고, $\frac{W}{L}$는 소득으로부터의 한계소비성향이다. 따라서 각각 MPC_{A_0}와 MPC_Y라고 표기했다. 이 식을 다시 Y를 밖으로 내어 묶으면 우리는 $[MPC_{A_0} \times (\frac{A_0}{Y}) + MPC_Y] \times Y$을 얻게 된다. 한계소비성향은 상수이며, 긴 시간을 놓고 보면 소득이 커짐에 따라 부(A_0)의 크기도 커진다고 볼 수 있다. 따라서 대괄호안의 값은 한계소비성향과 상수인 $\frac{A_0}{Y}$으로 구성되어 있으므로 역시 상수 값을 갖는다. 따라서 Life-Cycle 가설 하의 장기에 있어서의 소비함수는 원점을 지나게 된다.

그래서 Life-Cycle 가설 하의 장단기 소비함수를 [그림 10-3]에서 확인해 보면 단기의 소비함수는 절편이 있으며 기울기가 작고 장기의 소비함수는 기울기가 크고 원점을 지나게 된다.

[그림 10-3] Life-Cycle 가설 하의 장단기 소비함수

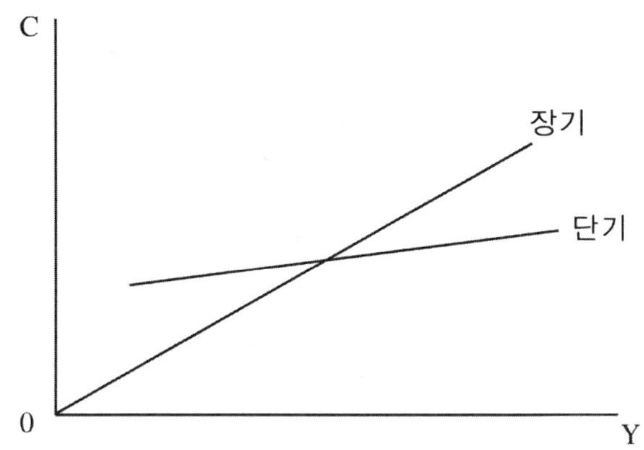

이를 통해서 단기에 있어서는 MPC<APC이고 장기에 있어서는 MPC=APC라는 시계열 분석 자료(Time-series data)에 있어서의 쿠즈네츠 관찰을 설명하게 된다.

쿠즈네츠 관찰과 관련하여 횡단면 분석자료(Cross-section data)에 대해서는 고소득자는 장년층에 많고 저소득자는 청소년이나 노인계층에 많다는 점을 생각하자. 소비성향이 작은 장년층과 소비성향이 큰 청소년이나 노인계층을 고려해 보면 MPC < APC임을 쉽게 이해할 수 있다.

Life-Cycle 가설을 직관적으로 이해하기 위해 [그림 10-4]을 이용하자. 소비를 나타내 주는 선은 소득이 없는 유아기에도 영이 아니며 청장년 시기에 가장 높은 소비수준을 보여준다. 소득을 나타내 주는 선을 보면 20대 초반에 들어서야 소득이 발생하는 것으로 그렸으며 58세 정도에 퇴직하는 것으로 상정했다. Life-Cycle 가설이 직관적으로 주는 의미는 우리들의 소비와 소득은 시기상 불일치하는데 우리는 가능한 한 매기(每期) 비슷한 소비수준을 유지하려고 노력한다는 것이다.

소비선 이하의 면적과 소득선 이하의 면적을 비교하여 소득선 이하의 면적이 소비선 이하의 면적보다 크다면 재산을 남겨줄 수 있는 것이고 반대의 경우라면 채무를 후손에 남기게 되는 것이다. Life-Cycle 가설에서는 소비선 이하의 면적과 소득

선 이하의 면적이 동일하도록 매기(每期)의 소비수준을 결정한다고 가정하였다.

[그림 10-4] Life-Cycle 가설의 직관적 설명

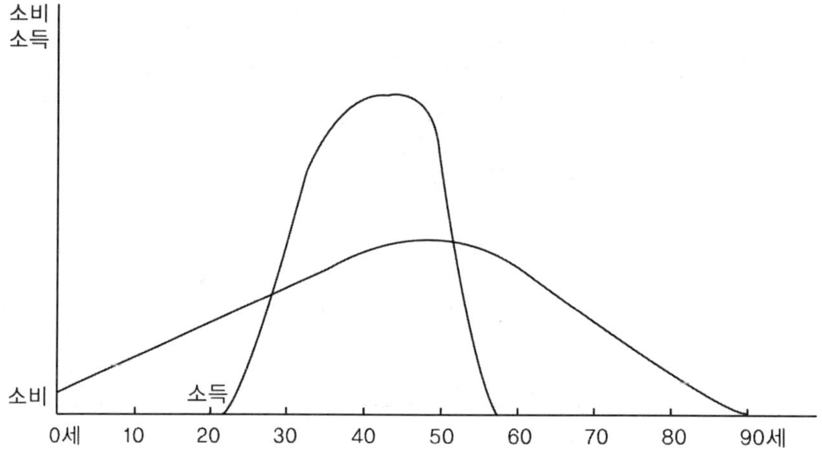

제 XI 부
실업과 인플레이션

제 XI 부

실업과 인플레이션

제1장 실업

1. 실업은 왜 발생하는가?

실업은 왜 발생하는가? 근로자 개인의 능력이 부족해서 일자리를 구하지 못하는 경우도 있고 일할 능력과 의사가 있음에도 불구하고 일자리를 얻을 수 없는 경우도 있다. 또한 현재 일하고 있는 직장이 사업을 중단하거나 구조조정을 단행하여 갑자기 일자리를 잃는 경우도 있다. 아무튼 실업은 개인의 입장에서는 매우 심각한 사태이며 가정을 지키는데도 어려움을 초래할 수 있는 위기이다. 사회적으로도 실업은 인적자원의 낭비이며 사회적 불안을 야기시킬 수 있는 바람직스럽지 않은 현상이다.

먼저 실업이 발생하는 원인을 살펴보면 기업이 필요로 하는 기술이나 기능 혹은 지식, 정보와 취업을 원하는 노동자가 가지고 있는 그 것이 맞지 않는 것이 원인이 된다. 또한 일자리를 제공하는 측이나 기업이 제시하는 임금이 상대적으로 낮아서 취업을 늦추는 경우가 있으며 반대로 임금이 상대적으로 높아 공급되는 일자리 수가 적어져서 실업이 발생하는 경우도 있다.

실업에 처해 있는 사람을 구분해 보면 일자리를 잃는 사람(job loser), 지금 그만 두는 사람(job leaver), 대학 등을 졸업하여 새로이 경제활동인구에 편입된 사람(new entrant), 취업준비 등을 오랫동안 하여 비경제활동인구로 편입되어 있다가 다시 일자리를 찾아서 경제활동인구에 편입된 사람(re-entrant) 등으로 나눠 볼 수 있다. 이들이 전체 실업자 중에서 각기 얼마나 되는지를 파악하는 것은 실업대책을 세우는데 있어 중요하다.

또한 이직자들의 문제가 중요한데 이 들은 평균 몇 해를 근무하고 이직을 하는지 파악하는 것이 필요하며 왜 젊은 근로자들의 이직율이 높은지 파악하는 것도 긴요하다. 불황기에는 근로자들이 긴장하게 되므로 함부로 직장을 그만 두지 않는다. 또한 미채용 일자리도 감소하므로 일단 직장을 떠나면 새 일자리 찾기가 쉽지 않다. 따라서 불황기에는 전체 실업자 수는 증가하더라도 이직에 의한 실업자 수는 감소한다.

2. 임금경직성의 원인

노동시장의 균형이라는 관점에서 보면 비자발적 실업은 존재하지 않아야 한다. 비자발적 실업이 있으면 임금이 떨어져서 균형으로 복귀되어야 한다. 그러나 현실에 있어서는 임금이 잘 하락하지 않는다. 그 이유는 무엇일까?

① 최저임금제(Minimum Wage)

우리나라는 지난 1988년부터 최저임금제를 시행하고 있다. 이는 최저가격제의 일환으로 열악한 노동시장에서 취업하고 있는 근로자를 보호하고자 실시하는 제도이다. 2008년 현재의 적용하는 최저임금은 시간당 3,770원이고, 일급으로는 30,160원이다.

최저임금을 적용하는 경우를 보면, 회사택시 기사를 예로 들 수 있다. 기사들은 하루에 버는 수입 중에서 일정금액은 사납금이라고 해서 회사에 납입하고 나머지는 자신의 업적수당으로 벌게 된다. 그리고 해당 기사가 한 달 동안 근로한 시간에 대해서는 시간당 3,770원을 계산하여 고정급으로 받는다.

② 노동조합(Labor Union)

노동조합은 일자리 유지와 임금 및 근로조건의 개선을 위하여 결성된 노동자들의 단체이다. 노동조합은 목표를 달성하기 위하여 노동의 공급을 조절하는 독점력을 유지하려고 한다. 노동에 대한 독점력을 가지게 되면 노동조합은 조합원들의 일자리 확보를 도모할 수도 있고 임금을 일정 수준이상으로 유지할 수도 있다.

③ 효율임금(Efficiency Wage)

효율임금이란 해당 산업에 있어서의 평균임금보다 높은 수준의 임금을 말한다. 기업이 효율임금을 지급하는 이유는 생산성이 높은 근로자를 유인하거나, 근로자들의 이직을 방지하고, 태업을 못하게 유도하기 위해서이다. 즉 평균보다 높은 수준의 임금을 지급함으로써 평균보다 생산성이 높은 근로자를 모집할 수 있다. 또 근로자들이 이직을 하면 기업의 입장에서는 그동안 직장 내 훈련 등을 통하여 숙련된 근로자를 잃게 되는 것이며 이를 대체하기 위해 새 근로자를 모집하기 위해서는 많은 신규채용비용이 든다. 따라서 평균보다 높은 임금을 지급함으로서 근로자의 이직(turnover)을 막는 것이 기업에 유리하다. 이 밖에 태업을 하는 근로자는 해고할 수 있는데 평균보다 높은 수준의 임금을 지급하는 것이 기업에 유리하다. 왜냐하면 높은 임금을 지급 받을 경우 근로자들은 해고 당하면 높은 보수가 없어지는 것이기 때문에 태업을 하지 않을 것이다.

요약하면 효율임금이란 평균실질임금보다 높은 수준으로 근로자들을 현재의 직장에 계속 근무하도록 유도할 정도의 유인을 제공하는 임금을 말한다.

이상과 같은 실질임금 경직성의 원인들 때문에 실질임금이 하락하지 않게 되고 비자발적 실업이 사라지지 않는 것이다.

3. 노동 통계상의 용어 및 현황

(1) 생산가능인구, 경제활동인구, 고용에 관련한 종사상 지위에 관한 우리나라 노동 통계상의 공식적인 용어 정의는 다음과 같다.

① 생산가능인구 : 조사대상 주간을 기준으로 하여 대한민국에 상주하는 만 15세 이상인 자를 조사대상으로 함. 단, 현역군인 및 공익근무요원, 전투경찰, 형이 확정된 교도소 수감자, 그리고 외국인 등은 제외됨.

② 경제활동인구 : 만 15세 이상 인구 중 조사대상 주간 동안 상품이나 서비스를 생산하기 위하여 노동을 제공한 사람과 제공할 의사와 능력이 있는 사람. 즉 취업자와 실업자를 말함.

1) 취업자 : 조사대상 주간에 소득, 이익, 봉급, 임금 등의 수입을 목적으로 1시간 이상 일한 자, 자기에게 직접적으로는 이득이나 수입이 오지 않더라도 가구단위에서 경영하는 농장이나 사업체의 수입을 높이는 데 도와준 가족종사자로서 주당 18시간 이상 일한 자, 직업 또는 사업체를 가지고 있으나 조사대상 주간에 일시적인 병, 일기불순, 휴가 또는 연가, 노동쟁의 등의 이유로 일하지 못한 일시휴직자를 말한다.

2) 실업자 : 15세 이상 인구 중 조사대상 기간에 일할 의사와 능력을 가지고 있으면서도 전혀 일을 하지 못하였으며 일자리를 찾아 적극적으로 구직활동을 하였던 사람으로 즉시 취업이 가능한 사람을 말한다.

③ 종사상 지위 : 취업자가 실제로 일하고 있는 신분 내지 기능 상태에 따라 종사상 지위는 다음 여섯 가지로 범주로 구분된다.

1) 상용근로자 : 고용계약 기간을 정하지 않았거나 고용계약 기간이 1년 이상인 정규직원, 또는 특별한 고용계약이 없이 기간이 정해져 있지 않더라도 근속기간이 1년 이상인 직원으로 상여금 및 퇴직금 등의 각종 수혜를 받는 자

2) 임시근로자 : 고용계약 기간이 1개월 이상 1년 미만인 자, 또는 고용계약 기간을 정하지 않은 경우 상여금 및 퇴직금 등의 비수혜자

3) 일용근로자 : 임금 또는 봉급을 받고 고용되어 있으나 고용계약 기간이 1개월 미만인 자, 또는 일정한 사업장 없이 떠돌아 다니면서 일한 대가를 받는 자

4) 자영자 : 유급종업원 없이 자기 혼자 기업이나 농장 등을 경영하는 자, 또는 상점이나 전문적인 직업을 독립적으로 경영하는 자

5) 고용주 : 한 사람 이상 유급종업원을 두고 기업을 경영하거나 농장을 경영하는 자

6) 무급가족종사자 : 자기에게 직접 수입이 오지 않더라도 자기 가구에서 경영하는 농장이나 사업체의 수입을 높이는 데 18시간 이상 도와준 자

(2) 사업체 노동실태 현황과 관련한 용어의 정의와 그 현황은 다음과 같다.

사업체 노동실태 현황은 원래 통계청에서 조사하는 「사업체 기초통계조사」자료를 노동부가 가공·집계하여 노동 행정대상 사업체수와 종사자수에 관한 통계자료를 작성하고 있는 것이다. 이는 2000년 3월부터 근로기준법 적용대상이 1인 이상으로 확대되면서 통계청의 「사업체 기초통계조사」자료를 원용하여 작성하고 있다.

통계 작성대상으로는 통계청의 「사업체 기초통계조사」의 조사대상 사업체중 상용종사자, 임시·일용종사자 또는 무급종사자 1인 이상인 사업체를 대상으로 작성하며, 자영업자와 무급가족종사자로만으로 구성된 사업체는 집계대상에서 제외되며, 공공행정, 국방 및 사회보장행정」 산업분류에 해당하거나, 공무원이 재직하는 사업체는 집계대상에서 제외하고 있다.

① 노동통계조사의 모집단을 파악하는 전국사업체기초통계조사(통계청)는 조사기준일 현재(12월 31일) 행정권이 미치는 전 지역에 소재하는 모든 사업체를 조사 대상으로 한다. 사업체의 종사자는 다음 다섯 가지 범주로 구분된다.
   1) 상용근로자 : 임금 또는 봉급을 받고 고용되어 있으며 고용계약 기간을 정하지 않았거나 고용계약 기간이 1년 이상인 정규직원
   2) 임시근로자 : 임금근로자 중 고용계약 기간이 1개월 이상 1년 미만인 사람
   3) 일용근로자 : 임금근로자 중 고용계약 기간이 1개월 미만인 자
   4) 자영업주 : 자기 혼자 또는 무급가족종사자와 함께 자기 책임 하에 독립적인 형태로 전문적인 업을 수행하거나 사업체를 운영하는 사람
   5) 무급가족종사자 : 동일가구 내에 살고 있는 혈연관계인 가족이 운영하는 개인 사업체에 정기적인 보수(즉, 작업량에 따라 지불하기로 약정한 임금과 급료) 없이 적어도 정상 작업시간(상시 종사자의 대부분에게 적용되는 작업시간)의 1/3 이상을 작업한 사람

② 표본조사인 매월노동통계조사, 노동력수요동향조사 등은 상용근로자를 조사 대상으로 한다.

요약하면, 사업체 노동실태 조사는 전국 사업체 기초통계조사를 원용하여 매월노동통계조사, 노동력수요동향조사 등이 행해지는 것이다.

사업체노동실태현황과 관련한 사업체의 종사자의 지위별 2005년과 2006년의 통계 현황은 다음과 같다.

[표 11-1] 종사상 지위별 현황(2005년, 2006년)

년도	사업체수	총 종사자수	자영업주	무급가족 및 무급 종사자	상용 종사자	임시 및 일용 종사자
	개소	명	명	명	명	명
2005	1389138	11616685	977494	889889	8181602	1567700
2006	1401784	11869493	961702	886554	8444484	1576753

자료: 노동부 〈http://www.molab.go.kr〉

최근 한국의 실업률 현황은 다음 [그림 11-1]과 같다.

[그림 11-1] 한국의 실업률 추이(2000년~2007년)

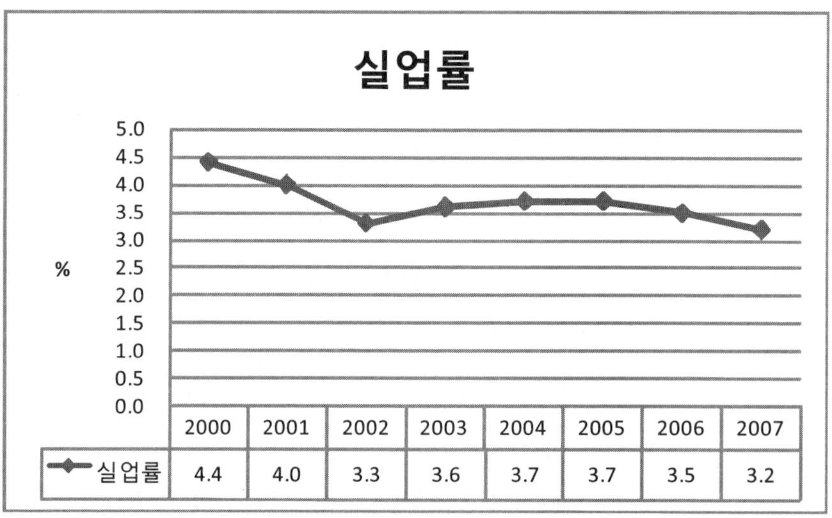

자료: 노동부 〈http://www.molab.go.kr〉

다음은 최근 우리나라의 경제활동인구수와 경제활동참가율 그리고 취업자의 현황을 보여주고 있다.

[표 11-2] 경제활동인구와 취업자 수 (천명,%,%p)

	'04	'05	'06	'07	'07.1	'07.2	'08.1	'08.2
경제활동인구	23,417 (2.0)	23,743 (1.4)	23,978 (1.1)	24,216 (1.0)	24,150 [0.3]	24,121 [−0.1]	24,326 [0.1]	24,301 [−0.1]
경활참가율	62.1 (0.6)	62.0 (−0.1)	61.9 (−0.1)	61.8 (−0.1)	62.0 [0.2]	61.9 [−0.1]	61.8 [−0.1]	61.6 [−0.2]
취업자	22,557 (1.9)	22,856 (1.3)	23,151 (1.3)	23,433 (1.2)	23,344 [−0.4]	23,345 [0.0]	23,592 [0.2]	23,563 [−0.1]

자료: 노동부 〈http://www.molab.go.kr〉

그리고 2008년 2월 현재 청년층(15~29세) 실업자는 294천명으로 전월대비 11천명 감소하였고 청년층 실업률은 6.7%로 전월대비 0.1%p 하락하였다.

또한 2008년 6월 현재 총취업자 수는 23,963천명이다.

[표 11-3] 최근의 실업자수와 실업률

	'04	'05	'06	'07	'07.1	'07.2	'08.1	'08.2
실업자	860 (5.2)	887 (3.1)	827 (−6.7)	783 (−5.4)	806 [0.4]	776 [−3.7]	735 [−3.4]	738 [0.5]
청년층	412 (2.7)	387 (−6.1)	364 (−5.9)	328 (−10.0)	326 [−6.1]	322 [−1.2]	305 [−3.2]	294 [−3.6]
실업률	3.7 (0.1)	3.7 (0.0)	3.5 (−0.2)	3.2 (−0.3)	3.3 [0.0]	3.2 [−0.1]	3.0 [−0.1]	3.0 [0.0]
청년층	8.3 (0.3)	8.0 (−0.3)	7.9 (−0.1)	7.2 (−0.7)	7.1 [−0.5]	7.1 [0.0]	6.8 [−0.3]	6.7 [−0.1]

자료: 노동부 〈http://www.molab.go.kr〉

다음에서 우리나라의 1990년 이후의 총인구 비경제활동인구수, 경제활동참가율, 그리고 2000년 이후의 임금근로자수, 비임금근로자수, 실업자수 등을 파악하자.

[표 11-4] 추계인구와 경제활동참가율

항목명	추계인구	15세이상 인구	비경제활동 인구	경제활동 참가율
연도	명	천명	천명	%
1990	42,869,283			
1991	43,295,704			
1992	43,747,962			
1993	44,194,628			
1994	44,641,540			
1995	45,092,991			
1996	45,524,681			
1997	45,953,580			
1998	46,286,503			
1999	46,616,677			
2000	47,008,111	36,186	14,052	61.2
2001	47,357,362	36,579	14,108	61.4
2002	47,622,179	36,963	14,042	62
2003	47,859,311	37,340	14,383	61.5
2004	48,039,415	37,717	14,300	62.1
2005	48,138,077	38,300	14,557	62
2006	48,297,184	38,762	14,784	61.9
2007	48,456,369	39,170	14,954	61.8
2008	48,606,787			

자료: 노동부 〈http://www.molab.go.kr〉

[표 11-5] 임금근로자, 실업자 현황

항목명	경제활동 인구	비임금 근로자	임금근로자	실업자	실업률
연도	천명	천명	천명	천명	%
2000	22,134	7,795	13,360	979	4.4
2001	22,471	7,913	13,659	899	4
2002	22,921	7,988	14,181	752	3.3
2003	22,957	7,736	14,402	818	3.6
2004	23,417	7,663	14,894	860	3.7
2005	23,743	7,671	15,185	887	3.7
2006	23,978	7,600	15,551	827	3.5
2007	24,216	7,463	15,970	783	3.2
2008	24,387		15,993	771	3.2

자료: 노동부 〈http://www.molab.go.kr〉

4. 오쿤의 법칙(Arthur M. Okun's Law)

오쿤은 1962년에 실업률과 산출량 사이에 다음과 같은 관계가 있음을 밝혔다.

$$Y - Y^{*} = \gamma - \beta(u - u^{*})$$

이는 경험적으로 파악한 법칙으로 실제 실업률이 자연실업률 수준보다 1% 상승하면 국민경제의 잠재적 산출량은 약 2.5% 정도 떨어진다는 것이다.

Arthur M. Okun's Law(1962) : 실업과 실질GDP 사이에 음의 상관관계가 있다. 즉 실업자가 존재한다는 것은 그만큼 산출량이 줄어든다는 의미이다. X축에 실업률의 변화를 표시하고 Y축에 실질GDP의 변화율을 표시하면 다음 [그림 11-2]와 같은 그래프를 얻는다.

[그림 11-2] 오쿤의 법칙: 미국의 경우

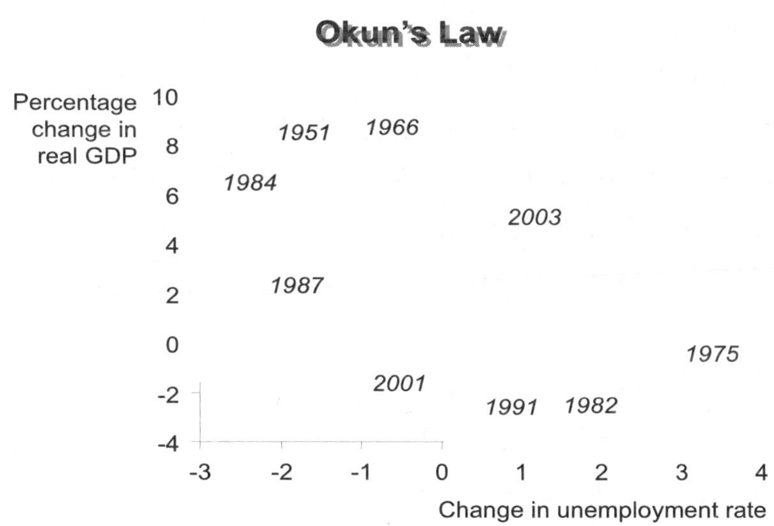

자료: 원 자료는 미국 Department of Commerce와 Department of Labor이며 N. Gregory Mankiw, Macroecomics, 6th ed. Worth Publishers, 2007의 Instructor's CD-ROM 자료/ PPT Lecture/ chap09/ 6th slide에서 인용함.

그리고 이를 수식으로 표현하면 다음과 같다.

$$Y - Y^{*} = \gamma - \beta(u - u^{*})$$

자연실업률은 자연생산수준에 상응하는 실업률이다.

미국의 경우 연평균 실질GDP 평균 성장률은 앞서 살펴 본바와 같이 3.5% 수준이었다. 이는 전년도에 비해 실업률이 일정하게 유지될 경우 실질GDP가 약 3.5%씩 증가한다는 의미이다. 그래서 오쿤의 법칙을 구체적 수치로 표시하면 다음과 같다.

실질GDP의 변화율 = $Y - Y^{*} = 3.5\% - 2(u - u^{*})$

예를 들어서 실업률이 3%에서 6%로 증가할 경우

실질GDP의 변화율 = $Y - Y^{*} = 3.5\% - 2(6\% - 3\%^{*})$=-2.5%가 된다.
이는 실질GDP가 2.5% 감소하여 경기가 후퇴한다는 의미이다.

오쿤의 법칙이 시사하는 바는 장기적인 경제성장의 요인과 단기적인 경기변동의 요인은 다르다는 점이다. 즉 경제성장은 노동, 자본 등의 물적자원의 투입량이 장기적 추세로 증가하고 이를 결합시켜주는 기술수준이 발전함에 따라 결정되지만, 경기변동은 단기적인 실업률의 변동에 의해 움직인다는 것이다. 다시 말하면 실업률의 장기적 추세는 경제성장의 장기적 추세에 의해 별로 영향을 받지 않는다는 것이다.

자연실업률은 자연생산수준에 상응하는 실업률이다.

$$Y - Y^{*} = 3\% - 2(u - u^{*})$$

한국은 1980년대 후반 실제 실업률이 낮았으므로 실제 GDP가 자연 GDP 보다 컸다.
다음 표에서 이를 확인해 보자.

[표 11-6] 실질GDP변화와 명목GDP변화

연도	실업률	실업률 변화	국내총생산 (명목)	국내총생산 (실질성장률)	실질 GDP 변화	국내 총생산 (명목성장률)	명목GDP 변화
1982	4.4		557,217	7.3			
1983	4.1	-0.3	655,590	10.8	3.5	17.7%	
1984	3.8	-0.3	751,263	8.1	-2.7	14.6%	-3.1%
1985	4.0	0.2	840,610	6.8	-1.3	11.9%	-2.7%
1986	3.8	-0.2	981,102	10.6	3.8	16.7%	4.8%
1987	3.1	-0.7	1,151,643	11.1	0.5	17.4%	0.7%
1988	2.5	-0.6	1,371,115	10.6	-0.5	19.1%	1.7%
1989	2.6	0.1	1,547,534	6.7	-3.9	12.9%	-6.2%
1990	2.4	-0.2	1,866,909	9.2	2.5	20.6%	7.8%
1991	2.4	0.0	2,260,076	9.4	0.2	21.1%	0.4%
1992	2.5	0.1	2,575,254	5.9	-3.5	13.9%	-7.1%
1993	2.9	0.4	2,906,756	6.1	0.2	12.9%	-1.1%
1994	2.5	-0.4	3,402,083	8.5	2.4	17.0%	4.2%
1995	2.1	-0.4	3,988,377	9.2	0.7	17.2%	0.2%
1996	2.0	-0.1	4,485,964	7	-2.2	12.5%	-4.8%
1997	2.6	0.6	4,911,348	4.7	-2.3	9.5%	-3.0%
1998	7.0	4.4	4,841,028	-6.9	-11.6	-1.4%	-10.9%
1999	6.3	-0.7	5,294,997	9.5	16.4	9.4%	10.8%
2000	4.1	-2.2	5,786,645	8.5	-1.0	9.3%	-0.1%
2001	3.8	-0.3	6,221,226	3.8	-4.7	7.5%	-1.8%
2002	3.1	-0.7	6,842,635	7	3.2	10.0%	2.5%
2003	3.4	0.3	7,246,750	3.1	-3.9	5.9%	-4.1%
2004	3.5	0.1	7,793,805	4.7	1.6	7.5%	1.6%
2005	3.5	0.0	8,105,159	4.2	-0.5	4.0%	-3.6%
2006	3.3	-0.2	8,480,446	5.1	0.9	4.6%	0.6%
2007		-3.3	9,011,886	5		6.3%	1.6%

자료: 한국은행, 한국은행 경제통계시스템(Ecos), 통계검색 〈http://ecos.bok.or.kr/〉

위의 자료를 이용하여 한국의 경우 오쿤의 법칙이 적용되는지 살펴 보자. 우리나라의 실업률 변화는 미국에 비하여 크지 않다. 따라서 오쿤의 법칙을 나타내는 식이 뚜렷하게 도출되지 않는다. 그래도 그래프에서 Y측 절편이 한국의 1970년-2007년까지의 연평균성장률 6.9%를 지나고 있고 실질GDP 변화와 실업률 변화 사이에 음의 관계가 있음을 확인할 수 있다.

[표 11-7] 실업률 변화와 GDP실질성장률

연도	실업률 변화	국내총생산(실질성장률)
1983	-0.3	10.8
1984	-0.3	8.1
1985	0.2	6.8
1986	-0.2	10.6
1987	-0.7	11.1
1988	-0.6	10.6
1989	0.1	6.7
1990	-0.2	9.2
1991	0.0	9.4
1992	0.1	5.9
1993	0.4	6.1
1994	-0.4	8.5
1995	-0.4	9.2
1996	-0.1	7.0
1997	0.6	4.7
1998	4.4	-6.9
1999	-0.7	9.5
2000	-2.2	8.5
2001	-0.3	3.8
2002	-0.7	7.0
2003	0.3	3.1
2004	0.1	4.7
2005	0.0	4.2
2006	-0.2	5.1

자료: 한국은행, 한국은행 경제통계시스템(Ecos), 통계검색 〈http://ecos.bok.or.kr/〉

[그림 11-3] 실업률 변화와 GDP 변화

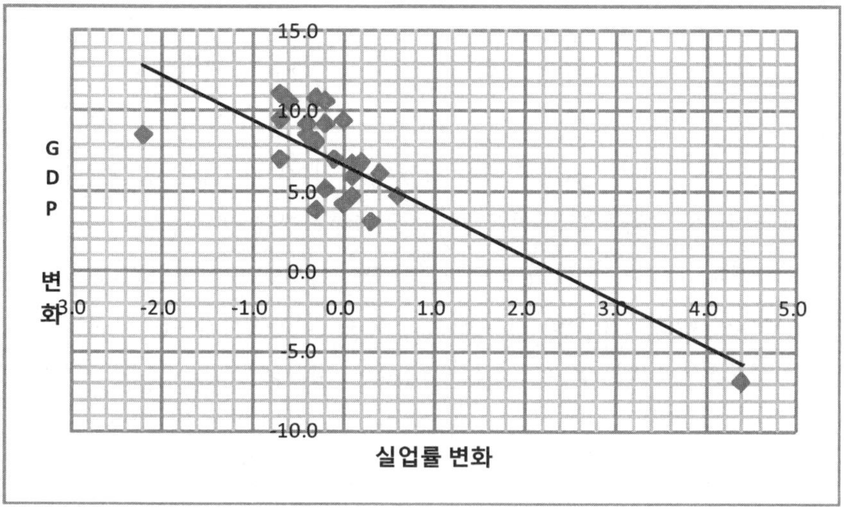

자료: [표 11-6]의 데이터를 Excel을 이용하여 도출한 것임.

다음 [표 11-8]은 한국의 1971년-2007년 사이의 매년의 실질 GDP 성장률과 연평균 실질 GDP 성장률을 보여 주고 있다.

[표 11-8] 한국의 1971년-2007년 실질 GDP 성장률과 연평균 실질 GDP 성장률 (단위 %)

1971	1972	1973	1974	1975	1976	1977	1978	1979	1980
8.2	4.5	12.0	7.2	5.9	10.6	10.0	9.3	6.8	−1.5
1981	1982	1983	1984	1985	1986	1987	1988	1989	1990
6.2	7.3	10.8	8.1	6.8	10.6	11.1	10.6	6.7	9.2
1991	1992	1993	1994	1995	1996	1997	1998	1999	2000
9.4	5.9	6.1	8.5	9.2	7.0	4.7	−6.9	9.5	8.5
2001	2002	2003	2004	2005	2006	2007	1971–2007 년평균		
3.8	7.0	3.1	4.7	4.2	5.1	5.0	6.9		

자료: 한국은행, 한국은행 경제통계시스템(Ecos), 통계검색 〈http://ecos.bok.or.kr/〉

제2장 인플레이션

거시경제정책의 두 가지 중요한 목표는 경제성장과 물가안정이다. 경제가 성장한다는 것은 기업을 통하여 일자리가 늘어난다는 말과 일맥상통한다.[1] 또한 물가가 안정된다는 것은 인플레이션을 잡았다는 것이다. 그래서 정부가 추구해야 할 대내적인 거시경제목표는 인플레이션을 진정시키고 경제성장을 통해 실업을 줄이는 것이다. 정부가 두 가지 목표를 추구함에 있어서 정책적 목표를 제대로 달성하려면 인플레이션과 실업 사이에 나타날 수 있는 관계가 어떠한지를 알아야 한다. 따라서 인플레이션과 실업사이에 이론적으로 어떤 관련이 있는지를 검토해 보는 것은 중요한 문제이다. 간략하게 표현하면 성장과 안정의 문제이다. 상식적으로 생각해 보아도 성장과 안정 사이에는 상충관계가 있음을 알 수 있다. 자라나는 청소년의 키를 보면 한창 키가 크는 시기에는 안정적이라고 할 수 없고, 다 커서 더 이상 키가 안 크는 장년의 시기는 안정적이기는 하지만 더 이상 성장하지 않음을 알 수 있다. 이처럼 성장하면 안정하지 않은 것이고 안정적 이면 더 이상 성장하지 않는 것이다. 경제성장과 물가안정도 이와 비슷한 관계가 있으리라고 추측할 수 있다. 과거에 표어를 보면 ≪안정속의 성장≫이라는 표현이 있었는데 이는 쉽사리 달성할 수 없는 두 가지의 상반된 경제정책 목표를 나타낸 것이다.

경제정책적 문제는 인플레이션율을 낮추면 경제성장률이 낮아져서 실업률이 높아지고, 인플레이션율이 높아지면 경제성장률이 높아져서 실업률이 낮아지는 것이다.

1. 인플레이션의 비용(The Costs of Inflation)

(1) 예상한 인플레이션의 비용(The Costs of Expected Inflation)

① 높은 인플레이션은 사람들에게 조세로 작용한다. (The distortion of the inflation tax)

높은 인플레이션 → 높은 명목이자율 → 사람들은 실질화폐잔고(real

1 최근에는 경제성장이 이루어져도 일자리 창출이 되지 않는 소위 growth without employment를 우려하는 시각도 있음을 주목하라.

money balance)를 적게 유지한다. → 은행을 자주 방문해야 함에 따라서 구두창 비용(shoeleather cost of inflation)이 발생한다.

② 메뉴교체에 따르는 비용(Menu cost)

인플레이션율이 높을수록 자주 메뉴를 바꿔야 한다.

③ 상대가격 변화에 따른 자원배분 상의 비효율(Inefficiencies of the allocation)

메뉴비용에 직면하는 기업들이 제때에 가격을 변경하지 않기 때문에 발생하는 비용이다. 말하자면 기업들은 메뉴를 바꾸는 비용이 크기 때문에 1년 내에 자주 여러 번 바꾸지는 않는다고 보는 것이다. 기업은 매년 1월에 Menu를 다시 작성한다고 한다. 가령 X재 가격이 연초에 1000원이었는데 매달 2%씩 상승하여 연말에는 1240원이 된다고 하자. 그러면 연초에는 아직 물건가격이 많이 오르지 않았다고 생각되기 때문에 판매가 적을 것이며, 연말로 갈수록 이미 인플레이션이 많이 실현되었다고 생각되기 때문에 상대적으로 싸게 생각되어 판매량이 늘어날 것이다. 이는 경제학에서 중요하게 생각하는 자원배분의 효율성을 해치는 것이다.

④ 인플레이션은 개인의 조세부담 능력을 변경시킨다.

주식을 사서 1년 후에 같은 가격에 되판다고 하자. 아무런 소득도 얻지 못하였으므로 조세를 부과하지 않는 것이 타당하다.

1000만원어치의 주식에 투자했고 매달 2% 씩 인플레이션이 발생했다고 하자. 연말에 1240만원에 되팔았다고 하면 실제 수익은 발생하지 않은 셈이다. 그러나 조세법은 240만원 만큼 수익이 있다고 간주하여 세금을 매긴다. 세법은 세금을 부과함에 있어 인플레이션을 고려한 실질자본수익(real capital gain)에 과세하는 것이 아니고 명목자본수익(nominal capital gain)에 과세하기 때문에 왜곡현상이 발생한다. (Inflation distorts how taxes are levied)

⑤ 경제적 거래 잣대 변경으로 인한 비용

1만원의 화폐가치가 인플레이션에 의해 자주 바뀌는 것은 경제거래를 함에 있어 곤란하거나 심하면 거래 자체를 불가능하게 할 수도 있다. 화폐는 물리적 세계에 있어서의 잣대와 같다. 인플레이션은 잣대의 눈금을 변경시키는 것이다. 가령 1m가 작년에는 100cm였는데 올해에는 108cm이고 내년에는 125cm로 변한다면 우리는 자를 믿고 쓰기 어려운 것이다. 화폐경제에서 인플레이션이 발생하면 이와 비슷한 일이 발생하여 경제적 거래상 불편하게 된다. 특히 인플레이션이 급격하게 진행되면 경제적 거래를 측정하는 잣대가 극심하게 변하여 장기적인 계획이나 계약이 곤란하게 된다.

(2) 예상치 못한 인플레이션의 비용(The Costs of Unexpected Inflation)

앞에서 살펴 본 5가지의 비용보다 더 크게 작용한다. 미국의 경우를 예로 생각해 보자. 가령 1960년에 돈을 빌려서 집을 구입한 경우 당시 대출이자율은 6%를 적용하였다. 이는 기대인플레이션이 2.5%일 것으로 예상하고 정한 것이었다. 금융기관은 연율 3.5%의 이익을 기대하고 계약을 체결한 것이다. 그런데 실제 인플레이션이 년 평균 5% 발생하였다. 기대인플레이션률에 비하여 실제인플레이션이 높게 발생하였던 것이다. 금융기관은 사후 실질보상(ex post real return)으로 연율 1%의 보상밖에는 얻지 못하였다. 돈을 빌려준 금융기관은 피해를 입은 것이다. 채권자는 불리했고 채무자는 이익을 얻을수 있었다. → Unexpected Inflation은 채권자(creditors)와 채무자(debtors) 사이에 임의적 재분배(arbitrary redistribution)효과를 가져온다.

이와 같은 기대하지 않은 임의적 소득재분배 효과를 차단하기 위해서는 계약을 맺을 때 인플레이션을 감안한 지수를 이용하여 계약을 맺든지 혹은 자국 통화가치가 불안정한 나라의 경우에는 국제적으로 보다 안정적인 가치를 지니는 통화단위를 이용하여 계약을 한다.

노인을 위한 사회보장수당은 정부 입장에서 보면 장기간 지불되는 부채(long-term obligations)이다. 이는 미국의 경우 CPI의 변동률에 따라 조정하고 있다. 그런데 통계상의 CPI가 실제 CPI 보다 높은 경향이 있음이 발견되었다.[2] 그래서 사회보장수당을 (CPI inflation - 1%)로 조정하도록 권고하고 있다. 한국도 공무원 연금 등을 조정함에 있어 소비자물가를 연동하는 방안을 검토할 필요가 있다.

우리나라에서 요즘 60세 이상의 사람들을 대상으로 역(逆)mortgage loan을 팔고 있다. 가령 3억원하는 아파트를 담보로 금융기관에 제공하고 남아있는 생애동안 매달 일정액을 받기로 약정하는 경우 기대인플레이션율은 매우 중요한 역할을 한다.

---

2 Michael Boskin, Ellen Dulberger, Robert Gordon, Zvi Griliches, Dale Jorgenson 등은 1995년에 미국 상원재무위원회(Senate Finance Committee)의 의뢰에 의하여 미국 CPI 측정상의 오차를 계산하였는데 매년 0.8% 내지 1.6% 정도 과대 측정되었다고 발표하였다.

제3장 필립스 곡선

필립스(A. W. Phillips)는 1861년부터 1957년 기간 동안 영국의 명목임금변동률과 실업률 자료를 분석하여 이 둘 사이에 안정적인 부(負)의 관계가 있음을 발견했다. 후에 필립스의 발견을 발전시킨 여러 연구들에 의하여 인플레이션과 실업률 사이에는 안정적인 역(逆)관계가 있음이 검증되었다. 원래는 명목임금변동률과 실업률 사이의 관계를 규명하려고 출발한 실증적 연구를 발전시켜 인플레이션과 실업률 사이의 이론적 관계로 나타낸 것을 필립스 곡선적 관계라고 부른다.

필립스 곡선이 주는 경제적 의미는 다음과 같다. 실업률이 높으면 인플레이션율이 낮고, 실업률이 낮으면 인플레이션율이 높다는 것이다. 이를 실업률과 인플레이션율 사이에 존재하는 안정적인 역의 관계라고 한다.

필립스 곡선의 경제정책적 의미는 정부가 대내적 경제정책을 선택할 때 실업률과 인플레이션율을 각각 일정수준 유지하도록 결정할 수 있는 선택적 조합이 있다는 것이다. 물론 정부의 정책에 한계가 있다는 것은 별개로 하고 그 한도 내에서 대내적 선택이 가능하다는 의미이다.

1. 필립스 곡선의 발전

영국의 경제학자 필립스가 처음 필립스 곡선을 연구하였을 때 그는 이론적 근거를 가지고 시작하지는 않았다. 다만 명목임금변동률과 실업률 자료를 분석하여 이 둘 사이에 안정적인 부(負)의 관계가 있음을 실증적으로 발견했을 따름이다.

필립스 곡선을 이론적으로 발전시키기 위해 노력한 립시(R. Lipsey)는 일자리를 구하는 사람이 많으면 명목임금이 상승하고, 실업자가 많아지면 명목임금이 떨어지게 된다는 사실에 주목했다. 즉 노동시장에서 노동의 초과수요가 있으면 명목임금이 상승하고 노동의 초과공급이 있으면 명목임금이 하락한다는 것이다. 그러나 립시의 이론은 노동자들이나 기업들이 노동시장에서 행동하는데 있어서 명목임금의 변화에 따라서 반응하는 것이 아니라, 실질임금의 변화에 반응한다는 사실에 의해 비판받게 되었다.

명목임금이 아니라 실질임금이 노동의 수요와 공급에 결정적 역할을 한다는데 착안하여 프리드먼(Friedman)과 펠프스(Phelps)는 실질임금 변화에 대하여 양(陽)의 방향으로 노동의 초과수요가 움직인다는 설명을 하였다. 이는 노동의 수요가 명목임금의 변화가 아니라 실질임금의 변화에 의해서만 반응한다는 의미이며 특히 기대실질임금이 중요하다고 주장하였다. 기대실질임금은 예상물가상승에 의해 결정된다.

2. 필립스 곡선의 여러 형태

전통적인 필립스 곡선의 형태는 우하향 한다. 즉 물가상승률과 실업률의 관계는 상충(相衝)관계(trade-off)에 있다. 이의 경제정책적 의미는 물가안정을 달성하려면 실업률이 높아짐을 감수해야 하며 실업률을 낮추려면 물가가 상승하는 것을 용인해야 함을 뜻한다. 이런 관계가 성립하는 것은 총수요선이 움직임에 따라서 형성되는 것이다. 총수요선이 상방으로 이동하면 총생산량은 증가하고 물가는 상승한다. 총수요선이 하방으로 이동하면 총생산량은 감소하고 물가도 하락한다. 바로 이런 관계를 실업률과 물가상승률을 각각 X축과 Y축으로 하여 도시한 것이 [그림 11-4]이다. ①과 같이 우하향의 모습을 보이는 곡선이 고전적인 형태의 필립스 곡선이다.

그런데 1970년대 들어서면서 이런 전통적인 필립스 곡선적 관계가 사라지고 경기가 침체하는 가운데에도 물가가 상승하는 상황이 벌어졌다. 경제 정책적 측면에서 보면 실업률도 증가하고 물가도 상승하여 두 가지 대내적 경제정책 목표를 모두 달성하지 못하는 어려운 상황이 벌어지게 된 것이다. 필립스 곡선의 형태로 보면 우상향하는 모습을 보이게 된 것이다.

이런 현상을 소위 스태그플레이션(stagnation+inflation=stagflation)이라고 한다. 왜 이런 현상이 벌어진 것일까? 이는 총수요선이 아니라 총공급선이 상방으로 이동한 것이다. 총공급선이 상방으로 이동하면 총생산량은 감소하고 물가는 상승한다.

그럼 어떤 경우에 총공급선이 상방으로 이동하게 되는가? 원자재 가격 상승 등으로 인해 기업의 생산비용이 증가하면 총공급선이 상방으로 이동한다. 또한 해당 경제의 생산성이 떨어지거나 조세인상으로 인하여 총공급선이 상방으로 이동한다.

이상과 같은 경우에 총공급선이 상방이동하면 물가와 실업률이 같은 방향으로 움직이게 된다. 따라서 실업률과 물가상승률을 각각 X축과 Y축으로 할 경우에 우상향하는 모습(③)의 필립스 곡선이 도출된다.

총공급곡선이 수직이거나 프리드먼-펠프스의 필립스 곡선을 상정할 경우에는 필립스 곡선은 수직이 된다. 필립스 곡선이 수직인 경우에는 화폐공급량을 늘리는 확장적인 금융정책을 실시해도 물가만 상승하지 실업률은 수직선 수준에서 결정된다. 즉 화폐는 실업이나 산출량 등의 실물변수에는 영향을 주지 못하고 물가상승률 같은 명목변수에만 영향을 준다는 소위 화폐의 중립성(neutrality of money)을 보여 주는 형태의 수직선(②)인 필립스 곡선이다.

[그림 11-4] 여러 형태의 필립스 곡선

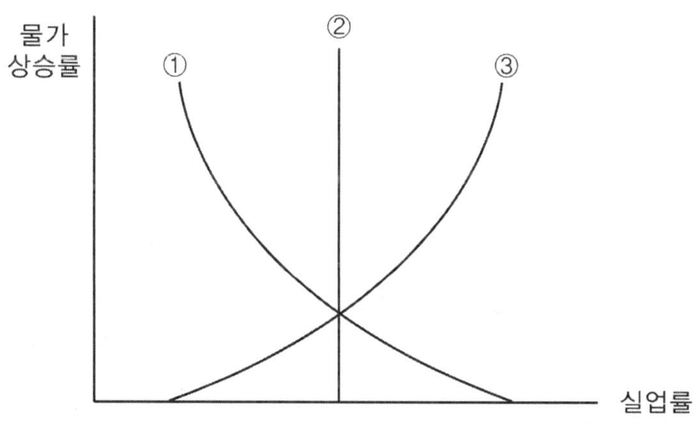

3. 예상(expectation)을 도입할 경우의 필립스 곡선

앞서 지적한 바와 같이 프리드먼과 펠프스는 노동의 수요는 명목임금이 아니라 기대실질임금에 의해 결정된다고 했다. 이를 나타내기 위해 예상물가상승(P^e)을 포함하는 필립스 곡선식을 다음과 같이 표현하였다.

$$P = P^e + F(U - U_n)$$

여기서 F의 도함수 $F' < 0$ 의 값을 갖는다.

U_n은 자연실업률(natural rate of unemployment)이다.

실업을 경기적 실업, 구조적 실업, 마찰적 실업으로 구분한다. 경기적 실업은 경기가 나쁠 때 발생하는 실업을 말하며, 구조적 실업은 말 그대로 경제의 구조적 측면에 의해서 발생하는 장기적이고 항상적으로 발생하는 실업으로 그 수준은 산업구조의 변화 폭 혹은 기술변화의 속도 등에 의해 결정된다. 마찰적 실업은 일자리를 찾는 사람과 근로자를 찾는 기업 사이의 정보 부족에 의한 부적합한 맞춤(mismatch)으로 인해 발생하는 실업이다. 그래서 어쩔 수 없이 발생하는 단기적 성격의 실업이다. 전체 실업률을 경기적 실업에 의한 부분, 구조적 실업에 의한 부분, 마찰적 실업에 의한 부분으로 나누이 볼 때 자연실업률은 경기적 실업에 의한 부분에 의한 실업률은 없다고 할 경우 존재하는 실업률을 말한다. 다시 말하면 자연실업률은 경기와는 무관하게 구조적 실업에 의한 부분과 마찰적 실업에 의한 부분으로 구성되는 실업률을 말한다.

위 식에서 $(U - U_n)$은 바로 경기적 실업에 의한 실업률을 나타내고 있다. 불황기에는 실제실업률이 자연실업률보다 높아서 $(U - U_n)>0$이 되고, 호황기에는 실제실업률이 자연실업률보다 낮아서 $(U - U_n)<0$이 된다.

불황기에는 $(U - U_n)>0$이고 $F' < 0$이므로 프리드먼-펠프스의 필립스 곡선식에 의하면 $P < P^e$이다. 실제실업률이 자연실업률 수준보다 높으면 이는 [그림 11-5]에서 U_n의 오른쪽에 해당하는 상황이고, 이 때 실제물가상승률은 예상물가상승률보다 낮다. 즉 실제실업률이 높으면 실제물가상승률은 낮은 것이다.

호황기에는 $(U - U_n)<0$이고 $F' < 0$이므로 프리드먼-펠프스의 필립스 곡선식에 의하면 $P > P^e$이다. 실제실업률이 자연실업률 수준보다 낮으면 이는 [그림 11-5]에서 U_n의 왼쪽에 해당하는 상황이고, 이 때 실제물가상승률은 예상물가상승률보다 높다. 즉 실제실업률이 낮으면 실제물가상승률은 높은 것이다.

[그림 11-5] 예상을 도입할 경우의 필립스 곡선

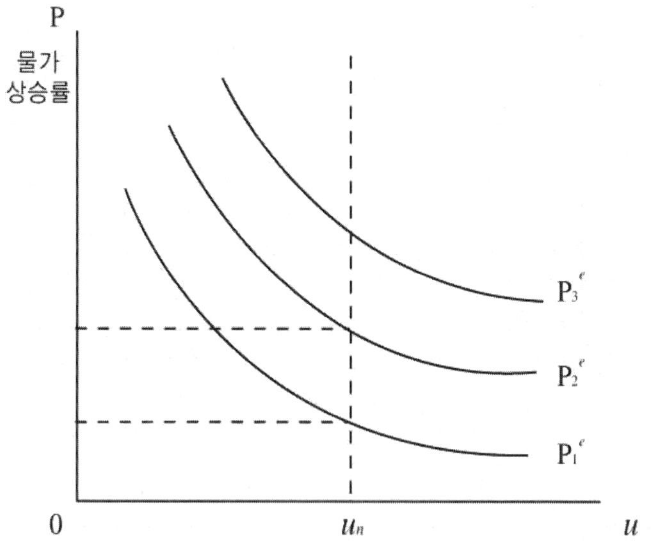

따라서 프리드먼-펠프스의 필립스 곡선도 우하향하는 모습을 갖는다. 이제 사람들이 실제물가상승률을 따라잡지 못한 자신들의 기대($P > P^e$)를 상향 조정한다고 하자. 그러면 [그림 11-5]에 보이는 것처럼 필립스 곡선은 기대가 상향 조정됨에 따라 각 기대 시(時)의 필립스 곡선 $P_1^e \rightarrow P_2^e \rightarrow P_3^e$를 따라서 상방으로 이동한다.

이상의 논의를 이용하여 정부가 확장적인 총수요정책을 이용하여 실제실업률을 자연실업률 수준 이하로 낮추려고 시도할 경우 어떤 현상이 벌어질지 생각해 보자.

[그림 11-6] 필립스 곡선의 이동과 자연실업률

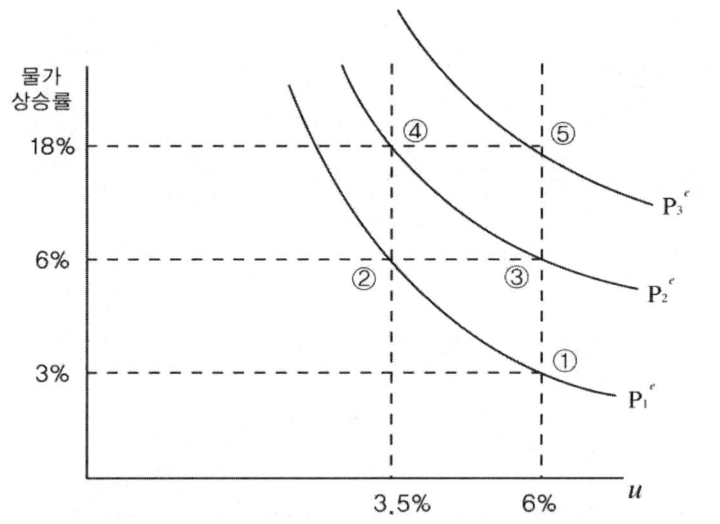

[그림 11-6]에서 현재 실업률이 6%, 물가상승률이 3%의 경제 상황{①=(6%, 3%)}이라고 하자. 정부는 실업률 6%는 너무 높다고 생각하여 이를 과거의 수준인 3.5%로 낮추려고 한다. 실업률을 낮추기 위해 정부는 팽창적인 금융정책을 사용할 수 있다. 그러면 일시적으로는 실업률이 감소하여 3.5% 수준{②=(3.5%, 6%)}으로 될 수 있다. 그러나 시간이 지남에 따라 사람들은 물가가 상승했다는 것을 알게 되고 자신들의 예상물가상승률이 낮았음을 인식한다. 이에 따라 예상물가상승률을 P_1^e에서 P_2^e로 상승시키고 필립스 곡선도 P_1^e에서 P_2^e로 이동한다. 그러면 실업률이 다시 6% 수준{③=(6%, 6%)}으로 되돌아가게 된다. 여기서 정부가 다시 실업률을 떨어뜨리기 위해서 팽창적인 금융정책을 실시하면 실업률은 3.5% 수준{④=(3.5%, 18%)}으로 일시적으로는 하락한다. 마찬가지로 시간이 지남에 따라 물가가 상승하는 것을 인식하게 되면 사람들은 다시 예상물가상승률을 상승시킨다. 이에 따라 필립스 곡선은 P_2^e에서 P_3^e로 상방 이동한다. 이렇게 되면 실업률은 다시 6% 수준으로 상승하고 물가상승률은 18%에 달하게 된다{⑤=(6%, 18%)}. 정부가 확장적인 총수요정책을 이용하여 실제실업률을 자연실업률 수준 이하로

낮추려고 시도할 경우 이상에서 살펴 본 바와 같이 일시적으로는 실업률이 낮아지지만 시간이 경과함에 따라 사람들의 물가예상은 정확하게 되고 그에 따라 필립스 곡선이 상방으로 이동하게 되어서 결국은 최초의 실업률 수준으로 돌아온다. 우리의 예에서는 6% 수준의 실업률에서 장기적인 실업수준이 결정되며 이를 자연실업률 수준이라고 한다. 그리하여 장기(長期)의 필립스 곡선은 수직선이 된다.

물가예상이 정확 하다면($P = P^e$) 프리드먼-펠프스의 필립스 곡선식이 성립하기 위해서 $(U - U_n) = 0$이 되어야 한다. 즉 예상물가상승률이 실제물가상승률과 같다면 실제실업률은 자연실업률 수준에서 결정된다. 이는 물가예상이 정확하면 경기적 변동에 의한 실업은 없어지고 마찰적, 구조적 실업에 의한 실업만이 존재하게 된다는 것이다. 그리고 이미 언급한 바와 같이 마찰적, 구조적 실업은 불가피하게 존재하는 실업이고 이런 의미에서 자연실업률은 경제 내에 불가피하게 존재하는 실업률이다.

(4) 자연실업률

자연실업률(natural rate of unemployment)은 노동시장의 불완전성을 전제로 하고 장기적으로 나타나는 실업률 수준이다. 즉 일정기간동안 항상 평균적으로 존재하는 실업률을 의미한다. 자연실업률 수준을 인플레이션을 가속화시키지 않으면서 달성 가능한 최저실업률 수준이라고 정의(non-accelerating inflation rate of unemployment)하기도 한다.

L(labor force) : 노동인구
E(employment) : 취업자 수
U(unemployment) : 실업자 수
그러면 L=E+U, 실업률은 U/L이다.

[그림 11-7] 실직률과 구직률 균형에 의한 자연실업률의 결정

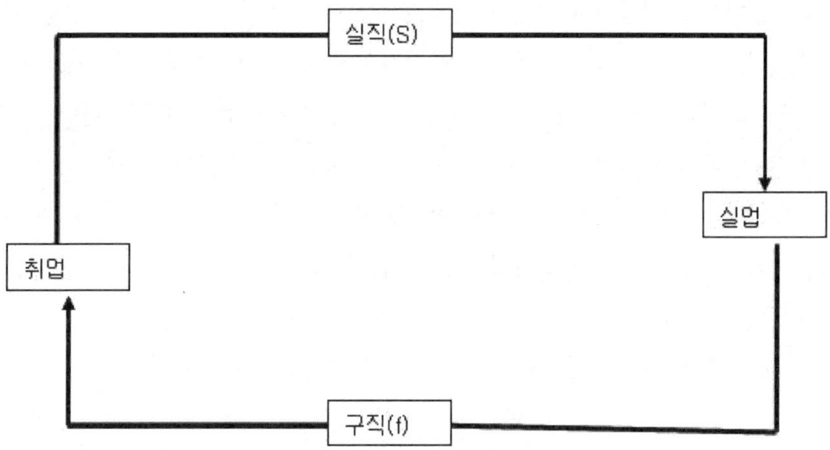

s는 실직률(1개월 단위로 고용된 노동자 중 직업을 잃는 사람의 비율)
f는 구직률(1개월 단위로 실직자 중 새로 직업을 얻는 사람의 비율)

1개월 단위로 새로 직업을 얻는 사람의 수와 직업을 잃는 사람의 수가 동일하면 실업률이 일정하게 유지된다. 따라서 노동시장의 안정조건은 f*U = s*E이다

E=L-U 이므로
f*U = s*(L-U) 이다.
윗식의 양변을 L로 나누면
f*(U/L) = s*(1-U/L) 가 된다.
따라서 실업률 $= \frac{U}{L} = \frac{s}{s+f}$ 이다.

이 식을 보면 s와 f가 자연실업률(U/L)을 결정함을 알 수 있다.
실직률(s)이 클수록 실업률이 높아지고 구직률(f)이 클수록 실업률이 낮아짐을

알 수 있다.

실직률(s)이 1/96=0.0104 이고 구직률(f)은 1/6=0.1666 이라고 하자. 이는 근로자들이 평균적으로 한 직장에서 8년(96개월) 일하다 실직하고, 다시 일자리를 얻는 데 걸리는 시간은 6개월이라는 의미이다. 이럴 경우 균형실업률을 윗식에 대입하여 계산하면 $\frac{1/96}{1/96+1/6}=0.058824$ 가 된다.

즉 균형실업률은 5.88%라는 계산이다.

이상에서 구한 실업률이 경제 내에 평균적으로 존재하는 실업률이 된다면 이를 자연실업률이라고 할 수 있다.

[표 11-9] 실질률과 구직률에 따른 실업률 계산의 예

s(실직률)	1/60	0.01	1/50	1/36	1/96
f(구직률)	1/10	0.2	1/6	1/6	1/6
실업률	0.1428571	0.047619	0.107143	0.142857	0.058824

자료: 임의의 실직률과 실업률을 대입하여 Excel을 이용하여 작성한 것임.

자연실업률이 존재하는 이유는 노동의 공급자와 수요자간에 정확한 match가 잘 이루어지지 않기 때문이다. 기업이 노동을 수요하는 것은 상품에 대한 수요가 있기 때문인데 상품의 수요는 계속 변화한다. 이에 따라 노동의 수요도 변화하게 된다.

산업간 지역 간 노동수요의 변화 — 수요구성의 변화 즉 부문 간 이동(sectoral shift)이 발생한다.

또한 정보의 흐름이 원활하지 못하면 일자리를 찾는 사람과 근로자를 구하는 기업 간의 정보부족으로 인한 부적합한 맞춤(mismatch)이 발생한다. 근로자들의 능력과 할 수 있는 기능은 근로자들 마다 다르다. 또한 기업들도 구하는 근로자의 직능과 자격이 다양하다. 이런 현실적인 갭이 있기 때문에 구하는 일자리와 원하는 근로자들 사이에는 괴리가 발생하고 이런 마찰적 요인 때문에 노동의 수요와 공급이 맞아 떨어지기 위해서

는 상당한 시간이 필요하다. 이런 의미에서 마찰적 실업(frictional unemployment)이 발생한다고 말한다.

일자리를 구하지 못한 노동자의 수와 근로자를 구하지 못해 비워있는 일자리의 수가 같다는 의미에서 자연실업은 균형실업이라고 한다.

제 XII 부
개방경제

제 XII 부
개방경제

제1장 환율 변동이 왜 중요한가?

달러강세가 되면 수출기업들은 이익을 보는 반면 수입기업들은 손실을 입는다. 한국처럼 원자재나 기계류를 해외에서 수입하는 경우는 더욱 큰 손해를 보게 된다. 기업의 입장을 보면 삼성전자 같은 수출위주 기업은 달러강세의 이익을 많이 얻을 수 있는 반면, 대한항공이나 아시아나 항공사들처럼 달러표시 부채가 많은 기업들은 달러가 강세가 되면 원화표시 부채가 늘어나는 효과가 있기 때문에 어려움을 겪는다.

또한 화폐가치의 변동이 심하면 기업들은 경영계획을 세우기 곤란해진다. 환율은 외화의 가격이다. 따라서 환율가격이 급등하거나 급락하면 기업들은 장래를 예측하기 어려워 투자계획, 생산계획 등 장기경영전략을 만들기 어려워진다.

우리나라는 외환시장 규모가 작고, 외환 전문가가 부족하고, 시장의 다양성 수준이 낮아서 불과 수 개의 자산운용사들이 20-30억 달러 정도를 매도하거나 매수하면 시장에 충격이 크게 나타날 수 있다. 2008년 3월 현재 서울 외환시장의 하루 외환거래량은 약 250억 달러 수준이다. 미국은 4,610억 달러 일본은 1990억 달러 싱가포르는 1,250억 달러임을 감안하면 적은 규모임을 알 수 있다. 또한 각 나라의 연간 무역규모와 비교한 비중을 보면 한국은 10%가 안 되는데 비해 미국과 일본은 25% 수준, 싱가포르는 40% 수준을 넘어서고 있다.

원·달러 환율이 급등락하는 부작용을 벗어나서 외환시장이 안정적인 상태를 가지게 하려면 시장에 참여하는 금융기관과 기업들의 수가 늘어나도록 시장 여건을 마련하는 것이 좋다. 소위 금융허브를 만들려면 시장 참여자가 많아지도록 해야 한다. 그런데 한국의 경우 외환시장에 참여하는 기업의 수가 100개 미만이다. 홍콩은 4,000개 정도의 기업이 참여하고 있다.

해외에 있는 주식이나 채권에 투자하는 해외펀드는 환헤지를 한다. 해외에 투자를 할 때 한화를 달러화로 바꾸는데 이 때 환율이 1000원/$1라고 하자. 1년 후 다시 원화로 바꿀 때 환율이 900원/$1이 되면 환차손을 입게 되며 환율이 1100원/$1이 되면 환차익을 얻게 된다. 해외펀드의 연간 수익률이 25%였을 경우 환율이 10% 하락한다면 실제 수익률은 15%가 되어 환율이 하락하면 그만큼 손해를 보는 것이다. 이런 위험을 방지하기 위해 해외펀드는 1년 후의 시장 환율을 예측하여 가령 950원/$1에 약정한 금액(가령 1억불 이라고 하자)만큼을 팔기로 은행에 약속하는 선물환 매도를 한다. 이는 1년 후 1달러당 950원에 1억불 어치를 팔기로 현재 시점에서 계약을 하는 것이다. 실제 대금 결제는 약속한 시점인 1년 후에 이루어진다. 그런데 1년 후에 시장 환율이 1000원/$1이 되면 50억원을 손해 보게 되고, 시장 환율이 900원이 되면 50억원 이익을 얻게 된다.

기업들은 상당히 큰 금액의 외환을 거래하기 때문에 이런 환율변동은 기업의 경영에 지대한 영향을 미칠 만큼 중요하다.

제2장 환율의 결정과 경제정책

환율은 무역하는 나라들 간의 화폐 교환가격이다. 달러화에 대한 원화 환율, 혹은 유로화에 대한 원화환율이란 말에서 알 수 있듯이 환율은 자국화폐에 대한 외국화폐의 가격을 의미한다. 환율에는 명목환율과 실질환율이 있다.

1. 명목환율이란?

명목환율은 우리나라 통화와 거래하는 나라 통화의 상대가격이다. 2008년 8월 6일의 달러화에 대한 원화 환율이 1015.9원이었다. 이는 달러화를 송금하거나 구입하려는 사람은 1달러당 1015.9원을 지불해야 함을 의미한다. 물론 실제 송금하는데 기준이 되는 환율과 달러 현찰을 구입하는데 지불해야 하는 환율 그리고 T/C를 구매하는데 적용되는 환율은 현실적으로는 다르지만 통상 명목환율이라고 말할 때 거래 당일의 매매기준율을 의미한다.

[표 12-1]에는 매일 매일 실제로 적용되는 환율로 현찰 매입할 때와 매도할 때, 송금보낼 경우와 받을 경우, 그리고 T/C 구매할 때와 팔 때의 각 통화의 환율이 예시되어 있다.

[표 12-1] 각국 통화의 현찰과 T/C의 매입, 매도율, 전신환율 예시(2008년 8월 5일)

통화명	현찰		송금(전신환)		T/C	외화수표	매매
	사실때	파실때	보내실때	받으실때	사실때	파실때	기준율
미국 달러	1033.67	998.13	1025.80	1006.00	1028.09	1004.80	1015.90
일본 엔(100)	954.01	921.21	946.79	928.43	946.98	927.84	937.61
유럽통화단위*	1606.29	1543.61	1590.69	1559.21	1598.57	1556.41	1574.95
영국 파운드	2027.16	1948.06	2007.48	1967.74	2017.42	1963.77	1987.61
스위스 프랑	986.02	947.56	976.45	957.13	0.00	956.01	966.79
캐나다 달러	994.92	956.10	985.26	965.76	990.14	964.41	975.51
호주 달러	951.04	913.94	941.81	923.17	946.47	920.79	932.49
스웨덴 크로나	171.15	162.81	168.64	165.32	0.00	165.02	166.98
덴마크 크로네	216.49	205.93	213.32	209.10	0.00	208.71	211.21
노르웨이 크로네	201.10	191.30	198.16	194.24	0.00	193.81	196.20
뉴질랜드 달러	751.70	722.38	744.41	729.67	0.00	727.55	737.04
홍콩 달러	132.77	127.59	131.48	128.88	0.00	128.76	130.18
태국 바트	32.16	28.52	30.64	30.04	0.00	30.00	30.34
싱가폴 달러	755.66	718.80	744.60	729.86	0.00	729.38	737.23
인도 루피	26.12	22.74	0.00	0.00	0.00	0.00	24.19

자료: 외환은행, 환율〉고시환율〉현재환율
〈http://www.keb.co.kr〉

2. 실질환율은 어떻게 결정되는가?

명목환율이 교역 당사국 사이의 통화의 상대가격인데 비해 실질환율(real exchange rate)은 거래 당사국 사이의 거래 재화들 간의 상대가격이다.

> 명목환율(국내통화와 외국통화 간의 상대가격)
> 실질환율(국내재화와 해외재화 간의 상대가격)

한국과 미국에서 비슷한 성능과 가치를 갖는 자동차를 대상으로 실질환율을 계산해보자. 그런 자동차의 가격이 한국산 자동차는 25,000,000원이고 미국산 자동차는 15,000달러라고 가정하자. 그러면 실질환율은 다음과 같이 계산된다.

$$\textbf{실질환율} = \text{명목환율} \times \frac{\text{국내상품가격}}{\text{외국상품가격}}$$

$$\textbf{실질환율} = \frac{1{,}000\text{원}}{\$1} \times \frac{\$15{,}000/\text{미국산 자동차}}{25{,}000{,}000\text{원}/\text{한국산 자동차}}$$

$$= \frac{15{,}000{,}000}{25{,}000{,}000} \times \frac{\text{한국산 자동차}}{\text{미국산 자동차}} = \frac{0.6}{1} \times \frac{\text{한국산 자동차}}{\text{미국산 자동차}}$$

위 계산에 의하면 미국산 자동차 1대와 한국산 자동차 0.6대가 교환된다.

$\epsilon = e \times \frac{P}{P^*}$ 실질환율은 명목환율과 교역 당사국들의 물가수준에 의해 결정된다. 실질환율이 높으면 미국산 물품가격이 상대적으로 높아지고, 한국산 물품의 가격은 낮아지는 반면, 실질환율이 낮으면 미국산 물품가격이 상대적으로 낮아지고 한국산 물품의 가격은 높아진다. 다시 말하면 원화가 약세이면 한국산 재화의 가격이 저렴해 져서 한국의 순수출(NX)이 증가하며, 달러화가 약세이면 미국산 재화의 가격이 저렴해져서 미국의 순수출(NX)이 증가한다.

따라서 원-달러 환율기준의 실질환율이 높아지면 한국의 수출은 증가하고 수입은 감소한다. 즉 한국의 순수출(Net Export; NX)은 [그림 12-1]에서 보는 바와 같이 실질환율에 대한 증가함수이다.

[그림 12-1] 순수출(NX) 함수

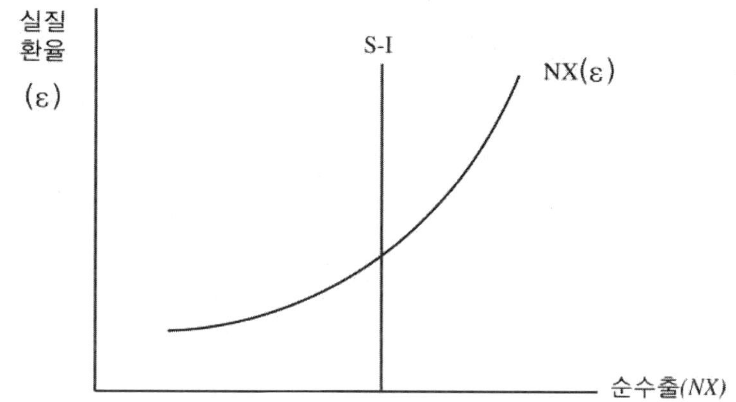

3. 국민소득 항등식에서의 순수출(Net Export)

개방경제의 경우(The Open Economy)에는 어느 한 해의 국민총생산량이 당해 연도의 국내총지출(국내총수요)과 일치하지 않는다. 자국이 생산한 것보다 더 적게 지출하고 남은 것은 수출하고, 반대로 더 많이 지출하여 모자라는 것은 수입할 수도 있다.

C^d : 국민총생산(Y)에 대한 국내소비수요

I^d : 국민총생산(Y)에 대한 국내에서의 투자수요

G^d : 국민총생산(Y)에 대한 정부의 국내수요

EX: 국민총생산(Y)에 대한 해외수요

$(C^d + I^d + G^d)$는 국내 생산물에 대한 지출 수요이며, X는 해외로부터의

국내 생산물에 대한 지출 수요이다.

소비수요(C), 투자수요(I), 정부수요(G)는 모두 각각 국내 생산물에 대한 수요와 해외로부터의 국내 생산물에 대한 수요로 구성된다. 이를 수식으로 표현하면

$C = C^d + C^f, I = I^d + I^f, G = G^d + G^f$ 이 된다.

국민소득 항등식을 다시 쓰면

Y = 국내 생산물에 대한 수요 + 해외로부터의 국내생산물에 대한 수요가 된다.

$$Y = C^d + I^d + G^d + X$$

$$Y = (C-C^f) + (I-I^f) + (G-G^f) + X$$

다시 쓰면 $Y = C + I + G + X - (C^f + I^f + G^f)$

$$Y = C + I + G + (X - M) = C + I + G + NX$$

따라서 $NX = Y - (C+I+G)$

순수출 = GDP - 국내지출 이다.

GDP가 국내지출보다 크면 순수출이 양이고, GDP가 국내지출보다 작으면 순수출은 음이 된다.

총저축은 개인저축과 정부저축으로 구성된다. 개인저축은 (Y-T-C)이고 정부저축은 (T-G)이다. 따라서 총저축은 (Y-T-C) + (T-G) = Y- C - G가 된다.

$Y - C - G = S = I + NX$ 이 식에 의하면 저축은 (투자 + 순수출)이다.

그리고 다시 정리하면 $S - I = NX$로, (국내저축 - 국내투자)는 순수출이 된다.

다른 방법으로 NX를 구하기 위해 조세수입(T)와 정부지출(G)가 같다고 하자.

$$Y = C + I + G + NX = C + S + T$$

$$I + G + NX = S + T$$

$T = G$라고 가정했으므로

$$I + NX = S$$

$NX = S - I$이다.

국내에서 형성된 저축 중에서 국내에 투자하고 남은 부분은 해외로 유출되는 자본을 나타낸다. 그래서 (국내저축 - 국내투자)는 순자본 유출(net capital outflow)이다. 다른 표현으로는 순해외투자라고 할 수 있다. 순자본유출 혹은 순해외투자는 국내거주자가 해외에 투자한 총액에서 해외거주자가 국내에 투자한 총액을 차감한 금액이다.

- 순자본유출(net capital outflow) 〉 0인 경우 : S(국내저축)〉I(국내투자)이어서 해외에 자금을 대부하게 된다.
- 순자본유출(net capital outflow) 〈 0인 경우: S(국내저축) 〈 I(국내투자)이어서 해외로부터 자금을 빌려오게 된다. 순자본유입(net capital inflow)이 있게 되는 것이다.

다시 정리하면 Net Capital Flow(CF)는 국내 실질 이자율(r)에 대하여 음의 관계에 있다.

국내 실질이자율이 낮으면 해외로 자금이 유출된다 (CF〉0 : capital outflow)국내 실질이자율이 높으면 해외에서 자금이 흘러 들어오고 (CF〈0 : capital inflow)

즉 순자본유출 혹은 순해외투자는 자본축적(capital accumulation)을 이루기 위한 자금의 국제적 이동(international flow of funds)을 나타낸다.

국내저축이 국내투자보다 많으면 무역흑자(trade surplus)가 발생하고, 국내저축이 국내투자보다 적으면 무역적자(trade deficit)가 발생한다.

무역흑자가 발생하면 국제금융시장에서 순대출자(net lenders)가 되고, 무역적자가 발생하면 국제금융시장에서 순차입자(net borrowers)가 된다.

가령 미국에 무역적자가 발생하면 외국 사람들이 미국채권을 구입하는 것을 생각할 수 있고, 또 하나 미국 내 자산(증권)을 매입하는 경우도 있을 수 있다. 미국정부나 기업이 발행한 채권을 매입하거나 미국 내 자산을 소유하게 되면 미래에 발생하는 수익을 얻게 된다.

우리나라에 무역흑자가 발생하였다면 이를 이용하여 우리는 외국 채권을 매입하거나 해외증권을 구입함으로써 장래 수익을 얻을 수 있다.

4. 소규모 개방경제

완전히 자본이동이 자유로운 소규모 개방경제(small open economy)를 가정하자.

실질이자율이 저축과 투자를 일치시킨다는 가정을 철회하고 대신 무역흑자이면 외국에 대출을 하고 무역적자이면 외국으로부터 자금을 빌린다고 가정하자.

소국개방경제는 세계 이자율(r_w)이 주어진 것으로 받아들이고(세계 이자율은 외생변수이다) 정부는 자본이동에 아무런 제약도 가하지 않는다고 가정하자.

자본이동이 완전히 자유롭다고 가정하였으므로 소개방경제국의 이자율(r)은 세계이자율(r_w)과 일치한다.

$r=r_w$ 세계이자율이 국내이자율을 결정한다. 왜냐하면 소개방경제국에 거주하는 사람들은 해외에서 r_w 이자율로 대출이나 차용을 한다.

r_w 보다 높은 수준의 이자율로 자본을 빌릴 이유가 없고, 언제라도 해외에서 r_w 이자율을 얻을 수 있기 때문에 이 보다 낮은 수준의 이자율로 자금을 빌려주지도 않는다.

$$NX = (Y - C - G) - I = S - I$$
$$NX = [\overline{Y} - C(\overline{Y} - T) - G] - I(r_w) = \overline{S} - I(r_w)$$

NX는 (저축-투자)임을 우리는 잘 안다. 그리고 저축은 [Y-C(Y-T)-G]이다. G가 감소할수록 총저축은 증가하고 T가 증가할수록 가처분소득이 줄어들어서 민간소비가 줄어들고 민간저축이 증가하며, 또 (T-G)에서 정부저축이 증가해서 총저축은 증가한다. 또한 NX는 투자가 증가할수록 감소한다. 투자는 세계 이자율의 감소함수이다.

세계이자율이 높을수록 투자는 감소하며 이에 따라 저축은 증가한다. 즉 무역수지는 흑자가 된다.

세계이자율이 낮을수록 투자는 증가하며 이에 따라 저축은 감소한다. 즉 무역수지는 적자가 된다.

그리하여 무역수지는 세계이자율 수준에서의 (저축 - 투자)가 된다.

다음에서 국내외의 재정정책과 투자수요 자체가 변하였을 때 무역수지에 어떤 영향이 발생하는지 살펴본다. 종축이 이자율이고 횡축이 투자, 저축임에 유의하자.

재정정책은 국내저축과 세계저축에 영향을 미치고, 투자는 세계이자율(r_w)에 의해 결정된다. 소규모 개방경제에서는 세계이자율을 외생변수로 받아들이므로 이에 의해 투자가 영향을 받는다.

(1) 소국개방경제(small open economy)에서 재정정책을 시행할 경우:

확장적 재정정책을 시행하면 G가 증가하고 이에 따라 저축이 감소하게 된다. 앞서 보았듯이 국민소득 항등식에 의하면 저축은 다음과 같다.

$$S = Y - C - G$$

소국개방경제(small open economy)의 입장에서는 세계이자율(r_w)은 받아들여야 하는 외생적 변수이므로 투자는 변하지 않는다. 따라서 저축이 줄어들어서 투자가 저축을 상회하게 되면 $(S - I)$는 감소하게 되며 감소한 저축 부분만큼은 해외로부터 차입하여야 한다.

정부가 확장적 재정정책을 시행하여 정부지출을 증가시킴으로써 총저축이 감소한다. 총저축이 감소하는 것은 순수출(NX)이 감소하는 것이다. 즉 이는 무역적자를 의미한다.

확장적 재정정책의 실시로 인하여 소국개방경제(small open economy)내의 저축이 감소하면 (저축—투자)선은 좌측으로 이동하고 이에 따라 소국개방경제(small open economy)의 환율은 하락한다. [그림 12-2]에서 $(S-I)_1$에서 $(S-I)_2$로 좌측 이동함에 따라 환율이 ε_1에서 ε_2로 하락하는 것을 볼 수 있다.

앞에서 소국개방경제(small open economy)의 예로 든 한국의 순수출(NX)은 환율의 증가함수임을 살펴보았다. 이를 이용하여 실질환율을 종축에 나타내고, 순수출은 횡축에 나타내면 [그림 12-2]에서 보는 바와 같이 원/달러 환율이 하락함에 따라 순수출(NX)이 축소됨을 알 수 있다.

[그림 12-2] 확장적 재정정책을 실시할 경우

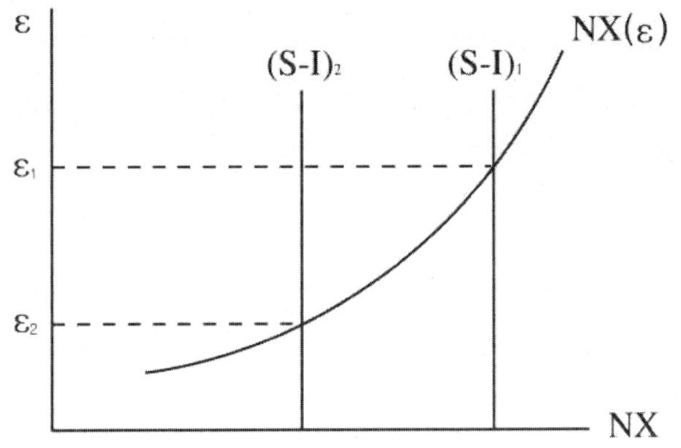

(2) 다른 나라에서 재정정책을 시행할 경우:

다른 나라가 확장적 재정정책을 시행할 경우 세계저축이 감소한다. 따라서 세계이자율이 상승한다. 소국개방경제(small open economy)는 세계이자율(r_w)을 자신의 이자율로 받아들이므로 국내의 투자가 감소된다.

$NX = S - I$에서 투자가 감소되고 저축은 변화가 없으므로 NX가 증가한다. 해

외저축이 감소하면 국내에서는 무역흑자가 된다.

해외에서의 확장적 재정정책으로 인해 세계저축이 감소하여 세계이자율이 상승하면 국내에서는 무역흑자가 발생한다. 이럴 경우 소국개방경제(small open economy)인 한국경제의 상황을 보면 (저축-투자)선이 우측으로 이동한다 (①). 그러면 환율이 상승한다 (②). 원-달러 환율이 상승함에 따라 순수출(NX)이 증가한다 (③). 환율이 상승하는 것은 [그림 12-3]에서 (저축-투자)선이 우측으로 이동함에 따라 달러에 대한 공급선인 순수출(NX)선과 만나는 점이 A점에서 B점으로 되는 것을 확인할 수 있다. 또한 원-달러 환율이 상승한다는 것은 원화가 약세를 보인다는 것이고 이에 따라 한국산 재화의 가격이 낮아지는 효과가 발생하여 순수출이 증대하는 것이다.

[그림 12-3] 다른 나라가 확장적 재정정책을 실시할 경우

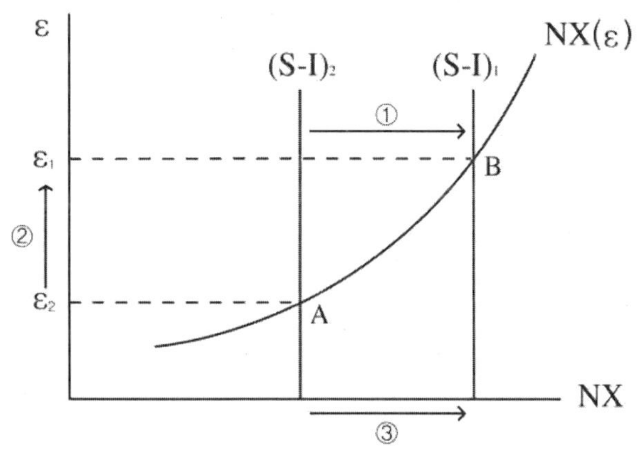

(3) 투자수요가 증대할 경우:

소국개방경제가 자국 내 투자를 활성하는 각종 조치를 취하여 투자수요가 늘어났다고 하자. 그러면 투자수요가 증대하여 투자곡선이 우측으로 이동한다. [그림 12-4]에서 보듯이 일정한 이자율 수준에서 투자는 증대한다.

[그림 12-4] 투자수요가 증대할 경우

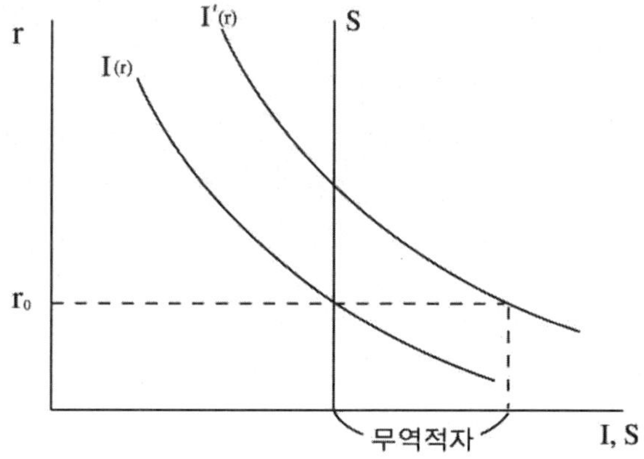

(저축 - 투자) = NX(순수출)에서 저축은 변하지 않고 투자만 늘어났으므로 NX는 마이너스가 된다. 즉 무역적자가 발생한다. 다시 말하면 늘어난 투자가 늘어난 만큼 해외로부터 자본이 유입(capital inflow)되어야 한다.

한국과 같은 소국개방경제에서 국내투자가 증가하고 저축은 그대로 있으면 (저축-투자)선은 좌측으로 이동하고 이에 따라 원-달러 환율이 하락한다. 환율하락에 의해 원화가 강세를 나타나게 되는 것이고 이에 따라 한국산 재화의 가격이 상승하게 되어 수출이 줄어들게 된다. $NX = S - I$ 식에서 확인할 수 있는 바와 같이 투자의 증가는 순수출(NX)의 감소로 나타난다. 정리하면 소국개방경제에서 국내투자를 촉진시키는 정책으로 인하여 투자곡선이 우측으로 이동하면 무역적자가 발생한다.

[그림 12-4]에서 보면 국내투자수요가 증가함에 따라 (저축—투자)선이 $(S-I)_1$에서 $(S-I)_2$로 이동하고 이에 따라서 환율이 ε_1에서 ε_2로 하락한다. 한국산 재화의 가격이 비싸지게 되어 수출이 감소하는 것을 알 수 있다.

참고

투자함수 이동에 관한 미국 예:

미국의 재정적자와 무역적자

재정적자 — 총저축의 감소 — 무역적자 :

1980년대 미국 레이건대통령은 조세를 대폭 삭감하는 정책을 취했다. 그러나 동일한 양 만큼의 정부지출을 삭감시키지는 않았다. 따라서 재정적자가 발생하였고 이는 총저축을 감소시켜서 무역적자를 낳았다.

1990년대 부시와 클린턴 대통령은 조세증대를 통해 적자재정을 메꾸려고 하였다. 이와 함께 재정지출을 줄였다. 또한 미국의 생산성이 급속히 향상되어서 국민소득이 증가하였고 소득이 증가함에 따라 높은 한계세율에 걸리므로 소득세 등의 조세 수입은 한층 증가하였다. 이로 인해 재정적자가 해소되고 총저축이 증대하였다.

앞서 살펴본 바에 의하면 총저축 증대로 인해 무역수지가 흑자로 돌아서야 하지만 미국경제의 경우 그러하지는 않았다. 왜냐하면 미국 내의 투자함수가 우측으로 이동하여 투자가 급증하여 저축증대를 상쇄할 만한 힘이 작용하였던 것이다. 다시 말하면 재정적자가 해소되어 저축이 증가한 반면 투자가 많이 증대되어 다시 저축증가 부분을 상쇄시켰던 것이다. 이외에도 미국이 다른 나라들로부터 공산품 수입이 워낙 많은 것도 무역수지 적자의 요인으로 꼽을 수 있다. 결국 무역수지를 흑자로 돌리려는 힘과 무역수지를 적자로 가게 하는 힘을 비교할 때 후자의 힘이 더 강했다고 볼 수 있다.

2000년대 들어서 부시 행정부의 확장적 재정정책으로 인해 총저축이 감소했다. 테러와의 전쟁으로 정부지출이 크게 증가한 반면 조세삭감에 의해 미국연방정부의 재정은 다시 큰 폭의 적자상태를 겪게 되었고 이에 의해 무역적자도 가장 높은 수준에 달하였다.

(4) 보호무역정책을 실시할 경우 :

수입제한이나 쿼터제 같은 보호무역정책을 실시할 경우에는 [그림 12-5]에서 보듯이 순수출의 크기는 변하지 않는다. 보호무역정책 실시 초기에는 식 (수출-수입)에서 알 수 있듯이 수입이 줄어들어 순수출이 잠시 증가하는 듯이 보인다. 그러나 시간이 흐름에 따라 이런 순수출의 증대는 원 -달러 환율의 하락에 의해 상쇄된다. 즉 원-달러 환율이 하락함으로서 한국산 재화의 가격이 상승한다. 따라서 수출이 감소하게 된다. 그런데 여기서 유의할 것은 [그림 12-5]에서 보면 보호무역정책에 의해 저축이나 투자는 변화하지 않기 때문에(이자율에 영향을 주는 정책이 아니므로) $S-I=$ 저축 − 투자선은 변동이 없다. 따라서 보호무역정책으로 인하여 순수출(NX)선이 NX'로 이동하더라도 순수출량은 변동이 없다. 단순히 그래프를 이용하여 설명하면 $(S-I)$선이 변하지 않기 때문에 A점과 B점에 의해 결정되는 순수출은 동일하다.

[그림 12-5] 보호무역정책의 효과

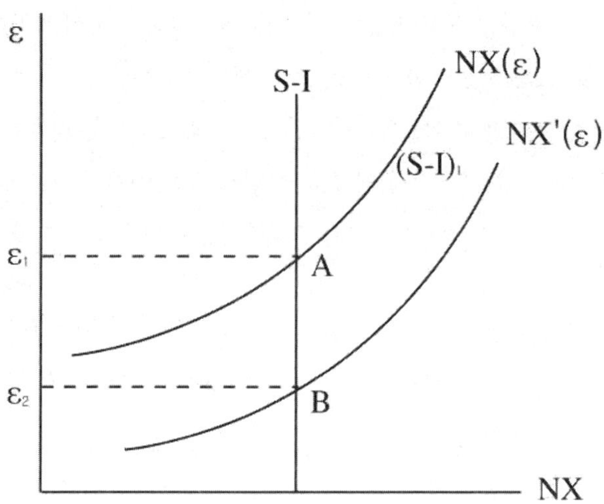

이를 보다 분석적으로 설명하면 수출과 수입이 동일하게 줄어들기 때문에 순수출은 불변이게 되는 것이다. 가령 한국의 경우 과거에 외국산 자동차 수입을 제한하였다. 이는 국내 자동차 회사들에게는 이익을 주었을 것이다. 그러나 앞서 살펴 본 바와 같이 원-달러 환율이 하락하여 외국산 재화나 서비스의 값은 전반적으로 하락하는 효과가 있게 된다. 그러면 우리나라의 외국산 재화나 서비스의 수입이 다소 증가한다. 그러나 그 증가폭은 외국산 자동차 수입이 감소한 정도만 된다는 것이 [그림]이 보여주는 바이다. 즉 소규모개방경제에 있어서 보호무역정책을 실시하면 그 나라의 전체적인 수입이 줄어들고 수출은 그대로 유지되어 국제수지가 개선되는 것은 아니다. 우리의 예에서처럼 원-달러 환율이 하락하면 원화가 강세가 된다. 그러면 한국산 재화나 서비스의 값은 비싸지게 되어 수출이 줄어들고, 미국산 재화나 서비스의 값은 저렴하게 되어 수입은 다소 증가하지만 종합적으로 보면 한국의 전반적인 수입 증대 폭은 한국 내 산업 보호를 위한 수입규제를 통해 감소한 외국산 자동차 수입규모에 그치게 된다. 결국 보호무역정책의 효과는 수출과 수입을 모두 감소하게 만들고 다만 순수출(NX)만 불변이게 만든다. 이는 무역으로부터의 이익(Gains from Trade)을 고려할 때 한국 경제에 불이익을 초래하는 것이다.

5. 명목환율과 인플레이션의 관계

미국 달러화에 대한 각국의 통화가 평가절하 되었는지 평가절상 되었는지 알아보기 위해 다음 식을 이용하자.

$$\text{명목환율(e)} = \epsilon(\text{실질환율}) \times \frac{\text{다른나라물가}(P^*)}{\text{미국물가}(P)}$$

미국 물가가 상승하면 달러의 화폐가치가 하락하는 것이므로 달러 당 교환되는 외국화폐가 줄어드는 것이다.

명목환율 변화율 = 실질환율 변화율 + (다른 나라 물가 변화율−미국물가 변화율)
= 실질환율 변화율 + 두 나라 인플레이션율 차이가 된다.

미국의 인플레이션율 : π , 상대국의 인플레이션율 : π * 로 표기하면
명목환율 변화율 = 실질환율 변화율 + 두 나라 인플레이션율 차이($\pi - \pi^*$)이다.

위 식에 의하면 미국의 물가가 많이 상승할수록 명목환율은 하락하게 된다. 높은 인플레이션을 겪는 국가의 통화는 평가절하 된다.

실증적 자료에 의하면 미국보다 높은 물가상승을 경험한 나라의 통화는 평가절하 되었고(멕시코, 아이슬란드, 한국, 영국 등) 미국보다 낮은 물가상승을 경험하는 나라(일본, 싱가포르, 스위스)의 통화는 평가절상 되었다.
가장 극단적인 경우를 보면 멕시코의 물가가 1983~1988년 사이에 2,300% 상승하였는데 그 기간에 144페소/$1(1983년) 에서 2,281페소/$1(1988년)로 급격히 평가절하 되었다.

[그림 12-6] Inflation differentials와 명목환율의 변화 (1972년-2004년)

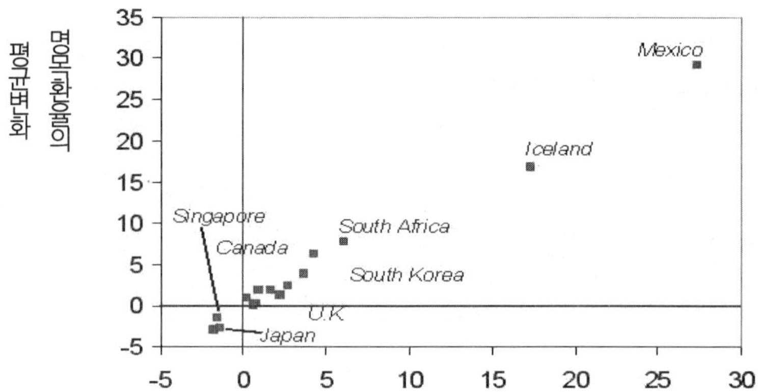

자료 : 원 자료는 International Financial Statistics 이며 N. Gregory Mankiw, Macroecomics, 6th ed. Worth Publishers, 2007의 Instructor's CD-ROM 자료/ PPT Lecture/ chap05/ 47th slide에서 인용함.

횡축에는 (각국의 인플레이션율 – 미국의 평균 인플레이션율)이 표시되어 있고, 종축에는 각국의 미달러화 기준 명목환율의 평균변화율이 표시되어 있다. [그림 12-6]은 인플레이션율이 높은 나라일수록 그 나라의 화폐가치가 미달러화 기준으로 저평가되는 경향이 있음을 보여준다. 일본의 엔화는 고평가되고 있으며 우리나라의 원화는 저평가되어 왔다. 이를 통해서 우리나라의 물가상승률이 일본의 물가상승률보다 높았었다는 사실을 확인할 수 있다.

제 XIII 부
경제성장과 경제변동

제 XIII 부

경제성장과 경제변동

제1장 경제성장론(Theory of Economic Growth)

1. 자본축적과 안정상태

한나라의 생산수준을 결정하는 것은 그 나라의 요소투입량과 그 것을 결합해 주는 기술수준이다. 생산수준의 발전, 즉 경제성장을 분석하기 위해 솔로우(Solow)의 성장 모형을 알아보자. 솔로우(Robert M. Solow)는 자본의 축적, 인구증가, 기술진보가 경제성장의 요인이라고 보고 시간의 경과에 따른 변화를 살펴보고 있다.

생산함수를 $Y=F(L,K)$라 하자. 노동과 자본을 각각 a 배씩 증가시킬 경우 규모를 늘린다고 표현할 수 있다. 이 경우 생산량도 a 배 증가하면 이를 규모에 대한 수확이 일정하다고 한다. 즉 1차 동차의 생산함수라 한다[1]. aY = F(aL, aK)인 경우를 말한다. 노동자 1인당의 경우를 분석하기 위해 $a=\frac{1}{L}$을 대입해 보자. 그러면 $\frac{Y}{L}=F(1,\frac{K}{L})$이 된다. 노동자 1인당 생산량은 노동자 1인당 자본량(K/L)에 비례한다. 여기서 1인당 생산량은 y = Y/L로, 1인당 자본량은 k = K/L로 표기하자. 이

1 $a^t Y=(aL,aK)$에서 t=0이면 0차 동차의 생산함수로 노동과 자본의 투입량이 a 배 늘어도 생산량은 $a^0 Y=1Y=Y$로 전혀 변하지 않은 것을 나타내고, t=1이면 1차 동차의 생산함수로 생산량이 $a^1 Y=aY$로 a 배 증가하는 것을 나타낸다. t=2이면 2차 동차의 생산함수로 생산량은 a^2 배 증가한다. 마찬가지로 t=3이면 3차 동차의 생산함수라고 한다. 즉 t=n이면 n차 동차의 생산함수이다.

를 이용하여 생산함수를 표시하면 $y = f(k) = F(1, k)$가 된다.

[그림 13-1] 생산함수의 기울기

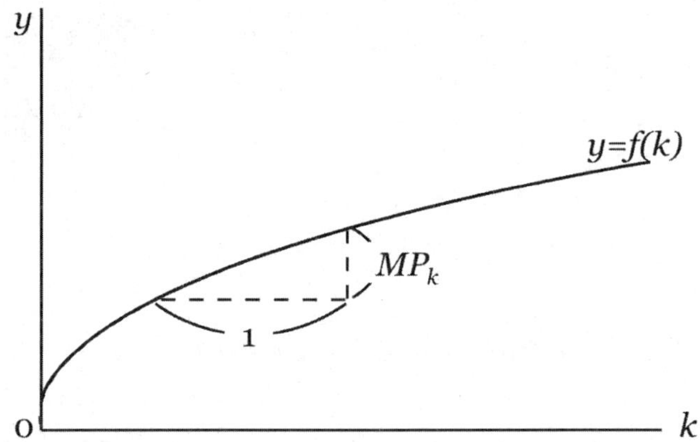

생산함수 $y = f(k)$에서 1인당 자본량 k가 증가할 때 1인당 생산량 y가 얼마나 증가하는가를 나타내면 자본의 한계생산물(MP_k)이 된다.

$MP_K = f(k+1) - f(k)$가 된다.

[그림 13-1]에 도시한 생산함수 구간에서 자본이 증가함에 따라 생산량이 증가하기는 하지만 증가율은 체감한다. 즉 수확체감의 법칙이 적용된다.

이제 국민소득 항등식을 이용하자.

y = c+i 국민소득은 소비와 투자의 합이다. 솔로우(Solow)는 저축률을 s, 소비율을 (1-s)로 가정했다. 소비함수 c = (1-s)*y로 나타낼 수 있다.

y= c+i = (1-s)*y + i = y - s*y + i 이다.

따라서 I = s*y이다. 다시 쓰면 투자 = 저축이다.

1인당 자본량에 의해 국민경제의 생산량이 결정되고 생산량 중에서 소비하고 남은 저축이 투자에 쓰인다는 말이다.

승수이론을 설명할 때에는 생산능력은 충분하다고 가정하고 단기에 있어 중요한 것은 총수요의 크기라고 하였다. 이제 장기의 경제성장 문제를 분석함에 있어서는 저축에 의해 결정되는 자본량의 크기가 경제성장률을 결정한다는 것을 이해해야 한다.

장기적 경제성장에 있어서는 자본량의 크기가 중요한 변수가 된다. 자본량은 투자와 감가상각의 크기에 의해 결정된다. 투자는 자본량을 증가시키고, 감가상각은 자본량을 감소시킨다. 솔로우(Solow)의 성장이론은 투자가 국민경제의 저축과 같다는데서 출발한다. 따라서 다음과 같은 식을 쓸 수 있다.

투자(i) = 저축[s*f(k)] 투자는 저축과 같다는 이 식은 현재의 1인당 자본량에 의해 국민경제의 투자가 결정됨을 의미한다. k의 값이 결정되면 생산함수에 의해 생산량이 결정되고, 생산량에 저축률을 곱한 만큼이 저축으로 결정되고 이것이 새로운 투자가 됨을 의미한다. 또한 자본량을 감소시키는 감가상각을 성장모형에 포함시키기 위해 매년 일정비율이 감가상각 된다고 하자. 즉 정률법으로 감가상각 된다고 가정하고 감가상각률을 δ라고 하자.

$\triangle k = i - \delta k = sf(k) - \delta k$ 즉 자본량의 변화=투자 - 감가상각이다. 자본량이 증가하면 생산량이 증가하며 따라서 생산량에 저축률를 곱한 값인 저축이 증가한다. 그리고 저축=투자이므로 투자도 역시 증가한다. 아울러 자본량이 증가하면 동시에 감가상각도 증가함을 주시하라. 이런 관계를 보여 주는 것이 [그림 13-2]이다.

[그림 13-2] 감가상각과 투자

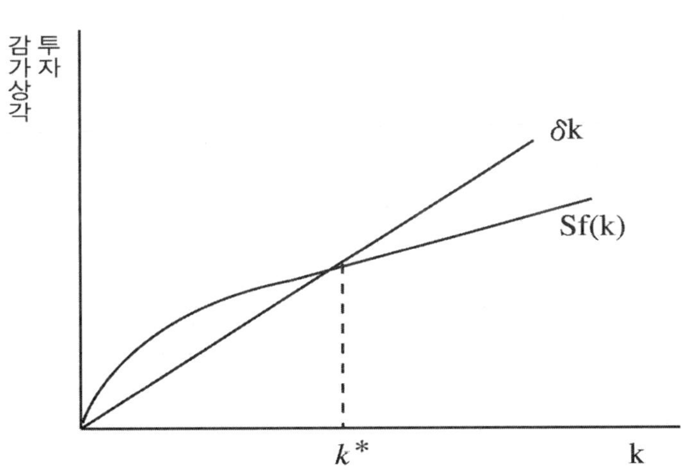

투자 > 감가상각일 경우에는 자본량이 증대하고

투자 < 감가상각일 경우에는 자본량이 감소한다.

투자 = 감가상각일 경우에는 1인당 자본량(k)이 안정상태를 보인다. 솔로우(Solow) 모형에서는 투자와 감가상각이 같을 경우(k^*) 자본량은 더 이상 변하지 않는다. 자본량이 k^* 수준일 때 자본량의 증감 $\triangle k = i - \delta k = sf(k) - \delta k = 0$이다. 따라서 자본량(k)과 생산량 f(k)는 증가하거나 감소하지 않는다. 이런 상태를 안정상태 혹은 균제상태라고 한다.

2. 안정상태의 계산

다음의 예에서 살펴보듯이 최초의 자본량이 얼마이든지 간에 경제는 자본의 안정상태로 진행한다. 자본의 안정상태는 경제성장의 장기균형을 의미한다.

Excel을 이용하여 솔로우 모형에서의 안정상태가 어떻게 계산되는지 살펴보자.

생산함수를 일반적인 콥-더글라스(Cobb-Douglas)형의 생산함수로 다음과 같이 정의하자.

$$Y = K^{\frac{3}{4}} L^{\frac{1}{4}}$$

1인당 생산함수를 도출하자. 윗 식의 양변을 L로 나누어 보자.

$$K^{\frac{3}{4}} L^{\frac{1}{4}} = \frac{K^{\frac{3}{4}} L^{\frac{1}{4}}}{L} = \frac{K^{\frac{3}{4}}}{L^{-\frac{3}{4}}} = (\frac{K}{L})^{\frac{3}{4}}$$ 을 얻을 수 있다.

이는 다시 쓰면 $y = \frac{Y}{L} = (\frac{K}{L})^{\frac{3}{4}} = k^{\frac{3}{4}}$ 이 된다.

안정상태를 계산해 보기 위해 초년도의 1인당 자본량(k)은 6, 저축률은 25%이고, 감가상각률은 매년 10%라고 가정하자.

이제 Excel을 실행시키고 첫 행에는 연도, k, y, c 등을 입력한다. 그리고 연도 아래에는 약650년 정도 까지 연속데이타 채우기를 실행하여 종(column)으로 각 년도를 표시한다.

초년도의 1인당 자본량을 6이라고 했으므로 B2셀에 이를 입력한다. 1인당 생산량(y)은 $y = k^{\frac{3}{4}}$ 이므로 첫해의 y를 계산하기 위해 C2셀에 = POWER(B2, 3/4)이라고 입력한다. 저축률=25%로 가정하였으므로 소비율은 75%이다. 따라서 c행에 y*0.75를 입력한다. 즉 첫해의 소비를 계산하기 위해 D2셀에 = C2*0.75를 입력한다. 투자는 저축과 같으므로(i=s) 첫해의 투자를 계산하기 위해 E2셀에 = C2*0.25를 입력한다. 그리고 감가상각률을 10%로 가정하였으므로 첫해의 감가상각을 계산하기 위해 F2셀에 = B2*0.1을 입력한다. 자본량의 증가를 계산할 수 있는데 (투자 - 감가상각)을 하면 된다. 역시 첫해의 자본량 증가분을 계산하기 위해서 G2셀에 = E2 - F2를 입력한다.

650년까지의 k, y, c 값 등을 계산하기 위해 간단히 드래그-복사 기능을 이용하면 된다. 이제 계산된 표를 보면 645년이 지나면 자본량이 39.0625로 더 이상 변동이 없음을 확인할 수 있다. 표를 다시 보면 380년째 부터는 자본량의 변화는 매우 미미하여 0.000101이하의 변화만 있음을 알 수 있다.

[표 13-1] 안정상태의 계산 예

연도	k	y	c	i	감가상각	자본의 증분
1	6	3.833659	2.875244	0.958415	0.6	0.358415
2	6.358415	4.004162	3.003121	1.00104	0.635841	0.365199
3	6.723614	4.175438	3.131579	1.04386	0.672361	0.371498
4	7.095112	4.347298	3.260474	1.086825	0.709511	0.377313
5	7.472425	4.51956	3.38967	1.12989	0.747243	0.382648
⋮						
10	9.429574	5.381075	4.035806	1.345269	0.942957	0.402311
⋮						
20	13.52104	7.05111	5.288333	1.762778	1.352104	0.410674
⋮						
50	24.54962	11.02893	8.271701	2.757234	2.454962	0.302272
⋮						
100	34.43728	14.21581	10.66186	3.553953	3.443728	0.110225
⋮						

150	37.71263	15.21827	11.4137	3.804566	3.771263	0.033303
⋮						
200	38.67815	15.50955	11.63216	3.877388	3.867815	0.009573
⋮						
250	38.95382	15.59239	11.69429	3.898096	3.895382	0.002714
⋮						
300	39.03183	15.6158	11.71185	3.90395	3.903183	0.000767
⋮						
350	39.05385	15.6224	11.7168	3.905601	3.905385	0.000216
⋮						
400	39.06006	15.62427	11.7182	3.906067	3.906006	6.1E-05
⋮						
450	39.06181	15.62479	11.7186	3.906198	3.906181	1.72E-05
⋮						
500	39.06231	15.62494	11.71871	3.906235	3.906231	4.85E-06
⋮						
550	39.06245	15.62498	11.71874	3.906246	3.906245	1.37E-06
⋮						
600	39.06248	15.625	11.71875	3.906249	3.906248	3.86E-07
⋮						
650	39.0625	15.625	11.71875	3.90625	3.90625	1.09E-07
⋮						
700	39.0625	15.625	11.71875	3.90625	3.90625	3.07E-08
⋮						
720	39.0625	15.625	11.71875	3.90625	3.90625	1.85E-08
⋮						
750	39.0625	15.625	11.71875	3.90625	3.90625	8.65E-09
⋮						
756	39.0625	15.625	11.71875	3.90625	3.90625	7.43E-09
757	39.0625	15.625	11.71875	3.90625	3.90625	7.24E-09
758	39.0625	15.625	11.71875	3.90625	3.90625	7.06E-09
759	39.0625	15.625	11.71875	3.90625	3.90625	6.88E-09
760	39.0625	15.625	11.71875	3.90625	3.90625	6.71E-09

자본량 변화를 나타내는 식을 이용하여 안정상태를 계산해 볼 수 있다.

[자본량 변화 = 투자 - 감가상각] 이다.

$\triangle k = sf(k) - \delta k$에서 안정상태에서는 $\triangle k = 0$이므로

안정상태에서의 자본량을 k^*로 표현하면

$\triangle k = sf(k^*) - \delta k^* = 0$ 이다. 이를 정리하면

$$sf(k^*) = \delta k^*$$

$$\frac{k^*}{f(k^*)} = \frac{s}{\delta} = \frac{\text{저축률}}{\text{감가상각률}} = \frac{0.25}{0.1} = 2.5$$

$y = f(k) = k^{\frac{3}{4}}$ 이므로

$$\frac{k^1}{(k)^{\frac{3}{4}}} = k^{1-\frac{3}{4}} = 2.5$$

$$k^{*\frac{1}{4}} = 2.5$$

$$k^* = (2.5)^4 = 39.0625$$

3. 최적 자본량의 결정; 자본의 황금률(Golden Rule of Capital)

앞에서 저축률이 정해져 있을 때 자본의 안정상태가 어떻게 결정되는지 이론적으로 그리고 예를 이용하여 실제 계산을 통하여 검토하였다. 저축률이 높다면 자본이 많이 축적될 수 있어 높은 수준의 생산과 소득을 얻을 수 있다. 그러나 저축률이 높다는 것은 그 만큼 소비를 하지 못한다는 의미이다. 아담 스미스(Adam Smith)는 경제의 최종 목표는 소비라고 했다. 즉 경제성장을 위해서 저축률을 무조건 높게 하는 것은 소비자 후생이라는 목표를 도외시 하는 것이다. 소비자 후생을 고려하면서 자본축적을 결정하는 것이 바람직하다. 따라서 이제는 최적 자본량은 어떻게 결정되는지를 분석해 보자.

경제정책 당국이 저축률 수준을 결정할 수 있다고 하자. 정부는 국민의 후생 증대를 목표로 하지만 개인 소비자들은 자신들이 향유할 수 있는 소비수준에만 관

심이 있다고 하자. 그러면 정책 담당자들은 최고의 소비수준이 되도록 k값을 결정할 것이다. 이와 같이 복지관점에서 최적자본량을 결정한다고 하자. 즉 소비수준을 최고로 유지할 수 있게 해 주는 k 값을 정하는 문제를 살펴보자. 수많은 안정상태(steady-state) 중에서 가장 높은 소비수준을 유지시키는 안정상태(steady-state)를 찾는 것이다.

소비를 극대화하는 k의 안정수준 값을 자본의 황금률 수준(Golden Rule Level of Capital)이라고 한다. 이를 k_g^*로 표시하자.

$y = c+i$에서 $c = y - i$ 이다. 소비 = 생산량 - 투자이다.

그리고 안정상태(steady-state)하의 생산량 $y = f(k^*)$이고 투자(i)는 감가상각(δk^*)과 같다(즉 $I = \delta k^*$). 이를 $c = y - i$에 대입하면 $c^* = f(k^*) - \delta k^*$가 된다.

안정상태(steady-state) 하(下)의 소비수준은 안정상태(steady-state) 하(下)의 생산량에서 안정상태(steady-state) 하(下)의 감가상각을 뺀 것이다. 안정상태(steady-state) 하에서 자본이 증가하면 생산량이 증가하는 동시에 감가상가도 증가함을 확인할 수 있다.

위 식은 안정상태(steady-state) 소비수준(c^*)을 안정상태(steady-state) 자본량(k^*)으로 나타내고 있는 것이다.

즉 안정상태의 소비 = 국민경제 전체의 안정상태 생산량 - 안정상태 감가상각으로 나타내지는 것이다.]

생산함수의 기울기 = δk^* 선의 기울기

[그림 13-3]에서 보면 k^*_g 수준에서 소비수준은 최고가 된다.

생산함수 $f(k^*)$의 기울기는 자본의 한계생산성 MP_k 이다. 그리고 δk^* 선의 기울기는 δ이다.

[그림 13-3] 자본의 황금률 수준

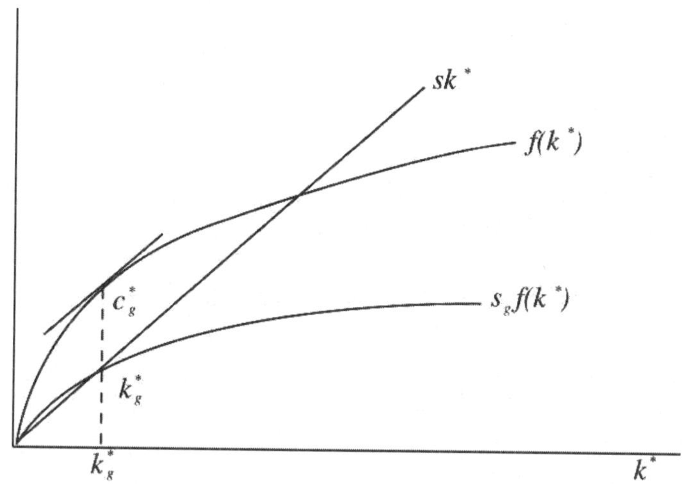

따라서 $f'(k^*) = MP_k = \delta$ 이다. 즉 자본의 한계생산성 = 감가상각률이다.

황금률 조건을 도함수를 이용해서 구하는 방식은 다음과 같다.

$$c^* = f(k^*) - \delta k^*$$
$$\frac{dc^*}{dk^*} = f'(k^*) - \delta = 0$$
$$\therefore f'(k^*) = \delta$$

자본이 1단위 증가할 때 추가 생산물은 $f(k^*+1) - f(k^*)$으로 표시할 수 있다. 추가 생산물은 자본의 한계생산성을 의미하므로 $f(k^*+1) - f(k^*) = MP_k$ 이다. 또한 자본 1단위 증가에 따르는 추가 감가상각은 δ이다. 따라서 자본이 1단위 증가할 때 소비가 얼마나 증가하는가는 $(MP_k - \delta)$로 나타낼 수 있다. 이를 소비변화의 순효과(純效果)라고 한다.

$MP_k - \delta = 0$ 혹은 $MP_k = \delta$ 인지를 이용하여 황금률 자본량인지를 알 수 있다.

$$y = \sqrt{k} = k^{1/2}$$

$$\frac{k^*}{f(k^*)} = \frac{s}{\delta}$$

$$\frac{k^*}{\sqrt{k^*}} = \frac{s}{0.1}$$

$$k^* = 100s^2$$

다른 방법으로 황금률 안정상태를 구하려면 생산함수의 도함수를 구하면 된다.

$y' = \frac{1}{2}k^{-\frac{1}{2}} = \frac{1}{2\sqrt{k}} = MP_k$ 이다.

[표 13-2] 황금률 안정상태의 계산

s	k*	y*	δ k*	c*	MP$_K$	MP$_K$−δ
0.1	1	1	0.1	0.9	0.500	0.400
0.2	4	2	0.4	1.6	0.250	0.150
0.3	9	3	0.9	2.1	0.167	0.067
0.4	16	4	1.6	2.4	0.125	0.025
0.5	25	5	2.5	2.5	0.100	0.000
0.6	36	6	3.6	2.4	0.083	−0.017
0.7	49	7	4.9	2.1	0.071	−0.029
0.8	64	8	6.4	1.6	0.063	−0.038
0.9	81	9	8.1	0.9	0.056	−0.044
1	100	10	10	0	0.050	−0.050

자료: 저자가 Excel로 작성

(1) #1 안정상태(steady-state)(too much capital) → #2 안정상태(steady-state) (황금률 상태)로 이동하는 경우:

자본이 너무 많기 때문에 자본량을 줄이기 위해 저축률을 줄이는 정책을 실시한다. 저축률이 줄어들면 소비는 즉각 증가한다. 그리고 자본량이 줄어드는 과정이 진행되는 것이므로 생산, 소비, 투자가 모두 감소한다($y = c+i$ 임을 상기하라). 과정이 다 진행되어 새로운 황금률 상태에 도달하게 되면 소비수준은 #1 상태의 경우 보다는 높다. 왜냐하면 황금률 상태에 도달하는 것으로 가정하였기 때문이다. 또한 #1에서 #2로 진행되는 동안 소비수준은 #1 상태보다 높다는 사실에 주목하라.

(2) #3 안정상태(steady-state)(too little capital) → #4 안정상태(steady-state)(황금률 상태)로 이동하는 경우:

저축률을 증가시키는 정책을 시행한다 → $y=c+s$임을 생각해 보면 즉각적으로 소비가 감소함을 알 수 있다 → 저축이 증가한 만큼 투자가 증가하고 → 이는 시간이 감에 따라 전체 자본량을 증대 시킨다 → 저축 증가로 인해 보다 높은 소비수준에 도달한다.

이 경우에는 초기에 소비가 일시적으로 감소한다는 것이다. 약간의 시간이 흐른 뒤에 다시 소비가 증가하여 #3 안정상태(steady-state)에서의 소비수준보다 높게 된다. 즉 초기의 소비감소를 겪어야 한다. 이는 세대 간(inter-generation)의 소비수준을 어떻게 결정하는 가의 문제가 야기된다는 의미이다. 소비수준이 감소하는 기간 동안의 소비자와 소비수준이 다시 증가하여 높아진 기간 동안의 소비자는 다를 수 있다. 따라서 저축률 수준을 결정하는 정책담당자는 현재 세대의 소비를 희생하여 미래 세대의 소비수준을 향상시킬 것인지 판단하여야 한다. 현재 세대의 소비수준을 더욱 중요하게 생각할 경우에는 황금률 수준의 #4 안정상태(steady-state)를 달성하려는 정책을 실시하려고 하지 않을 것이다.

4. 인구증가가 미치는 영향

경제가 지속적으로 성장하는 요인으로는 자본축적 이외에 인구증가와 기술진보를 추가적으로 고려해야 한다. 여기서는 인구증가가 경제성장에 미치는 영향을 살펴보자. 인구증가를 고려할 경우의 안정상태(Steady State with population growth)를 알아보자.

인구증가가 솔로우 모형(solow model)에 미치는 영향을 고려해 보자. 노동인구가 매년 10%(n=0.01)씩 증가한다고 하자.

> $\triangle k = i - (\delta + n)k$: 자본량의 변화
>
> 신규 투자에서 감가상각(δk)과 인구증가에 의한 필요 자본량(nk)을 차감한 것이 자본량의 변화이다. 인구증가율은 n이고 필요한 자본량은 k이다. 감가상각에 의해서는 자본이 마모됨에 따라 자본량이 감소하는 것이고 노동인구가 증가하면 1인당 자본량이 줄어들어 자본량이 감소한다. 자본량에 변화가 없으려면 감가상각에 필요한 자본량과 인구 증가에 의한 필요 자본량의 합이 새로운 투자와 같아야 한다.

$$\frac{dk}{dt} = \frac{d(\frac{K}{L})}{dt} = \frac{1}{K}\frac{dK}{dt} - \frac{K}{L^2}\frac{dL}{dt}$$

$$= \frac{1}{L}(I - \delta k) - (\frac{dL}{dt}\frac{1}{L})\frac{K}{L}$$

$$\triangle k = \frac{1}{L}(I - \delta K) - n\frac{K}{L} = \frac{I}{L} - \delta\frac{K}{L} - n\frac{K}{L}$$

$$= i - (\delta + n)\frac{K}{L} = i - (\delta + n)k$$

투자(i)를 sf(k)로 바꿔 쓰면

$\triangle k = sf(k) - (\delta + n)k$ 가 된다.

안정상태(steady-state) 상태의 자본량을 k^*라 하자.

$k < k^*$: 신규 투자가 많이 증가해서 k가 증가한다.

$k^* < k$: 신규 투자가 적어서 k가 감소한다.

$k = k^*$: 자본량의 변화는 없으며,

$$\triangle k^* = i^* - (\delta + n)k^* = 0$$

$$i^* = (\delta + n)k^* = \delta k^* + nk^*$$

가 된다. 이 식이 의미하는 바는 신규투자가 감가상각(δk^*)과 증가하는 노동인구의 자본 공급(nk^*)에 쓰이는 것을 보여주는 것이다.

➢ 인구증가의 effects :

자본축적만으로는 지속적인 경제성장이 일어나는 현상을 설명할 수 없다. 저축률이 높을수록 경제성장률이 높아지나, 솔로우(Solow) 모형에 따르면 안정상태(steady-state)에 도달하게 된다. 경제성장의 다른 요인들로 인구증가와 기술진보를 고려해야 한다. 그래서 인구증가를 고려할 경우 지속적인 경제성장이 일어나는 것을 설명할 수 있다.

투자는 자본량을 증가시키고 감가상각은 자본량을 감소시킨다. 노동인구가 증가하면 1인당 자본량이 감소한다.

(1) 인구증가를 고려하고 도출한 안정상태(steady-state) 하에서도 k(1인당 자본량)와 y(1인당 생산량)는 변화하지 않는다. 가령 노동인구가 10%씩 증가할 경우 총자본량과 총생산량도 10%씩 증가한다. 인구성장(population growth)은 생활수준의 지속적인 성장(sustained growth in the standard of living)을 설명해 줄 수 있는 것이 아니고, 총생산량의 지속적인 성장(sustained growth in the total output)을 설명하는데 도움을 줄 수 있을 뿐이다.

(2) 인구증가율이 상승하면 안정상태(steady-state) 하의 자본량은 감소한다. 자본량이 k^*_1에서 k^*_2로 감소하면 1인당 생산량도 감소한다. 따라서 1인당 GDP 도 감소한다. 인구 증가율에 있어서의 변화는 소득에 대한 수준(水準)효과(level effect)를 갖는 것이지 소득의 안정상태 성장률(steady-state growth rate of income)에 영향을 미치지는 않는다. 인구증가율이 높은 나라는 1인당 GDP가 낮아진다.

(3) 자본의 황금률 수준(golden rule level of capital)을 결정하는 기준에 영향을 미친다.

근로자 1인당 소비는 c=y-i이다. 안정상태(steady-state)하의 소비수준은

$$c^* = f(k^*) - (\delta + n)k^*$$

$$MP_k = \delta + n$$

$$n = MP_k - \delta$$

안정상태(steady-state)하에서 인구증가율은 자본의 한계생산물-감가상각이 된다.

➢ 인구증가에 관한 상이한 견해:

맬더스(Thomas Robert Malthus)는 그의 인구론(An Essay on the Principle of Population as It Affects the Future Improvement of Society)에서 인류가 발전을 영원히 지속할 수 있는가 하는 문제를 다루었는데 그는 무엇보다 많은 인구가 걸림돌이 될 것이라고 우려했다. 식량은 산술급수적으로 증가하는 반면 인구는 기하급수적으로 늘어나서 식량이 부족해 지고 결국 인류는 전쟁, 기아, 전염병 만연, 유아나 노약자 방기(放棄) 등과 같은 극단적이고 적극적인 억제방법(positive checks)에 처하게 된다고 경고했다. 이를 방지하기 위해서는 사람들에게 교육을 통해서 성적 행위를 자제시키고 만혼(晩婚)을 권장하여 가임(可妊)기간을 줄이는 예방적인 억제방법을 활용해야 한다고 주장했다. 그의 인구에 대한 견해는 많은 인구가 경제성장이나 발전에 대해 부정적 영향을 미친다는 것이었다.

크레머(Michael Kremer) 인구가 많을수록 기술진보와 혁신을 이루는 과학자, 발명가, 기술자도 많을 가능성이 크기 때문에 많은 인구가 기술진보를 이루는 토대라고 주장한다. 따라서 크레머의 인구에 대한 견해는 많은 인구가 경제성장이나 발전에 대해 긍정적 영향을 미친다는 것이다.

5. 노동을 증대시키는 기술진보를 도입할 경우의 솔로우(Solow) 모형:

저축과 인구증가만을 고려한 solow모형은 안정상태(steady-state)하에 도달하면 1인당 자본량과 1인당 소득이 안정상태가 된다. 이 모형은 생활수준의 지속적인 성장을 설명하지는 못한다. 지속적인 성장현상을 파악하기 위해서는 기술진보를 고려해야 한다.

Y = F(L*E, K)

E는 노동의 효율(efficiency of labor)로 기술이 진보하거나 교육수준이 높아지면 노동생산성이 증가할 것이고 이는 노동투입량이 증가한 것과 같은 효과를 갖는다. 노동의 효율(efficiency of labor)이 높게 되는 요인으로는 노동자들의 근로의욕이나 건강상태가 증진되는 것도 고려할 수 있다. 노동이 g 비율만큼 증대한다면 g를 노동을 증대시키는 기술진보율(labor-augmenting technological progress rate)이라고 한다. 기술이 진보함에 따라 노동투입량이 증가하는 효과가 있다.

노동인구는 n의 비율로, 노동 1단위당 효율성은 g의 성장률로 증가한다면 노동투입량 전체는 (n+g) 성장률로 증가한다. 자본량의 변화는 (투자-균형을 유지시키는 투자)이다. 이를 식으로 쓰면

$\triangle k = sf(k) - (\delta + n + g)k$ 로 나타낼 수 있다.

$k = \dfrac{K}{L \times E}$ 이므로 균형을 유지시키는 투자는 감가상각충당을 위한 자본, 인구증가에 의한 신규노동자에게 필요한 자본, 기술진보에 의해 증대된 노동자에게 필요한 자본의 세 가지로 구성된다.

기술진보를 고려할 경우 1인당 자본, 1인당 생산량, 그리고 총생산량 등에 오는 변화를 살펴보자.

노동자 1인당 생산량 $\dfrac{Y}{L} = y \times E$ 이다. y는 안정상태(steady-state)에서 일정하므로 노동자 1인당 생산량은 g의 비율로 증가한다.

위 식의 양변에 L을 곱해주면 경제전체의 생산량 $Y = y \times (E \times L)$이 구해진다. 안정상태(steady-state) 상태 하에서 y는 일정하고 E와 L은 각각 g와 n의 비율로 증가하므로 총생산량 Y는 (n+g)의 비율로 증가한다.

안정상태(steady-state)에 도달할 때까지는 저축률이 중요한 역할을 한다. 그러나 일단 안정상태(steady-state)에 도달하고 나면 1인당 생산량의 증가는 기술진보에 의해서만이 달성된다. 즉 기술진보를 통한 1인당 생산량의 증가가 계속되어야만 지속적인 국민 생활수준의 향상이 가능한 것이다.

효율적인 노동자 1인당 소비를 극대화시키는 안정상태(steady-state)가 노동을 증대시키는 기술진보를 도입할 경우의 황금률 수준이다. 안정상태(steady-state)하에

서 효율적인 노동자 1인당 소비는 다음과 같이 쓸 수 있다.

$c^* = f(k^*) - (\delta + n + g)k^*$ 그리고 이 소비는 다음 경우에 극대화된다.

$MP_k = \delta + n + g$ 즉 한계생산성 = 감가상각률 + 인구증가율 + 기술진보율이다.

이를 다시 쓰면 $MP_k - \delta = n + g$가 된다.

즉 자본의 황금률 수준의 조건은 순(純)한계생산성 = 인구증가율+기술진보율임을 알 수 있다.

6. 경제성장에 관한 경험과 경제성장 촉진 방안

(1) 1인당 생산량과 자본량 및 실질임금의 동반 성장

안정상태(steady-state) 상태에서는 여러 변수들이 함께 증가한다.

노동자 1인당 생산량(y)과 자본량(k)은 기술진보율(g)로 증가한다.

미국의 경우 지난 50년간 y와 k는 약 2%로 성장하였다. 이는 K/Y(자본 - 생산량)의 비율이 일정하게 유지되고 있음을 의미한다.

솔로우(Solow)모형에 의하면 안정상태(steady-state)하에서 실질임금은 기술진보율로 증가한다. 그리고 자본의 실질이자율(실질임대가격)은 일정하다. 자료에 의하면 실질임금도 2%씩 증가하였으며, 실질자본소득/전체자본량으로 측정한 자본의 실질임대가격은 변화가 거의 없었다.

비교 K. Marx~ 자본의 경쟁이 치열해 짐에 따라 자본에 대한 수익률(이윤율)이 하락할 것이라고 주장하였다.

(2) 국가 간의 빈부 격차는 해소될 것인가?

가난한 나라의 경제가 부자나라의 경제를 따라 잡을 수 있을 것인가? 이에 대한 대답을 얻기 위해 두 경제가 수렴하는지 그렇지 않을 것인지 살펴 보자.

① 두 나라 경제가 다른 크기의 자본량을 갖고 경제성장을 시작하였으나 s(저축률), n(인구증가율), g(노동의 효율성) 등에 의해 결정되는 안정상태(steady-state)

는 동일하다고 가정하면 두 나라의 경제는 수렴할 것이다.

② 두 나라의 저축률이 상이해서 서로 다른 안정상태(steady-state)를 갖게 되면 두 나라 경제는 수렴하기 보다는 각기 다른 안정상태(steady-state)로 진행할 것이다.

유사한 문화와 정책을 갖고 있는 경제는 매년 2%의 비율로 서로 수렴한다(미국의 각 주의 경제가 서로 수렴하였다).

세계 각 나라들의 경우를 살펴보면 다른 사실을 관찰하게 된다. 가난한 나라가 부유한 나라보다 더 빨리 성장하지는 않는다. 나라들 마다 상이한 안정상태(steady-state)를 가지고 있다는 추론을 할 수 있다. 각 나라들은 자신들의 안정상태(steady-state)로 수렴하며 각국의 안정상태(steady-state)는 그 나라의 저축률(s), 인구증가율(n), 인적자본(노동의 효율성, g)에 의해 결정된다.

1인당 국민소득의 차이는 어떤 요인에 의해 발생할까?

① 생산요소의 차이 혹은 자본축적의 차이

② 생산함수상의 차이: 생산요소를 효율적으로 사용하는가?

①, ② 중에서 어느 것이 더 중요한 요인인가를 연구하였는데 두 가지 모두 국민소득의 차이를 설명함에 있어 중요하다는 결론을 얻었고 특히 ①, ② 사이에 양의 상관관계가 있음을 알게 되었다.

상관관계의 구체적 내용은 다음과 같다:

(가) 자본축적이 많으면 생산요소를 효율적으로 사용할 가능성이 커지며, (인적자본 형성에 대한 positive externalities가 있는 경우 저축과 투자를 많이 하는 국가들이 생산성이 높은 생산함수를 지니게 된다)

(나) 효율적인 경제가 자본축적을 쉽게 이룬다고 할 수 있다.

(생산성이 높은 생산함수를 갖고 있는 나라가 자본축적을 용이하게 이룬다.)

(다) ①, ② 모두 다른 요소에 의해 달성될 수 있다.

경제정책을 포함하여 각종 사회적 제도가 자본축적이나 생산효율성에 영향을 미친다고 본다. 가령 과도한 재정적자, 정부부채, 공무원의 부패, 시장에의 지나친 개입 등은 자본축적을 저해하고 동시에 그나마 있는 자본이 효율적으로 이용되는 것을 방해한다.

(3) 저축률을 증가시키는 방법

자본소득에 대한 세율을 높이면 민간저축이 감소하고 개인들의 저축에 다양한 혜택을 주어서 민간저축을 끌어올릴 수 있다.

소득과세제도(system of income taxation)를 소비과세제도(system of consumption taxation)로 전환하는 것이 저축 유인을 높일 수 있다.

비과세 저축계정의 상한한도를 늘려줄 경우 저축을 증대시킬 것인지, 단순히 다른 계정의 저축이 비과세 저축계정으로 이동하여 전체 저축은 증대하지 않고 조세수입과 공공저축만 감소할 것인지 이에 대한 연구가 필요하다. (가령 미국의 경우 tax-exempt retirement account, IRA(Individual Retirement Account)가 예이다)

➢ 저축률 수준의 평가를 미국 경제를 예(例)로 들어 살펴보자.

황금률 안정상태(golden rule steady-state)에서는 $MP_k - \delta = n + g$ 임을 우리는 알고 있다.

황금률 안정상태보다 많은 자본이 있는 경우 ($MP_k - \delta < n + g$):

저축률을 낮추면 소비수준을 높일 수 있다.

황금률 안정상태보다 적은 자본이 있는 경우 ($MP_k - \delta > n + g$):

저축률을 높임으로써 자본축적량이 증가하고 경제성장률이 높아져서 보다 높은 소비수준을 얻을 수 있다. 앞서 살펴본 바와 같이 새로운 안정상태(steady-state) 상태로 이동하는 동안 일시적으로 소비수준이 낮아지는 기간이 있다는 점을 유의해야 한다.

① 자본량의 40%가 GDP이다. y = 0.4*k

다시 말하면 자본량은 GDP의 2.5배이다. k = 2.5*y

② 감가상각률은 10%이다. δk = 0.1y

③ 자본소득(자본의 분배 몫)은 GDP의 30%이다. MP_k*k = 0.3y

②/①하면 $\frac{\delta k}{k} = \frac{0.1y}{2.5y}$, 따라서 δ=0.04 이다. 감가상각률은 0.04이다.

다시 ③/①하면 $\frac{MP_k \times k}{k} = \frac{0.3y}{2.5y}$, 따라서 MPk = 0.12 이다. 자본의 한계생산성은 0.12이다.

자본의 순한계생산성은 0.12-0.04 = 0.08이다. 자본의 순수익률은 연간 8%이고 경제성장률(n+g)은 3%이다.

$$\text{기준에 의하면 } MP_k - \delta > n + g$$
$$(0.12 - 0.04) > (0.03)$$

즉 미국경제의 자본량은 황금률 수준에 모자란다.

따라서 저축률을 증가시킬 필요가 있다. 소득 중 저축을 증가시키고 투자를 늘리면 더 빠르게 성장하여 보다 높은 수준의 소비에 도달할 수 있다.

(4) 적절한 투자배분과 올바른 경제제도의 확립

경제성장을 촉진하기 위해 어떤 자본에 투자하는 것이 가장 효율적인가? 이에 대한 해답은 시장에 맡기는 것이다. 즉 자본의 한계생산물이 가장 높은 산업에 투자되도록 하면 된다. 이는 모든 형태의 자본을 동등하게 취급하는 조세제도를 시행하면 된다.

정부가 특정형태의 자본축적을 유도하도록 정책을 시행할 것을 권고하기도 한다. 특히 기술적 외부효과(technological extermalities; knowledge spillover)가 있는 산업의 경우 자본의 사회적 편익(social benefits)은 개인적 편익(individual benefits)보다 크다. 자본축적 증대를 통한 사회적 이익은 solow모형이 제시하는 것보다 크다. 따라서 기술적 외부효과가 큰 산업에 대한 투자 유인책을 실시하는 것이 바람직하다는 것이다. 가령 특정 산업에 대한 조세감면법을 시행한다. 이를 산업정책(industrial policy)이라고 한다. 산업정책의 성공여부는 각 산업의 외부효과를 측정할 수 있고 이에 대한 유인책이 제대로 시행될 수 있는가에 달려 있다.

이 밖에 올바른 경제제도(Establishing the Right Economic Institutions)를 수립하는 것이 중요하다. 이를 위해서 가장 중요한 것으로는 사회적 평화(Social Peace)가 유지되어야 한다. 다음으로는 사업이 안정적으로 유지될 수 있도록 행정과 사법서비스가 적절히 유지되어야 하며, 형평성이 있고 가능한한 중립적인 조세가 시행되어야 한다.

한국의 실질GDP는 1970년-2007년 사이에 연평균 6.9%의 성장률로 증가했다. 미국의 실질GDP는 연간 약 3.5%의 성장을 보였다. 다음의 그래프를 보면 한국의 성장률이 장기적으로는 계속 증가하는 모습을 보인 것은 분명하지만 시기적으로 살펴 보면 경제가 상승하는 모습과 하강하는 모습을 교대로 보이고 있다.

[그림 13-4]의 그래프를 보면 1979년-1981년 사이와 1997년-1998년 사이 두 번에 걸쳐 국내총생산 실질성장률이 현저히 하락하고 있음을 볼 수 있다. 1979년-1980년은 제2차 오일쇼크가 발생한 기간이었고 1997년-1998년은 외환위기가 발생한 기간이었다. 이에 비해 제1차 오일쇼크 기간이었던 1974년-1975년 사이에 GDP 실질성장률이 하락하고는 있으나 전년 대비 성장률이 1974년에 7.2%, 1975년에 5.9%로 2000년대 이후와 비교하면 그래도 높은 성장률을 달성하였음을 알 수 있다. 1973년에 12.0%의 높은 성장률을 보였었기 때문에 전년 대비 성장률이 많이 하락한 것으로 느끼는 것이다. 대체로 그래프의 모습을 보면 1979년-1980년과 1997년-1998년의 두 차례의 깊은 성장률 하강을 제외하고는 지난 38년간 GDP 실질성장률곡선이 5%-10% 수준에서 상승과 하강을 반복하고 있음을 파악할 수 있다. 특히 1980년에는 -1.5%, 1998년에는 -6.9%의 마이너스 성장률을 보이고 있음을 주목하자.

[표 13-3] 실질 GDP 성장률

1971	1972	1973	1974	1975	1976	1977	1978	1979	1980
8.2	4.5	12.0	7.2	5.9	10.6	10.0	9.3	6.8	−1.5
1981	1982	1983	1984	1985	1986	1987	1988	1989	1990
6.2	7.3	10.8	8.1	6.8	10.6	11.1	10.6	6.7	9.2
1991	1992	1993	1994	1995	1996	1997	1998	1999	2000
9.4	5.9	6.1	8.5	9.2	7.0	4.7	−6.9	9.5	8.5
2001	2002	2003	2004	2005	2006	2007	1971–2007 년 평균		
3.8	7.0	3.1	4.7	4.2	5.1	5.0	6.9		

자료: 한국은행, 한국은행 경제통계시스템(Ecos), 통계검색 〈http://ecos.bok.or.kr/〉

[그림 13-4] 한국의 실질GDP 성장률

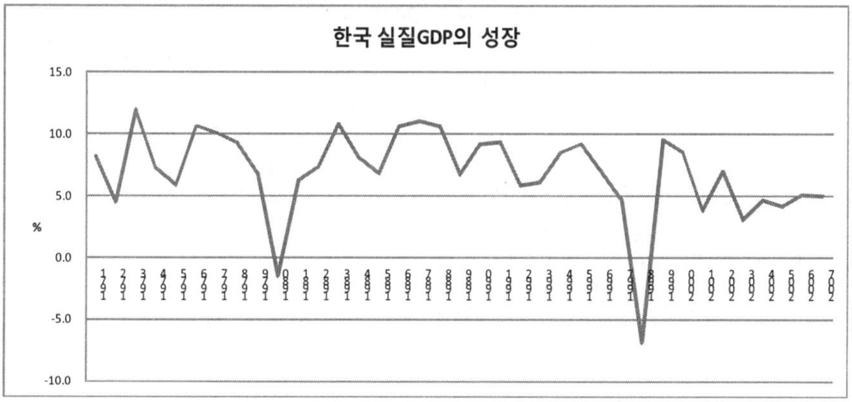

출처: [표 13-3]을 이용하여 Excel로 작성

이러한 경기의 상승과 하강의 반복적 현상을 파악하는 분야를 경기변동론 혹은 경기순환론이라고 한다. 특정 경제지표의 움직임을 보고 미리 예측하고 경기가 상승할지 혹은 하강할지를 파악하려는 것이 경기변동론의 목표인데 경기변동은 규칙적으로 발생하지 않기 때문에 경기순환이론이 예측하는 것보다 실제 경기변동의 파악은 매우 어려운 일이다. 경기순환이론이 예측하는 바는 경기순환의 파동이 몇 년 혹은 몇 십년 간격으로 순환의 파동이 지나간다고 설명하고 있으나 현실 경제는 매우 불규칙한 양상을 보인다. 경기상승과 하강 곡선의 진폭의 크기가 다양하게 발생하기도 하고 경기상승의 높이나 경기하강의 깊이가 매우 크게 발생하기도 하고 혹은 비교적 작게 발생하기도 한다.

한국의 경우 깊은 경기 하락은 1979년-1980년 제2차 오일쇼크 때와 1997년 말에 불어 닥친 외환위기 때였다. 그러나 앞의 그래프에서 확인할 수 있듯이 이외에도 양 시기 전후에 여러 차례의 경기상승과 하강곡선을 살펴 볼 수 있다.

[그림 13-5] 미국 실질 GDP의 성장

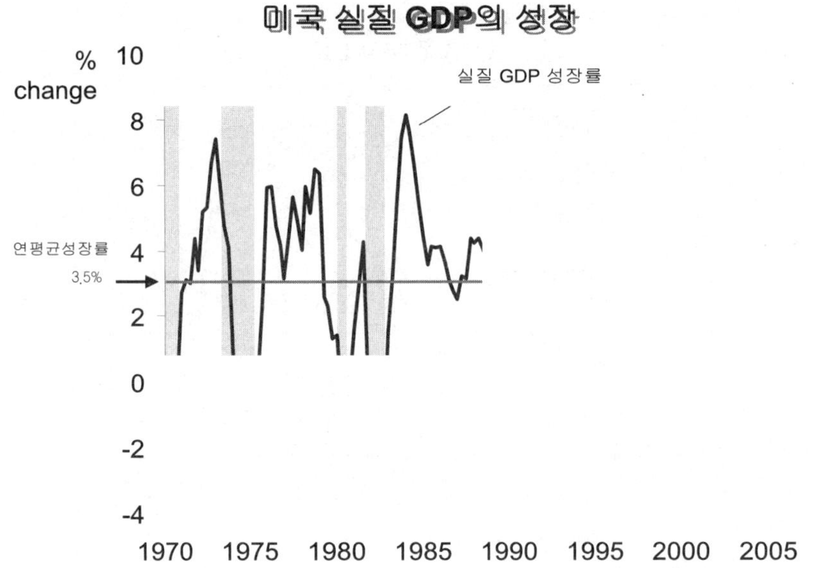

자료: 원 자료는 미국 Department of Commerce이며 N. Gregory Mankiw, Macroecomics, 6th ed. Worth Publishers, 2007의 Instructor's CD-ROM 자료/ PPT Lecture/ chap09/ 3th slide를 수정하여 인용함.

미국의 경우를 보면 1970년 이후 6차례의 경기 하강기[2]가 나타나고 있는데 이 중에서 1974년-1975년, 1979년-1980년, 1982년-1983년, 1991년-1992년의 4차례는 마이너스 성장률을 보일 정도로 깊은 하강곡선이 나타나고 있다. 여기서 유의해 볼 것은 경기진폭이 나타나는 폭이 시기에 따라 매우 상이하다는 점이다. 1970년대에는 5년 주기로 경기 상승과 하강이 나타나고 있고, 1980년대에는 1980년에 경기하강이 지난 후에 불과 2년 만에 다시 경기하락이 매우 깊게 나타났고 1990년대 이후에는 커다란 경기진폭은 10년 단위로 길어진 모습을 보이고 있다.

한국과 미국의 경기 변화를 함께 살펴보면 제1, 2차 오일쇼크 때는 세계적 현상으로 동일한 경기후퇴를 보였고 1982년-1983년에는 미국은 극심한 경기침체를

2 미국 경제연구소(NBER; National Bureau of Economic Research)는 경기순환에 대한 연구를 하고 있는데 이에 의하면 실질 GDP가 연속적으로 최소한 2분기 감소할 경우를 경기하강기라고 파악한다.

경험한 반면 한국은 경기가 좋았고, 한국이 외환위기를 겪은 1997년-1998년에 미국의 경기는 3.5% 이상의 성장률을 보였다. 그런데 2000년대 이후를 보면 2001년 미국의 경제와 한국의 경제가 같이 하락하는 등 점점 공동화 현상을 보이고 있다. 2007년과 2008년에는 미국의 주택시장에서 발생한 비우량주택담보대출[3](sub-prime mortgage loan)위기[4]가 우리나라의 금융 외환시장에 큰 영향을 미치는 것을 보아도 알 수 있다. 또 하나 유의해 볼 것은 1970년 이후 미국의 실질 GDP 평균성장률은 3.5%이고 한국의 실질 GDP 평균성장률은 6.9%로 거의 2배라는 점이다.

한국의 GDP 증가추세를 구체적으로 살펴보자. 1970년 우리나라의 국내총생산은 2조7,639억 원이었는데 1979년에는 31조7,319억 원으로 11.5배 증가하였고, 1980년에서 1989년 사이에는 4.0배 증가하였으며 1990년에서 1999년 사이에는 2.8배 증가하는데 그치고 있다. 2007년의 GDP는 901조 1,886억 원으로 이는 1970년에 비하여 무려 326.1배 증가한 것이다. 이를 달러화로 환산한 값으로 살펴보면 다음과 같다. 1970년 GDP는 81억 달러에 불과하였는데 1979년에는 633억 달러로 7.8배 증가하였고, 1980년에서 1989년 사이에는 3.6배 증가, 그리고 1990년에서 1999년 사이에는 1.7배 증가하였다. 2007년의 우리나라 GDP는 9,699억 달러로 이는 1970년에 비하여 119.7배 증가한 것이다. 2007년 GDP 규모가 1970년 GDP에 비하여 한화 기준으로는 326.1배인데 비하여 달러화 기준으로는 119.7배 인 것은 그 기간 동안 환율이 상승하여(한국화폐 평가절하) 나타나는 차이이다.

이제 실질GDP와 총수요의 주요 구성요소인 소비, 투자의 증가율을 비교해 보자.

먼저 우리나라의 실질 GDP 성장률과 민간소비증가율을 비교하면 다음과 같다.

3 미국 금융기관의 주택담보대출은 차입자의 신용도와 부채 규모, 담보 능력 등에 따라 prime rate, Alt-A rate, sub-prime rate 대상자의 세 등급으로 분류되는데, 서브프라임 대출 대상자는 이 중 가장 높은 이자율 등급이다.

4 높은 주택가격 속에서 저소득층들의 주택담보대출 수요가 증가하였고 예금은행들은 이들에 대한 서브프라임 대출을 크게 늘리기 시작했다. 2000년 560억 달러에 불과하던 서브프라임 대출이 2005년 5,080억 달러, 2006년 4,830억 달러로 급증했고 전체 주택담보대출 중 서브프라임 대출의 비중이 2006년 말 기준으로 13%에 달하게 되었다. 예금은행들은 서브프라임 대출을 제공하고 받은 저당채권(주택담보대출채권)을 시장에 매각하고 주택저당전문회사들은 이를 사들여서 모은 뒤 이를 담보로 주택저당증권(RMBS; Residential Mortgage-Backed Security)을 발행했다. 다시 투자은행(IB: investment bank)들이 주택저당증권을 사들이고 이를 이용하여 CDO (Collateralized Debt Obligation·자산담보부증권)라는 새로운 파생금융상품을 만들었고 이것이 부실화되어 위기가 초래되었다.

[표 13-4] 실질 GDP 성장률과 민간소비증가율 (단위: %)

연도	GDP 실질성장률	민간소비증가율
1988	10.6	8.4
1989	6.7	10.1
1990	9.2	9.2
1991	9.4	8.7
1992	5.9	6.0
1993	6.1	6.0
1994	8.5	8.4
1995	9.2	9.9
1996	7.0	6.7
1997	4.7	3.3
1998	–6.9	–13.4
1999	9.5	11.5
2000	8.5	8.4
2001	3.8	4.9
2002	7.0	7.9
2003	3.1	–1.2
2004	4.7	–0.3
2005	4.2	3.6
2006	5.1	4.5
2007	5.0	4.5

자료: 한국은행, 한국은행 경제통계시스템(Ecos), 통계검색 〈http://ecos.bok.or.kr/〉

위의 자료를 이용하여 그래프를 도시하면 [그림 13-6]과 같다.

[그림 13-6] 실질 GDP 성장률과 민간소비증가율

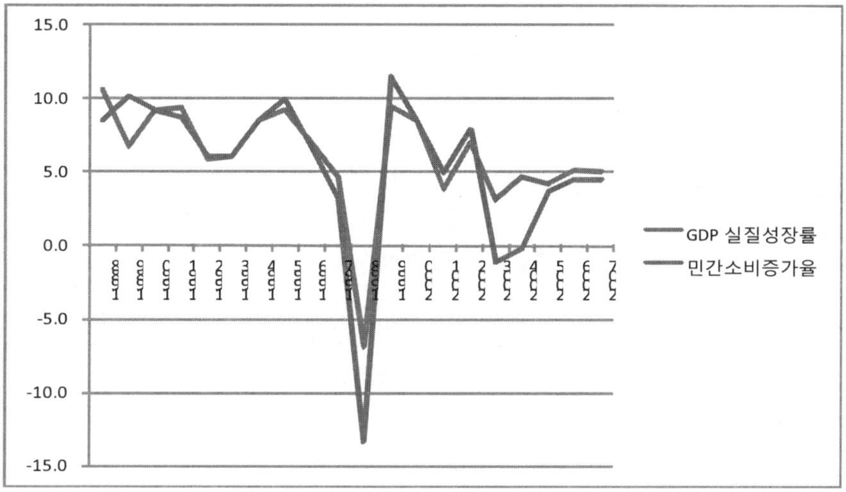

출처: [표 13-4]를 이용하여 Excel로 작성.

[표 13-5] GDP실질성장률과 투자증가율

연도	GDP실질성장률	투자증가율
1988	10.6	13.6
1989	6.7	16.0
1990	9.2	25.4
1991	9.4	14.4
1992	5.9	0.6
1993	6.1	7.7
1994	8.5	12.5
1995	9.2	13.1
1996	7.0	8.4
1997	4.7	−2.3
1998	−6.9	−22.9
1999	9.5	8.3
2000	8.5	12.2
2001	3.8	−0.2
2002	7.0	6.6
2003	3.1	4.0
2004	4.7	2.1
2005	4.2	2.4
2006	5.1	3.6
2007	5.0	4.0

자료: 한국은행, 한국은행 경제통계시스템(Ecos), 통계검색
〈http://ecos.bok.or.kr/〉

[그림 13-7] GDP실질성장률과 투자증가율

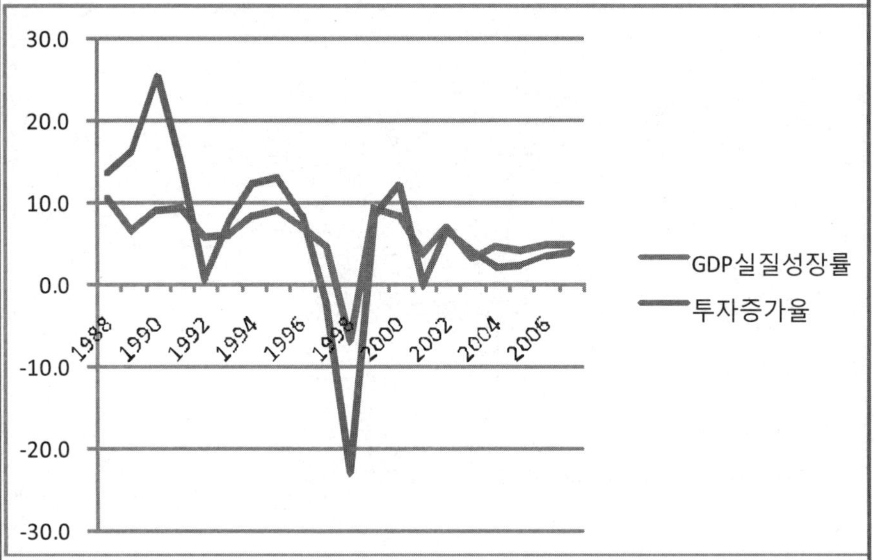

출처: [표 13-5]를 이용하여 Excel로 작성

고전학파와 케인즈학파의 차이점은 다음에서 찾을 수 있다. 경제는 항상 균형상태에서만 운영되는가? 아니면 경제가 균형에서 벗어났을 경우 다시 경제가 균형으로 복귀하는데 걸리는 시간이 얼마나 되는가? 균형상태가 더 일반적인가? 아니면 불균형상태가 더 일반적으로 발생하는 것인가? 등에서 차이가 있다.

고전학파는 경제는 항상 균형상태로 복귀한다는 믿음을 갖고 있었다. 경제가 일시적으로는 초과공급이나 초과수요 상태에 있을 수 있으나 가격의 자동적 메카니즘에 의해서 즉각적으로 균형상태로 복귀하여 운영된다는 것이다.

이에 반해 케인즈학파는 경제는 균형에서 이탈하여 불균형상태에 머무를수 있으며 이 경우 균형으로 복귀하려는 힘이 경제 내에 존재하는 것을 인정하기는 하지만 항시 균형으로 되돌아가지는 않는다는 것이다. 즉 경제는 얼마든지 불균형상태 하에서도 운영될 수 있다는 것이다. 고전학파가 가정하는 것처럼 가격이 즉각적으로 변하여 균형상태를 회복하지 않는다는 것이다. 초과공급이나 초과수요가 존재하면 고전학파의 세계에서는 가격이 재빨리 내리거나 올라서 초과공급 혹은 초과수요가 없어지도록 시장이 작용한다는 것인데 케인즈학파들은 가격의 반응속도는 현실세계에서는 그렇게 빠르지 않기 때문에 불균형상태가 지속된다는 것이다.

결국 양 학파 사이의 차이점은 가격의 조정속도가 즉각적이냐 혹은 느리게 작용하거나 전혀 잘 작동하지 않는가 하는 문제로 귀착된다. 그래서 고전학파의 세계를 flexible economy라고 하고 케인즈학파의 세계를 fix economy라고 부른다.

양 학파의 이론을 절충하면 단기에 있어서는 가격은 느리게 움직이거나 고정되어 있고, 장기에 있어서는 가격은 재빠르게 신축적으로 움직인다고 본다. 따라서 경제의 총산출량 수준이 결정됨에 있어서 단기적으로는 총수요가 중요하고 장기에 있어서는 총공급이 중요하다.

경제는 성장하면서 경제변동을 겪는다. 경제변동이 단순한 호경기와 불경기의 반복적 순환일 뿐만 아니라 산업자본주의적 모습을 탈피하여 금융자본주의의 모습으로 탈바꿈하는 등 보다 근본적인 시스템의 변동까지도 포함한다. 다만 어느 나라도 극심한 경기침체를 경험하지 않기 바라며, 거품을 확대 재생산하는 바람직하지 못한 금융자본주의의 모습을 보기 원치 않는다. 그러나 현실경제에서는 우리의 바람대로 되지 않고 실제로 1982년에는 칠레, 1980년대 말에는 북유럽 4개국과 미국, 1990년대 들어서는 일본, 1995년에는 멕시코, 그리고 1997년에는 태국을 시발로 하여 한국을 포함한 아시아 6개국, 1998년에는 러시아와 브라질, 2002년에는 우루과이와 아르헨티나, 최근에는 미국의 서브프라임 사태까지 경제변동에 따른 위기를 경험하였다.

우리는 이런 위기들의 발생을 최소화하기 위해서 단기적으로는 재정정책이나 금융정책 같은 총수요관리 정책을 적절한 시기에 적정한 크기로 시행하여 총수요선을 관리할 필요가 있으며, 장기적으로는 저축률을 유지하고 기술개발을 통한 생산성 향상을 도모함으로써 총공급선을 우측으로 이동시켜 나가야 한다. 또한 1980년대 이후 여러 나라가 경험한 거품 붕괴에 따른 경제위기를 우리나라가 다시 겪지 않도록 하기 위해서는 각종 자산의 거품이 발생치 않도록 관리하는 것이 중요하다.

참고문헌 :

윤석범, 김학은, 새 거시경제학, 세경사, 2005.

정운찬, 김영식, 거시경제론, 제11판, 율곡출판사, 2015.

정창영, 경제학원론, 세경사, 2011.

Mankiw, N. Gregory, Principles of Economics, seventh ed., 2014.

Mankiw, N. Gregory, Principles of Macroeconomics, seventh ed., 2014.